문화와
역사를
담 다
0 0 6

# 팔공산,
# 그 짙은 역사와
# 경승의 향기

# 팔공산,

그 깊은 역사와
경승의 향기

글 홍종흠 · 조명래 ─ 사진 강위원

민 속 원

# 책머리에 붙여

팔공산은 우리민족의 성산이며, 문화와 역사의 발원지이고, 빼어난 경관과 희귀한 생태자원의 보고이다. 그러나 정작 오늘의 우리는 오랜 세월 우리민족이 이 산을 얼마나 성스럽게 여겼는지, 어떤 문화적 유산을 가지고 있는지를 제대로 알지 못하고 있다. 이미 출판된 팔공산을 다룬 책자들도 대부분 현상나열식으로 서술했거나 지명과 지리를 중심으로 엮은 것이어서 팔공산의 진면목을 파악하기가 쉽지 않다. 그럼에도 팔공산의 역사자료와 고문헌들을 섭렵하고 현장을 답사해보면 팔공산에 대한 최고의 찬사들이 결코 헛된 것이 아님을 체험적으로 확인할 수 있다.

팔공산은 역사적으로 우리민족 첫 통일국가인 통일신라를 상징하는 산이다. 이곳에서 김유신장군이 삼한일통의 검을 받는 신화가 탄생했고, 통일 후에는 이 산이 국토의 영역을 상징하는 오악 가운데 가장 중심 되는 중악으로 불려졌고 다른 이름으로는 아버지산(부악)이라 했다. 고려시대엔 몽골병란으로 국가가 위기에 처했을 때 국난극복을 위해 민심을 모아 조성한 초조대장경을 이곳 부인사에 봉안했다. 이 대장경이 몽골병란으로 소실되고 다시 조성한 팔만대장경의 낙성회가 이 곳 은해사에서 열렸다. 임란당시 전국의 승병을 지휘한 총본부가 여기에 있었고, 조선병력에 의한 국토수복전투에 첫 승리를 거둔 영천성대첩도 이 팔공산을 거점으로 한 의병활동의 성과였다.

정신사적으로는 한국불교사의 가장 큰 봉우리를 이룬 원효대사가 이곳에서 수행득도를 했고, 아직도 원효의 수행길이 팔공산의 골짝들과 바위굴에 전설로 남아 있다. 삼국유사를 이곳에서 완성했던 일연스님의 그 업적은 중국에도 흔치 않은 왕희지 글씨를 집자한 비문으로 전하고 있다. 고려조의 지눌스님은 이

곳에서 정혜결사를 통해 한국불교를 중흥시켰고 현 조계종단의 원류를 만들었다. 지금도 이 팔공산에는 국내에서 유일하게 하나의 산에 두 개의 조계종 교구본사가 소재하고 있어 팔공산의 종교적 위상을 말해준다. 이밖에도 한국 최초의 석굴암, 세계에서 유례를 찾기 어려울 만큼 참배객이 많다는 갓바위 부처는 너무나 유명하다.

특히 이곳의 한티마을은 한말 천주교박해 당시 숱한 순교자가 나왔고 여기가 세계에서 보기 드문 천주교의 성지가 되었다. 이렇게 팔공산은 불교와 천주교의 성지일 뿐 아니라 신라와 조선의 왕들이 원찰을 지어 아직도 숱한 유물을 간직하고 있고 왕의 태실이 2개소나 조성되는 등 왕들의 성산으로 대우를 받아왔다.

화강암과 변성암이 빚은 기암괴석과 만학천봉은 계곡과 숨바꼭질하며 송림과 폭포, 사찰과 암자를 천년세월로 수놓고 있다. 이곳을 답사한 시인 묵객들이 남긴 시와 답사기는 지금도 우리를 선계로 손짓한다.

이처럼 국내의 다른 산들이 넘보지 못할 역사와 문화, 경승을 지닌 팔공산은 아직 세상에 참모습을 드러내지 못해 신라오악 중에서도 유독 이 산만 국립공원에서 빠져있다. 팔공산 진면목을 두루 알리기 위해 대구시와 경상북도의 지원을 받아 팔공산문화포럼의 고문인 필자와 조명래 포럼부회장이 공동집필했고 사진가 강위원씨가 사진을 찍어 대구일보에 연재한 원고를 책으로 엮었다. 이 책을 출판해주신 민속원의 홍종화대표와 관계자들에게 특별히 감사의 마음을 전한다.

팔공산 자락에서

필자 홍종흠

# 차례

Ⅲ

역사유적과
원림, 마을,
서원

# I

## 종교의
## 성지

갓바위 부처
군위 삼존석굴
거조암 영산전
부인사
진불암과 제3석굴암
동화사
은해사
원효수행처
묘봉암·운부암·기기암
파계사
송림사
백흥암
환성사
삼성암지
광석대와 염불암
한티성지

성<sub></sub>종교의

### 갓바위 부처冠峰石佛

늦은 밤, 대구 – 포항고속도로를 달리다 보니 와촌휴게소 맞은 편 팔공산에는 155마일 휴전선처럼 산 아래에서 산정으로 어둠을 밝힌 불빛이 점점이 이어지고 있었다. 그곳에는 지극한 정성으로 기도하면 한 가지 소원은 꼭 이루어진다는 갓바위 부처님이 있었지…

생로병사生老病死와 사랑하는 이와 헤어지는 애별이고愛別離苦, 밉고 보기 싫은 사람과 만나야 하는 원증회고怨憎會苦, 구하려 하나 구하지는 못하는 구부득고求不得苦, 오온五蘊으로 인한 오음성고五陰盛苦의 인생팔고人生八苦의 소용돌이에 휩싸여 있는 우리 중생들의 몸과 마음은 늘 피곤하고 아프다. 중생들은 그 아픈 몸과 마음이 치유되기를 희망하고 소원하고 갈구한다. 그 소원하는 바가 간절하면 할수록 몸과 마음은 더욱더 심하게 아픔을 느낀다.

팔공산 동쪽 높은 산정에 좌정한 갓바위 부처님을 만나는 여정은 험난하기만 하다. 대구 쪽은 우리 중생들의 인생살이만큼 가파른 1,365개의 계단을 올라야 하고, 경산 쪽은 대구보단 수월하다 하나 길고 긴 언덕과 만만찮은 계단을 감내

관봉약사여래불 좌상
침착하고 참선하고 있는 듯 보이는 팔공산 갓바위의 절면모습.
보물 제 431호로 지정된 통일신라 시대의 불상이다.

* **갓 바위를 돌고 있는 사람들** 지금은 갓바위 부처와 광배사이가 막혀있다.(1987년)
** **갓바위에 안기는 사람들** 갓바위에 동전을 붙이면 소원이 이루어진다며 동전을 붙이고 바위에 안기고 있다.
*** **기도하는 사람들** 관봉 약사여래불 좌상의 앞 광장은 언제나 많은 사람들의 기도처가 되고 있다.

13

堪耐해야 한다. 오르는 여정이 어렵고 힘들수록 몸은 고달프고 정신은 더욱 굳건해진다. 온 몸이 땀으로 흥건하게 젖어서야 더 올라갈 계단이 사라진다. 수많은 사람이 밤낮을 가리지 않고 갓바위 부처님께 절을 올려도 부처는 좌정한 채 아무 말이 없다. 그럼에도 갓바위 부처님과는 '내가 소원하는 바가 이뤄진다'는 이심전심以心傳心의 마음을 주고받는다.

2014년 국립공원연구원에서 실시한 팔공산자연자원조사에 따르면, 팔공산 탐방객 454만 4천여 명 가운데 절반이 넘는 249만 5천여 명이 갓바위를 찾았다. 갓바위 부처가 자리한 비좁은 산정에 이처럼 일 년에 250여 만 명이나 되는 사람이 참배하는 것은 세계에서도 보기 드문 사례가 아닌가 싶다. 신라 어느 시기에, 누가, 어떤 목적을 가지고 팔공산 동쪽 관봉冠峰(852m) 정상에 자연석 화강암 바위를 다듬어 높이 6m 크기의 석조여래좌상을 만들었을까? 지금도 이런 크기의 석불을 조상造像하려면 엄청난 재정이 뒷받침되어야 하는데, 그 당시에도 석공을 포함한 수많은 인력과 재물을 뒷받침했던 세력이 있었을 것이다.

한국사찰사전(1963)에는 '신라 소지왕 13년(491년)에 극달화상이 선본사禪本寺를 창건했다' 하였고, 1821년에 기록한 선본사사적기禪本寺事蹟記에는 '의현대사義玄大師가 선덕여왕 7년(638년)에 갓바위 불상을 조성했다'고 전하고 있다. 1962년 10월 2일자, 동아일보에『이 좌상에 대한 기록은 동국여지승람 등에서는 찾아볼 수 없고, 다만 산기슭에 있는 선본암禪本庵 전의 약사전藥師庵의 스님, 북계사北溪寺 구한송具寒松 스님 등의 구전에 의하면, '신라 효공왕(52대) 대비大妃가 병들어 백약이 무효하였는데 꿈에 부처가 나타나 그대의 효성이 지극하니 목탁소리를 따라가면 영약을 구할 수 있으리라'는 현몽을 얻어 곧 신하들로 하여금 목탁소리 나는 곳을 찾게 하였더니 목탁소리가 멎은 곳에 천야만야한 바위 앞―그 앞에 맑은 샘물이 솟아 흘러 그 약물을 담다 대비에게 드리자 완쾌하였으며, 임금은 그 기쁨과 은공을 보답하기 위해 그 약물터에 약사여래불을 세우게 되었다는 것』이라는 구전을 보도했다. 갓바위 불상을 선덕여왕 7년(638년)에 의현대사가 조성했다는 것과 효공왕대 세웠다는 주장은 관련 문헌이 없어 정확한 연대는 알 수 없다. 다만, 선본사에 전하는 삼층석탑과 석등부재, 불상대좌 등과 갓바위 불상의 조성수법 등을 고려할 때 통일신라시대에 조성한 것으로 확인된다.

경상북도유형문화재 제11호로 지정된 선본사 삼층석탑은 팔공산 종주능선에서 선본사 쪽으로 뻗어 내린 능선에 자리한 일종의 조망탑眺望塔으로 선본사와는 200m, 갓바위 불상과는 500m 남짓 떨어져 있다. 선본사 석탑은 2중 기단에 3층의 탑신을 조성한 통일신라의 전형양식으로 692년 황복사지 삼층석탑에 처음 나타난 'ㄱ'자형 귀틀석을 활용한 결구법이 보이고, 지붕돌받침이 5개로 9세기 이후 석탑이 소형화되면서 4개로 변화되기 이전의 특징과 8세기 석탑에서 볼 수

**선본사 삼층석탑**
통일신라시대의 석탑으로서 주면에
석등연화대석과 팔각지붕돌이 있다.

**관봉약사여래불 좌상의 측면모습**
중생을 굽어보며 자애롭게 미소를 머금은 듯 보이는 약사여래불의 측면과 광배를 형성하는 병풍바위의 모습

있는 부재의 수와 비례감이 확인되었다. 이를 볼 때 선본사 석탑은 경주의 석탑 양식을 수용하여 8세기 후반에 건립된 것으로 추정되며, 부인사, 동화사, 북지장사 석탑 등에 크게 영향을 미쳐 팔공산 석탑의 시원으로 평가되고 있다.

갓바위 불상은 본래자리에 있던 자연석을 살려 불신佛身과 대좌를 한 덩어리로 조각하였고, 뒤쪽에 있는 병풍바위는 자연스럽게 광배의 효과를 보이고 있으나 따로 문양을 조각하지는 않았다. 좌대를 포함한 전체 높이는 5.93m, 무릎너비는 3.19m에 이르는 거대한 크기의 불상이다. 머리에 판석형의 보개寶蓋를 쓰고 있는 것이 특징이다. 수인은 항마촉지인을 하고 있는데, 표현형식이 군위 삼존석굴과 토함산 석굴암 본존불의 영향을 받은 것으로 보인다. 불상의 자세는 앞에 볼 때에는 반듯하지만 옆에서 보면 일부러 몸을 앞으로 굽혀 중생에게 다가가는 것처럼 보인다. 머리는 소발에 나발의 표현이 없으며 둥글고 높은 육계, 머리와 이마를 석탑의 지붕돌받침 같이 턱을 만들어 구분한 점은 군위삼존석불과 유사한 점이 있다. 둥근 육계 위에 판석형의 보개를 올렸다. 깨져 떨어져 나간 부분이 있으나 팔각형의 보개로 보이며, 보개 윗부분에 3단으로 문양을 새겨, 가장 윗부분은 둥근 보주처럼 도드라지게 새겼고, 그 주위를 구름무늬로 장식하였다. 보개의 석질이 불상과 같고, 조각형태로 보아 비바람으로부터 석불상을 보호하고자 함께 조성된 것이다. 불상 머리에 보개를 얹은 것은 고려시대에 유행한 것으로 알려졌으나 갓바위 부처에서 처음 나타난 것이 확인되어 통일신라시대부터 시작된 것으로 밝혀졌다. 갓바위 부처의 상호(얼굴)가 입체적이고 사실적으로 표현하였고, 대좌형식이 고식古式인 점에서 8세기 불상의 특징이 나타나고 있으나, 불신佛身이 한 덩어리로 표현되었고, 가슴 이하의 부분은 양감量感이 드러나지 않으며, 전체 옷 주름이 매우 약한 음각선으로 처리된 것으로 볼 때 조성 시기는 9세기 전반으로 추정된다.

문화재청에서는 갓바위 부처를 보물 제431호로 지정하면서 관봉석조여래좌상冠峰石造如來坐像이라 했으나 세상 사람들은 일말의 의심 없이 약사여래불藥師如來佛로 굳게 믿고 있다. 갓바위 부처는 어떤 부처인가?

선본사사적기禪本寺事蹟記에는 '이 불상은 원광법사圓光法師의 수제자 의현대사義玄大師가 어머니를 위해 선덕여왕 7년(638년)에 이 여래좌상을 조성했다'는 기록과 아미타삼존불을 봉안한 군위삼존석굴, 김대성이 전생의 부모를 위해 조성했다는 석굴암 본존불의 영향을 받았다는 점에서 극락세계를 상징하는 아미타불阿彌陀佛로 보기도 한다. 경소재景蘇齋 이춘섭李春燮(1737~1815)이 남긴 기록에는 '힘을 다해 올라가니 돌미륵石彌勒이 좌정하고 있었는데 석불은 관冠을 쓰고 있었다'고 했으며, 1872년 하양현 지도에는 '관암冠巖'으로 표기하였다. 1933년에 간행된 화성지花城誌에는 '관암미륵冠巖彌勒'이라 하였고, 동아일보 1938년 1월 14일자에 '미륵도彌勒徒 본거本據 팔공산 관봉의 석불石佛'이라 보도한 바와 같이 미륵불로도 불렸다. 동아일보 1962년 10월 2일자에 '또 하나의 약사여래불상'의 제하에 '효공왕의 대비가 약물을 마시고 완쾌하자 이곳에 약사여래불을 세웠다'는 구전을 소개하였다.

학계의 연구결과, 항마촉지인의 왼손에 아주 희미하게 둥근 지물이 얹혀있는 것처럼 보여서 약사여래불로 알려지고 신앙되어 왔으나 이는 둥근 지물이 아니라 엄지손가락을 구부려서 손바닥에 얹고 있는 것으로 확인되었다.

갓바위 부처님의 명호名號에 대한 논란이 끊이지 않는다. 어떤 이는 극락정토에서 동쪽을 바라보며 극락세계에 오는 중생들을 맞이하는 아미타불이라 하기도 하고, 천관을 쓰고 있어 용화수 아래에 하생하여 미륵정토를 이룩하는 미륵불이라도 하고, 항마촉지인을 하고 있어 석가모니불이라고도 한다.

갓바위 부처가 어떤 부처인지는 중요하지 않다. 아미타불이거나 미륵불이거나 석가모니불이거나 약사여래불이 아닌 그 어떤 부처라도 무방하다. 중생의 삶은 언제나 피곤하고 고달프다. 세상 풍파에 시달리는 중생의 몸과 마음은 시퍼렇게 멍들어 아플 수밖에 없다. 피곤한 육신과 저리고 아픈 마음을 치유하고 위로받고자 시도 때도 없이 마음 내킬 때 마다 관봉 산정에 힘들게 올라 갓바위 부처와 상봉하는 것으로 내 소원은 이루어진다고 철석 같이 믿고 싶다.

갓바위 부처와 만나는 여정이 어렵고 힘들수록 내 소원은 더욱 간절해지고 정성은 더욱더 지극해 진다. 그 간절함과 지극함이 나의 마음에 담겨 갓바위 부

**관봉의 아침풍경** 관봉에서 바라보는 영천방면의 모습. 중첩된 산들의 모습이 아름답다.(1987)

처와 하나가 될 때 희망이 싹트고 미래가 밝아짐을 마음 깊은 곳에서 뜨겁게 느껴진다. 갓바위 부처가 헤아릴 수 없이 맞이한 동녘의 일출 같은 밝은 미래와 희망을 찾아서 오늘도 갓바위로 발길을 재촉하는지 모른다.

### 군위석굴 아미타삼존불阿彌陀三尊佛

2017년 6월말, 상주 — 영천고속도로가 개통되면서 칠곡군 동명면 기성리와 군위군 부계면 대율리를 잇는 팔공산터널도 열렸다. 구불구불한 한티재를 한참을 넘어 다니다가 시원하게 뚫린 팔공산터널을 지나오니 격세지감隔世之感을 느낀다.

팔공산에서 가장 이른 시기에 조성된 국보 제109호(1962.12.20.)로 지정된 아마타삼존불을 알리는 '제2석굴암'이란 안내표지가 눈에 거슬린다. 불국사 석굴암보다 100년 앞서 조성되었다는 학계의 정설로 볼 때 마땅히 '제1석굴암'으로 불러야 하지 않겠나. 1962년 9월 28일자 경향신문에서 '제2석굴암 발견 팔공산 기슭서 세 부처 안치'라는 제하에 '해방 후 문화재 발견으로는 가장 큰 것'이라 대서특필한 이래 지금까지 '제2석굴암'으로 잘못 불려왔다.

아름드리 소나무 숲을 지나고 극락교를 건너 경내에 들어서니 경상북도유형문화재 제258호로 지정된 석조비로자나좌상石造毘盧遮那佛坐像이 반긴다. 9세기경에 만들어진 이 석불은 신라 비로자나불상의 전형적인 모습을 하고 있어 불상의 변천을 알 수 있는 좋은 자료이다.

아미타삼존 석불로 가는 길 한쪽에는 옛날의 성세를 상징하는 주춧돌과 석부자재들을 모아놓았다. 모두 쓰임새가 있었으나 지금은 쓸모가 없다하니 세월의 무상함이 느껴진다. 비로전毘盧殿이 동쪽을 향해 멀리 팔공산 최고봉 천왕봉天王峰을 바라보고 있고, 그 앞에는 경상북도문화재자료 제241호로 지정된 모전석탑이 있다. 선덕여왕 3년(634년)에 신라 최초로 건립된 분황사 모전석탑과 비슷하게 화강암을 다듬어 세운 모전석탑이다. 모전석탑 북쪽에는 수십m 높이의 바위 절벽이 병풍처럼 우뚝 솟아있고, 그 절벽 중턱에 있는 자연석굴에 아미타불과 관세음보살, 대세지보살을 봉안하고 있다.

- **조산무더기** 삼존석굴이 마주보이는 밭 한쪽에 서있다.
- **군위삼존석굴의 석조비로자나불좌상** 신라 비로자나불의 전형적인 모습을 간직하고 있다.
- **삼존석굴 입구의 송림** 뒤로 학소대가 보인다.

**군위 삼존석굴의 원경** 우리나라 석굴사원의 효시이며 학소대라 불리는 거대한 바위 속에 아미타삼존불이 봉안되어 있다.

**군위 삼존석굴모전석탑** 1949년에 복원된 모전석탑 앞에서 한 불자가 삼존석굴을 향해 새벽 기도를 올리고 있다.

1927년에 이곳 삼존석굴이 처음 발견되면서 세상에 알려졌다고 한다. 그러나 330여 년 전인 선조 29년(1596년)에 오한鰲漢 손기양孫起陽(1559~1617)이 이미 아미타 삼존석굴에 관한 기록을 남겼다. '부계 상촌 서쪽에 우뚝 솟은 바위절벽이 있는데, 암면의 석굴에 감실이 있으니 그 안에 석불 삼구가 봉안돼 있다. 세상에서 이곳을 불암이라 부른다缶溪上村西有巖削立百餘巖面有穴如龕內安石佛三軀俗號佛巖'며 같이 지은 시 한 수가 전하고 있다.

| | |
|---|---|
| 어느 해에 귀신이 도끼로 쪼아 공중에 걸었는고, | 鬼斧何年劈懸空 |
| 석굴을 여니 감실 앞은 인간세상이구나. | 開石龕前臨人世 |
| 굴 안에는 부처 세분이 먼지를 덮어쓴 채 | 幾中有佛軀三塵 |
| 천년토록 독경하며 풍연風煙을 지켜왔네. | 劫經千變風煙護 |
| 여기 두고 정처 없이 오래 떠돌다보니 | 一巖萍蹤久厭亂 |
| 우매해져 마냥 앉아 있는 그 모습 부럽구나. | 羨爾坐如憨愚也 |

또한 한밤마을에 살던 홍수구洪受九(1624~1684)의 처 숙부인淑夫人 일선김씨一善金氏가 숙종 12년(1682년)에 자손에게 재산을 분배한 허여문기許與文記에 '불암佛巖'이란 지명과 오산悟山 홍정수洪禎修(1908~1965)의 '불암기우문佛巖祈雨文'으로 볼 때 오래전부터 이 지역에서는 석굴암이 아닌 불암佛巖으로 불려왔음을 알 수 있다. 1927년에 '삼존석굴을 발견했다'는 것은 이때 군위석굴 아미타삼존불의 존재가 조선총독부 관계기관에 알려졌다는 의미이다.

팔공산 아미타삼존석굴은 인도의 아잔타석굴과 중국의 돈황석굴, 운강석굴, 용문석굴의 영향을 받아 자연동굴에 조성한 우리나라 최초의 석굴사원이다. 자연석굴을 다듬어 감실龕室 형태로 조성했다는 점과 인도와 중국의 석굴사원 양식이 경주 토함산 석굴암에 이르는 경로라는 점에서 학계의 주목을 받고 있다. 석굴은 지상에서 약 10m 높이의 바위절벽 중턱에 있으며, 입구는 동남쪽을 향하고 있어 천왕봉을 비롯한 팔공산 종주능선이 한 눈에 들어온다.

팔공산 아미타삼존석굴은 1962년 9월 22일, 신라오악조사단에 의해 학계에 처음 알려졌다. 이때 조사에서 석굴의 폭은 380㎝, 높이는 425㎝, 깊이 430㎝이고, 주불 총 높이는 288㎝, 좌협시보살상 높이 192㎝, 우협시보살상 높이 180㎝로 확인되었다. 삼존상三尊像의 뒷부분이 모두 조각을 하지 않은 채 거칠게 남아있다. 물론 보이지 않는 쪽이라 대충 마무리한 것도 있지만, 공기에 쫓겼던 흔적일 수도 있다는 생각이 들었다.

관무량수경觀無量壽經에 '보관에 화불化佛이 있으면 관세음보살觀世音菩薩이고 정병이 있으면 대세지보살大勢至菩薩로 아미타불阿彌陀佛이 좌우에 두 협시보살을 거느렸다'는 설명과 같이 좌협시보살의 보관에서 화불化佛과 우협시보살의 보관에서 정병淨甁이 확인되어 '군위석굴 아미타삼존불'이란 이름을 붙이게 됐다. 6~7세기 수隋·당唐대에 정토신앙 중심의 아미타신앙이 유행하면서 다양한 아미타불상이 나타난다. 당대唐代에 이르면 이전보다 다양한 아미타불상의 수인이 확인되며, 그중에서 오른손은 '중생의 두려움과 근심을 없애 준다'는 시무외인, 왼손은 무릎을 덮고 있는 수인이 많이 보인다. 7세기 신라 아미타불상에서는 당唐에서 유입된 새로운 수인이 확인된다. 7세기에 조성된 선도산마애삼존불의 아미타불은 '중생의 모든 불안을 없애 주고 모든 소원을 들어 준다'는 시무외여원인을 하고 있으나 충남 연기지역에서 발견된 아미타불상 가운데 비암사 계유명상癸酉銘像(673년)과 무인명상戊寅銘像(678년)에서는 오른손은 시무외인, 왼손은 손바닥을 위로 하고 있는 수인을 하고 있다.

삼존석굴의 아미타불상에서는 왼손은 손바닥을 위로하여 무릎에 얹고 있으며, 오른손은 촉지인觸地印을 결하고 있다. 이런 예는 의상대사가 문무왕 16년(676년)에 창건한 부석사 무량수전의 아미타불상에서 촉지인이 확인된다.

중국에서도 7세기 후반과 8세기 초에 촉지인을 결한 아미타불상이 조성되고 있으나, 군위석굴의 아미타삼존불이 왜 아미타불임에도 촉지인을 하고 있는지에 대해 의견이 분분하다. 칭찬정토불섭수경稱讚淨土佛攝受經에 '사바세계로 내려온 아미타불이 석가모니의 몸을 빌어 중생에게 설법한다'는 내용으로 보아 석가모니가 성도

했을 때 취한 촉지인을 아미타불이 그대로 차용했다는 해석이 설득력을 얻고 있다.

삼존석굴 아미타불상은 얼굴이 크고 상체가 우람하나 무릎 폭이 좁아서 선덕여왕 13년(644년) 이전에 조성된 삼화령미륵삼존상의 조성 비례와 흡사하다. 이런 특징은 삼국시대 말기에서 통일신라 초기에 나타나는 독특한 조형양식이다. 삼존석굴의 주불은 당대唐代 불상에서 주로 나타나던 편단우견에 오른쪽 어깨에는 편삼을 걸친 착의법을 보여주고 있는데, 이는 신라불상 가운데 가장 오래된 편삼착의 사례이다.

왜 아미타삼존불상을 팔공산 자락에 조성했을까? 기존의 신라왕경을 중심으로 성립되었던 오악사상이 삼한일통을 이룬 뒤에 신라영역의 확장에 따라 전국적인 산악신앙으로 확대하여 공산을 중악中岳, 토함산을 동악東岳, 계룡산을 서악西岳, 지리산을 남악南岳, 태백산을 북악北岳으로 설정하고, 가장 먼저 중악 공산의 성지화를 추진하였던 것으로 보인다. 군위석굴 아미타삼존불의 규모나 조각수준 등으로 볼

**군위 삼존석굴의 아미타 삼존불**
국보 제 109호로 지정된 군위 삼존석굴의 내부 모습으로 아미타석불의 좌우에 관세음보살과 대세지보살이 시립하고 있다.

때 오악五岳의 성립과 더불어 중악산신과 불교와의 습합習合을 상징하는 국가적인 사업으로 추정된다. 이를 계기로 산악신앙과 불교가 습합된 신앙체계가 전국으로 확대되어 창녕 관룡사 용선대 석불좌상, 팔공산 관봉 석조여래좌상, 월출산 마애여래좌상, 대흥사 북미륵암 마애여래좌상 등이 주로 산정상부에 조영되었다.

5세기 후반, 신라가 북진거점을 확보하기 위해 보은에 삼년산성, 문경에 고모산성, 영월에 정양산성을 축성한 것을 보건대, 이들 북진거점을 지원하고 통일전쟁을 위해 팔공산에 전진기지를 두었다. 군위삼존석굴은 통일전쟁에서 희생된 영혼들의 왕생극락을 기원하고 현세에서 고통 받는 중생들을 위해 아미타불이 석가불의 몸을 빌어 사바세계에 내려와 중생을 제도한다는 현세구복적인 의미를 담고 있다고 생각된다.

### 거조암居祖庵 영산전靈山殿

팔공산은 자연의 공간이면서 오랜 세월 영적 깨우침의 공간이었다. 여러 골짜기에는 불교와 유교, 선교, 가톨릭의 유적들이 있지만 영천시 청통면의 한 산자락 깊은 곳에 가면 지금도 석가모니 부처님이 제자들에게 가르침을 주고 있다. 문수보살과 보현보살의 시봉을 받으며 제자인 526명의 나한들에게 설법을 하는 모습은 너무나 생생하게 감동을 준다. 비록 돌로 다듬은 부처님과 나한이지만 수천 년의 시간과 공간을 뛰어 넘어 다시 살아온 모습으로 고통스러운 세속을 살아가고 있는 우리들에게 친근하게 다가와 마음으로 진리를 전하고 있다. 이 많은 성스러운 나한들은 크게 웃으며, 또는 찡그리면서, 울면서, 해학적이면서 호랑이와 용을 애완동물처럼 안고서 저마다 자유 분망한 표정과 몸짓으로 부처님과 깨침의 소통을 하고 있다

석가모니 적멸 직후에 편찬한 불교경전인 법화경의 오백제자수기품五百弟子授記品에는 이 자리에서 부처님은 제자인 나한들에게 보살임을 인증하는 수기를 주신 것으로 기록돼 있다. 석가모니가 인도의 영취산에서 제자인 나한을 불러놓고 진리의 가르침을 주는 모습을 그림으로 그린 것이 영산회상도靈山會上圖이고 조소형태로 안치해 놓은 전각을 영산전 혹은 나한전이라 한다.

- **영산전의 내부** 영산회상도가 걸려있다.
- **영산전에서 참배를 하고 있는 신도들** 영산전 내부의 모습이 잘 보인다.

　　팔공산에 소재한 대한불교조계종 제10교구 본사 은해사 말사 거조암의 영산전
은 건물 자체만 해도 국보14호로 우리나라에 남아있는 고려시대 건물 가운데 규모

**거조암의 영산전** 고려시대 대표적인 목조건축물이며 국보 제14호로 지정되어있다.

빈도로 존자 나한상 십육성 중의 첫 번째로 꼽힌다.

가 가장 크다. 영산전 안에 봉안된 석조 나한상들 또한 불교예술로는 '한국미술오
천년전'에 전시될 만큼 매우 우수하다. 지금도 해마다 한두 나한존자님은 한국불
교예술의 대표자격으로 해외 나들이를 한다. 영산전에 가보면 돌나한들의 두런거
림이 들리는 듯 종교적 영적 분위기가 깊숙하고 신묘하게 사로잡아 예술의 경지를
넘어서는 것임을 느낄 수 있다. 그렇지만 영산전 나한은 성인의 위엄을 느끼게 한
다기 보다 보통사람 그대로임이 더욱 영적 감동으로 다가온다. 이웃집 아저씨요,
어리광 부리고 싶은 할아버지이며 마음을 의지하고 싶은 형님이고 삼촌이다. 그들
은 낯선 외국인이 아닌 우리의 이웃에서 흔히 볼 수 있는 한국 사람의 모습을 하고
있다. 생로병사生老病死와 희로애락 속에 헤매는 보통사람이 성인으로 현신한 이곳
이 바로 한국불교 종지宗旨의 태동지로 알려진 은해사 거조암의 영산전이다.

　팔공산에 주석했던 대표적 고승은 원효元曉와 심지心地, 그리고 지눌知訥
(1158~1210)이라 할 수 있다. 그 중 지눌知訥은 황해도 사람으로 승과에 급제한 25
세의 나이에 이전까지 선禪과 교敎가 별개이며, 정定과 혜慧가 별개라는 교파간
갈등을 타파하기 위해 정혜결사定慧結社를 약속했다. 도반 10여명과 더불어 습정
균혜習定均慧를 바탕으로 정定과 혜慧를 함께 수행한 그의 사상은 한국불교 조계
종 종지의 연원이 되었고, 한국불교사에서 원효와 함께 가장 큰 사상적 봉우리
를 이루었다. 예천 보문사에서 수행을 하던 지눌은 결사동참을 약속했던 득재得
才가 팔공산 거조사居祖社에서 초청한 것을 계기로 30세에 팔공산과 인연을 맺었
다. 지눌은 이곳 거조사에서 옛 도반들과 정혜결사를 하고 '근수정혜결사문勤修
定慧結社文'을 발표하면서 '정혜쌍수定慧雙修'의 실천으로 고려불교의 일대 혁신
을 꾀했다. 지눌은 '중생을 떠나 따로 부처가 없다' 하고 돈오점수와 정혜쌍수를
주장, 선禪으로서 체體를 삼고 교敎로써 용用을 삼아 선교禪敎의 통합을 주장했다.
의천義天이 교敎로서 선禪을 합일슴一하려 한데 대해 지눌은 선禪으로서 교敎의 합
일슴一을 주장하여 구산선문九山禪門을 조계종曹溪宗으로 통합했다.

　현재 대한불교조계종에서는 도의道義 국사를 종조宗祖로, 보조지눌普照知
訥(1158~1210)국사는 조계종의 종지를 밝힌 중천조重闡祖로, 태고보우太古普愚

- **산문바위** 거조암 입구에서 산문의 역할을 하고 있다.
- • **지눌의 영정** 보조국사 지눌의 영정으로 동화사에 수장되어있다.
- • • **통일신라시대 삼층석탑** 영산전 앞을 지키고 있다.

(1301~1382) 국사는 중흥조로 숭앙하고 있다. 지눌이 거조사에서 결성한 정혜결사
가 우리나라 불교사의 큰 흐름을 바꾸어 놓은 것임을 알 수 있다. 당시 지눌은 염
불암에 머물면서 동화사 중창을 도운 것으로 전해진다. 이런 인연으로 염불암에
는 국사의 영정이 봉안돼있고 인근에는 국사가 수행했다는 '눌암訥庵' 두 글자가
새겨진 바위굴 유적이 있다.

고려시대 개혁불교를 선도하고 한국불교의 정통을 잇는 조계종을 태동시킨
거조암은 고려말 홍건적과 왜구의 침입으로 위난에 처한 나라와 백성의 안녕을
기원했던 대표적인 나한기도 도량이기도 하다.

거조암 가는 길은 영천 은해사 입구에 있는 청통 네거리에서 신녕 방향으로 약1
km 정도 가다보면 나오는 '국보 제14호 은해사 거조암 영산전' 안내판을 따라가면
된다. 여기서 좌회전해서 4km 가량 서북쪽으로 들어가면 큰 바위와 아름드리 소나
무 숲이 내방객을 반긴다. 이 바위는 천년이 넘도록 이 자리에서 굳건하게 거조암의
산문을 지켜왔다. 숲 사이에 돌담을 둘러친 산신각과 닮은 작은 건물이 있어 눈길이

**불호당** 마을의 안녕을 비는 서낭당으로 거조암의 산문 입구에 있다.

간다. '불호당불護堂'이란 편액이 걸려 있다. 마을을 수호하는 서낭신을 모시는 곳으로 영조 45년(1769년)에 건립하여 광무 5년(1901년)에 중건하고, 2011년에 중수했다.

거조암은 신라 효성왕 2년(738년)에 창건되었다는 설과 경덕왕(742~764)의 왕명으로 창건되었다는 설이 있으나 확인할 길이 없다. 2007년 경상북도문화재연구원에서 발굴 조사한 결과, 8~10세기경에 제작된 것으로 보이는 연화문 수막새 등의 유물이 출토돼 8~10세기경에 창건된 것으로 추정되면서 전하는 창건연대의 신빙도를 높였다.

고려시대와 조선초기의 거조사는 지금보다 사격寺格이 높았던 것 같다. 보조 지눌 국사의 '정혜결사문' 외에도 원참조사圓㞳祖師가 저술한 '현행경現行經'의 기록과 이덕무李德懋(1741~1793)의 '청장관전서靑莊館全書'의 기록이 이를 말해준다. 청정관전서에는 '조선 세조 3년(1458년) 합천 해인사에서 대장경 50부를 인쇄하여 그중 1부를 영천 거조사에 안치했다'는 기록이 나와 있다.

조선후기에는 나와羅窩 김여행金礪行(1790~1859)의 '심원곡 나한사尋源谷羅漢寺'라는 시에서 지칭했듯이 거조암을 나한사 또는 오백나한절로 불렀음을 알 수 있다.

오백나한의 모습 다양한데　　　　　　　　半千羅漢貌稜稜

긴 밤 빈산에 한줄기 석등 밝히네.　　　　長夜空山一炷燈

묻노라. 너의 전생 무슨 적선하였관데　　　問爾前生何善積

연화탑 위에 나한이 층층이 앉아 있나.　　蓮花塔上坐層層


그 후 낭산朗山 이후李㕀(1870~1934)의 '거조암' 시를 보면 한말과 일제강점기에 사세가 기울어 은해사의 산내 암자가 되었고 거조암으로 불렸던 것 같다.

가을등불 아래 선방은 더 없이 깨끗하고　　秋燈禪榻十分淸

인간세상 슬프고 기뻐도 놀라지 않네.　　　人世悲歡百不驚

처마 끝 밝은 은하수 별들은 북두칠성 맴돌고　屋角明河星斗轉

섬돌에 찬이슬 내리니 벌레소리 요란하다.　　階前涼露候蟲鳴

**영산전의 내부**
오백나한상이 정좌하고 있다.

| | |
|---|---|
| 몸이 한가하니 계곡과 산에 재미를 쉽게 느끼네. | 身閒易得溪山趣 |
| 만년에 알았노라. 옛 친구 정이 좋은 줄을 | 歲晚偏知故舊情 |
| 원참 선사 천년 후라 아득히 멀고 | 渺渺元昆千載後 |
| 백운이 중향성을 길이 지키네. | 白雲長鎭衆香城 |

1920년 무렵의 거조암 사진에는 영산전과 요사의 옆면이 보이고 논밭 사이로 오솔길이 나있어 잘 정비된 지금의 모습과는 크게 차이가 난다. 영산전은 해체 복원시 발견된 묵서명墨書銘에 의하면 고려 우왕 원년(1375년)에 건립된 것으로 기록돼 있다. 그러나 영산전 앞에 있는 경상북도 문화재자료 104호인 3층 석탑은 통일신라시대에 조성된 것이고 영산전 서쪽 옆에 남아있는 석등의 부재인 복련과 동쪽의 산신각 앞에 있는 활주의 고임돌 등은 현재의 영산전 건립 이전의 것이다. 이들 유적과 유물을 통해 영산전 건립 전에 옛 거조사가 있었다는 사실과 그 규모를 짐작할 수 있다.

영산전은 전면 7칸(31m), 측면 3칸(10.4m)의 주심포식 맞배지붕으로 지어졌다. 영산전이 여타 일반사찰의 대웅전과 달리 특이한 것은 출입구가 하나여서 참배객이 석가여래를 바라보고 출입하는 점이다. 일반사찰의 대웅전은 전면에 통풍과 채광을 위한 분합문을 설치하되 부처 정면의 문은 어간문이라 해서 출입을 금하고 옆문을 이용하는 구조다. 영산전에는 단청의 흔적이 없다. 자연석 초석위에 약한 배흘림기둥을 세웠고 기둥위에 주심포를 올려 장중한 분위기가 나지만 전체적으로는 건물 규모에 비해 간결하고 단순한 느낌이 든다. 채광과 환기를 위해 전면 좌우에 각각 2개, 측면 상하에 각각 2개, 뒷면 1개 등 모두 9개의 살창을 두었다. 특히 측면과 뒷면에 수키와 2개를 맞물린 작은 환기구를 건물 아랫부분에 설치한 것이 이채롭다. 건물 내부에는 후불탱화인 영산회상도를 모신 불단이 있고 천정은 서까래가 보이는 연등천장 구조다. 석가여래를 모신 불단을 중심으로 양쪽에 나한상을 의상대사 법성게도와 비슷한 구조로 배치해 신자들이 나한성중을 차례대로 친견할 수 있도록 배려했다. 법성게도를 따라 차례대로 친견한 나한상은 일반 백성들의 모습 그대로이다. 우리의 모습이자 바로 내 얼굴이기도 하다.

## 부인사夫人寺

꽃샘추위로 움츠렸던 벚꽃이 활짝 기지개를 펴던 날, 팔공산 순환도로변에 위치한 천년고찰 부인사를 찾았다. 오랜 봄 가뭄 끝에 내린 촉촉한 단비로 벚꽃들이 꽃망울을 활짝 터뜨렸다. 팔공컨트리클럽에서 대구시민테마안전파크 – 수태골 – 부인사에 이르는 약 4㎞ 구간의 이곳 벚꽃 길은 팔공산 경관의 백미白媚 중의 하나다.

절 입구에 들어서니 아름드리 벚나무에 활짝 핀 벚꽃이 하늘을 하얗게 수놓고 있었다. 눈앞에 드러나는 길이 70m내외, 높이 2m 안팎의 장엄한 사찰의 석축은 불국사 석축의 영향을 받아 9세기 이후 평지가람에서 산지가람으로 변하는 시기에 쌓은 것으로 추정되는 특징을 보여준다. 계단에 올라서니 2009년, 보호수(지정번호 2-25)로 지정된 부인사 왕벚나무가 화사한 자태를 드러내며 반긴다. 벚꽃 잎이 눈발처럼 하얗게 내린 가운데 오래 전 금당을 오르던 계단에 장식했을 소매돌이 조각나 흩어져 있다. 왕벚나무 뒤로 동탑과 서탑이 우뚝하고 그 가운데 대구시유형문화재 제16호로 지정된 석등과 연꽃잎이 새겨진 배례석이 삼각형을 이루고 있다. 서탑은 대구시유형문화재 제17호로 지정되었지만 동탑은 심하게 훼손돼 근래 복원된 것이다. 대구시 기념물 제3호로 지정된 부인사지의 옛 금당자리에는 최근에 세운 석탑과 누문이 들어서 있고 그 뒤로 동화사 못잖게 장엄한 전각으로 가득하다. 명부전 앞에는 우리나라에서 유일하게 두 개의 화창이 있는 석등이 서 있다. 부인사 동쪽 일명암지逸名庵址에서 옮겨온 석등으로 대구시문화재자료 제22호로 지정됐다.

부인사 사적기에는 1928년의 대화재로 전각 전체가 불타고 '선덕묘善德廟만 남았다'는 기록으로 보아 오래전부터 음력 3월 보름에 선덕여왕 숭모제를 지내왔음을 알 수 있다. 현재의 자리로 선덕묘를 이전하면서 숭모전崇慕殿이라 편액 했다.

고려조에는 팔공산이 불교의 중심지였다. 그 중에서 고려의 국지대보國之大寶이자 문명의 상징이었던 초조대장경初彫大藏經과 속장경續藏經을 봉안했던 부인사는 교종불교敎宗佛敎의 총 본산이었다. 거조사居祖社는 보조국사 지눌이 돈오점

- 　**부인사에서 파계사로 넘어가는 벚꽃 길** 팔공산에서 가장 아름다운 길로 이름나있다.
- •• **벚꽃 길** 부인사 부근에는 길 전체가 벚꽃으로 덮여있다.
- ••• **복원된 부인사 서탑**

<sup>·</sup> **복원된 부인사 석등**

<sup>··</sup> **신무동 마애불 좌상(1987년)**
지금은 구룡사 내에 봉안되
어 있다.

<sup>···</sup> **선덕여왕을 모신 숭모전**
최근에 복원되었다.

수와 정혜쌍수를 주창하여 고려불교의 혁신을 이끌었던 선종불교의 태두泰斗였다. 부인사가 언제 창건됐는지는 알 수 없다. 2008년에 건립된 부인사사적기에는 '중악공산中岳公山 부인사符仁寺는 한국 제일의 호국 대가람이며 불법장흥佛法長興, 법수장류法水長流의 성지다. 선덕여왕 13년(644년)에 일통삼한의 호국도량과 아울러 모후 마야부인의 명복을 비는 원찰 부인사夫人寺를 창건했다'고 기록하고 있다. 반면에, 범우고梵宇攷(1799년)와 경상도읍지慶尙道邑誌(1832년), 영남읍지嶺南邑誌(1895년)에는 '신라 성덕왕(재위 702~737) 때 창건했다'고 전한다. 일설에 선덕善德과 음이 비슷한 성덕왕대로 와전된 것이라고 하나 오히려 '부인사夫人寺'라는 사명으로 인해 성덕聖德이 선덕善德으로 와전됐을 가능성도 없지 않다. 1989년 이후 3차례에 걸친 부인사지 발굴조사 결과, 통일신라시대에 조성된 녹유전綠釉塼과 토불土佛을 비롯한 출토 유물과 3층 석탑과 석등, 당간지주 등의 석조유물 등이 이런 가능성을 뒷받침하고 있다. 삼국유사에 신라 2대 남해차차웅의 왕비를 운제부인雲帝夫人이라 한 예와 같이 신라에서는 왕비를 부인夫人이라 호칭했다. 통일신라시대 금당지 주변에서 발굴된 '부인사금당夫人寺金堂'이 새겨진 암기와는 8세기 이후에 제작돼 즙와된 것으로 판단하고 있어 신라시대에 '부인사夫人寺'로 불렸던 사실이 확인된다. 부인사의 기록은 고려 광종 9년(958년), 광양光陽 옥룡사玉龍寺에 세운 신라 말 고려 초의 선사 경보慶甫(869~947)의 통진대사보운탑비洞眞大師寶雲塔碑가 가장 오래됐다. '대사는 곧바로 부인산사夫仁山寺로 가서 삭발하고, 경전을 공부하는 강원으로 들어갔다'는 비명의 '학수學藪'라는 명칭으로 볼 때 부인사는 신라시대부터 교학의 본산으로 팔공산에서 동수桐藪, 즉 동화사와 어깨를 나란히 했던 것으로 보인다.

고려시대에는 부인사夫人寺가 부인사夫仁寺로 개칭됐다가 부인사符仁寺로 이름이 바뀌었다.

고려 명종 10년(1180년)에 부인사符仁寺란 기록이 처음 나타난 이래 고종 24년(1237년) 대장각판군신기고문에 부인사符仁寺, 우왕 8년(1382년) 진각국사대각원조탑비眞覺國師大閣圓照塔碑에 부인사符仁寺, 그리고 정도전의 삼봉집三峰集에 부인사符仁寺

**부인사의 봄**
거대한 왕벚나무 뒤로 서탑과 석등 복원된 부인사의 심광루가 보인다.

로 기록돼 있다. 그러나 통일신라시대인 8세기 무렵에 '부인사금당夫人寺金堂'으로, 12~13세기의 고려 어골문에는 '부인지사夫人之寺'로, 12~14세기에 '부인지사夫人之寺'로 새겨진 명문기와銘文瓦가 출토됐다. 이 같은 사실로 고려시대 공식문서에는 부인사符仁寺로 표기하면서도 일상에서는 부인사夫人寺로 불렸던 것을 알 수 있다.

고려사 명종 10년(1180년) 6월에 '큰 비가 내려 동경東京 부인사符仁寺의 북쪽 산에서 큰물이 솟아 나와 절의 건물 80여 칸이 물에 잠기거나 떠내려갔으며, 9명이 물에 빠져 죽었다'는 기록이 있다. 신종 5년(1202년)에는 '동경의 별초군과 운문사雲門寺, 부인사符仁寺, 동화사桐華寺 승병이 연합하여 영주성永州城(영천)을 공격했으나 패했다고 했다. 신종神宗 6년(1203년)에 부석사浮石寺와 부인사, 쌍암사雙 岩寺 승군이 연대, 동경의 반란에 호응해 최씨 무신정권에 항거하다 진압돼 국문鞠問을 받은 뒤 섬으로 유배됐다'는 기록이 있다. 이는 당시 부인사는 대단한 규모의 사찰로 대장경과 사찰의 재산을 수호하기 위해 강력한 승군을 보유하고 있었던 사실을 말해준다. 이규보李奎報의 공산대왕에게 사례하는 제문에 '적괴들이 모두 사로잡혀 아군에게 목을 바쳤다'는 기록에서 부인사가 여러 사찰과 연합해 최씨 무신정권에 항거를 주도했던 사실이 확인된다.

거란의 대대적인 침입이 있었던 현종(재위 1009~1031) 때에 국난극복을 타개하는 방편으로 초조대장경을 조성했다. 현종 12년(1021년) 경 현화사玄化寺에서 판각을 시작해 문종 때, 혹은 선종 4년(1087년)에 완성됐다. 초조대장경은 현재 해인사에 봉안하고 있는 재조대장경을 능가하는 엄청난 규모로 통일신라 이래 발달한 고려불교문화의 역량과 고려인의 자주정신과 높은 문화수준을 보여준다. 그리고 세계에서 가장 오래된 목판인쇄물인 무구정광대다리경을 계승, 발달된 인쇄기술이 집약된 고려 최고의 보물로 개경의 현화사와 홍왕사興王寺에 나누어 보관했다. 어떤 연유로 언제 초조대장경이 부인사로 옮겨졌을까? 여기에 관한 문헌기록은 전하지 않는다.

인종(재위 1122~1146)때 이자겸의 난으로 개경의 궁궐이 전소됐고 묘청의 난으로 국내정세가 혼란한 가운데 금金의 압력이 가중되는 등 내우외환內憂外患으로 나라가 혼란스러웠다. 당시 개경에 보관했던 초조대장경은 안전한 곳을 찾아 옮겨야할 처지였다. 통진대사 경보가 수학했던 학수學藪이자 신라 이래로 교학의 중심지였고 무애지국사 계응戒膺의 문도들에 의해 대장경을 수장守藏할만한 역량을 갖춘 영남의 부인사가 가장 적지로 판단됐을 것으로 여겨진다.

1964년 부인사 대웅전 후방 건물지에서 수습된 석편에 새겨진 '覺□如无旱智'의 명문이 판독돼 이것이 대각국사大覺國師 의천義天의 적사嫡嗣였던 계응戒膺의 무애지국사비无旱智國師碑로 밝혀졌다. 계응은 당대 제일가는 화엄학의 대종장大宗匠이었다. 명종의 총애를 받았던 운미雲美는 계응의 법손으로 최씨 무신정권에 의해 파행승으로 추방되자 계응의 문도들이 부인사를 중심으로 강력하게 항거했던 것도 이런 연유였던 것 같다. 고종 19년(1232년) 부인사가 소장하고 있던 초조대장경은 몽고군의 방화로 한줌의 재로 변했다. 이규보李奎報(1168~1241)

**부인사 입구에 모아놓은 석부자재** 용도가 무엇인지 궁금하다.

가 1237년에 재조대장경을 발원하며 지은 대장각판군신기고문에 '이에 부인사
符仁寺에 소장된 대장경 판본도 또한 남김없이 태워버렸다. 아! 여러 해가 걸려
서 이룬 공적이 하루아침에 재가 돼버렸으니, 나라의 큰 보배가 상실됐다'는 기
록이 이를 말해준다. 고려사 고종 38년(1251년), 왕이 문무백관을 거느리고 재조
대장경 완공을 고하는 분향례에 '현종 때의 대장경 판본은 임진년(1232년) 몽고의
침입 때 불타버렸다'는 기록에도 이 같은 사실이 나타나고 있다.

임진왜란으로 부인사는 또다시 호국 사찰로 거듭난다. 1592년 7월 6일 부인
사에서 대구지역 선비들이 향회를 열어 대구의병을 결성하고 낙재樂齋 서사원徐
思遠(1550~1615)을 의병대장으로 추대했다. 공산의진군公山義陣軍을 결성해 부인사
에 의병소를 두었고 동화사의 관군과 연락을 취하며 조직적으로 활동했다.

### 진불암과 제3석굴암

경주 토함산 석굴암은 신라 불교미술의 정수이며 한국인의 자랑이다. 경주
석굴암에 앞서 조성된 또 하나의 석굴암이 군위군 부계면 팔공산 자락에서 발견
됐을 때 팔공산은 신비의 산으로 세상 사람들을 놀라게 했다. 이런 팔공산에 제
3의 석굴암이 존재한다는 소문이 돌았는데 최근 그것이 사실로 확인됐다. 이제
팔공산은 석굴암의 산으로 새로운 명산의 위상을 갖게 됐다. 발견된 석굴은 경
관이 수려한 팔공산 치산계곡 중상류의 동편 산비탈 길에서 약간 벗어난 화강암
지역에 큰 바위들을 지붕삼아 조성돼 있었다. 아쉽게도 석굴의 석불들은 이미
일제강점기에 도난당한 것으로 보이고 석불이 봉안됐던 큰 굴만 횅뎅그렁하다.
이 석굴을 찾아다녔던 기대감이 한꺼번에 무너지는 실망감이 엄습했으나 석굴
이나마 훼손되지 않고 남아 있다는 사실에 만족할 수밖에 없었다.

일제는 식민지배의 정당성 확보와 문화재 약탈을 위한 자료 수집을 위해 고적
조사를 실시했다. '조선보물고적조사자료'는 1916년경에 조사한 것으로 1942년
에 간행됐다. 이 조사 자료에는 '팔공산 아래 진불암 계곡의 암석지 내의 일부 지
역에 수도사에서 약 20정町(약2.2㎞), 진불암에서 수 정(약0.4~0.5㎞) 떨어진 산중턱

진불암과 석굴암

진불암 산문바위 나무아미타불이 새겨져 있다.

에 있는 거대한 화강암 굴속에는 자연석에 조각된 높이 3척(약90㎝), 흉폭 1척 8촌(약54㎝)의 좌불 1체體, 높이 3척 4촌(약102㎝), 흉폭 1척 2촌(약37㎝) 및 높이 2척 5촌(약76㎝), 흉폭 1척 2촌(약37㎝)의 수호불守護佛 각 1체가 있다. 표면에 균열이 있지만 거의 완전하고, 다른 2체도 일부 파손된 부분이 있지만, 거의 완전에 가깝다'고 했다. 또한 이 자료에는 '부근에 부서져 없어져버린 부처 2~3체가 있다'는 기록이 남아있다.

이 기록에 의거 석굴과 불상을 찾기 위해 2006년 3월, 영천향토사연구회에서 1차 답사했다가 찾지 못했다. 경북대학교 역사교육학과 교수 및 학생들이 그해 4월과 11월 답사에서 970m 산봉우리에서 흩어진 탑석을 발견했으나 석굴은 찾지 못했다. 팔공산연구소도 2010년 11월부터 이듬해 3월까지 치산계곡을 구석구석 조사했으나 성과가 없었다. 그러다가 얼마 후 팔공산연구소가 공산폭포 아래 신시암 마을 주민의 제보로 석굴을 발견했다. 진불암 가는 길에 있는 '나무아미타불' 글자가 새겨진 바위의 맞은 편 골짜기 산중턱에서 화강암 석굴을 찾았던 것이다. 수도사에서 약 2.2㎞, 진불암에서 약 0.4~0.5㎞ 떨어졌다는 거리와 부합돼 조선보물고적조사자료에 기록된 석굴로 추정할 수 있었다. 석굴 입구는 서북쪽이며, 높이 1.2m, 입구 폭 2.1m, 안쪽 폭 5m, 깊이 5m 정도로 사람 20명 정도는 들어갈 수 있는 크기다. 등산객이 지나가는 소리가 들릴 만큼 등산로에서 그리 멀지 않다.

이 석굴은 조선조 후기 이 지역 선비였던 권익구權益九(1662~1722)가 선정한 치산 십경의 하나인 '은신굴隱身堀'과 동일한 곳이었다. 또한 정민장이 이 십경시의 차운으로 지은 시에 '소나무와 계수나무 꽃그늘에 발우와 염의를 던진다'는 시구로 볼 때 은신굴은 스님들이 수행처로 삼았던 곳임을 짐작할 수 있다.

| | |
|---|---|
| 첩첩한 산봉우리는 암자 되고 돌은 빗장 되니 | 疊疊爲庵石作扉 |
| 몸을 숨긴 바위굴엔 속인이 드물다. | 隱身巖堀俗人稀 |
| 단약을 고와 몇 년 만에 구름과 학을 탔던가. | 煉丹幾勢乘雲鶴 |
| 소나무와 계수나무 꽃그늘에 깨침을 얻어 발우와 가사를 던진다. | 松桂花陰擲鉢衣 |

석굴은 진불암에서 멀지않은 바위절벽 중턱에 있었다. 이 굴은 처음부터 지금처럼 큰 규모가 아니었고 수행하던 스님들이 자연 석굴을 조금씩 확장해서 키웠던 것으로 추정된다. 이때 파낸 흙이 굴 앞에 언덕처럼 쌓였고 아래에서는 이 석굴을 볼 수 없어 은신굴이라 불렀던 것 같다.

조선보물고적조사자료에 기록된 석굴의 석불 5, 6구軀는 어느 절에서 누가 봉안했던 것일까? 2010년 팔공산연구소의 조사결과, 팔공산 제2봉인 비로봉(1176m) 아래 진불암에서 공산폭포 윗머리에 위치했던 옛 수도사까지 약 1km 구간에는 능선을 따라 8곳에 절터 흔적이 있었고, 동봉 아래 염불골에는 암자의 흔적이 2군데나 있었다. 그리고 염불골 바로 앞의 산 정상(970m)에는 석탑을 확인할 수 있었다. 특히 염불골 안쪽의 절터와 동봉의 석조약사여래입상 및 산 정상의 석탑은 모두 일직선 상에 위치해 있었다. 아마도 이들 사찰 가운데 어느 절에서 석굴을 조성하고 석불을 봉안했을 것 같은 생각이 든다. 치산계곡의 이 같은 불교유적은 고려 때 초조대장경을 봉안했던 부인사와 보조국사 지눌이 '정혜쌍수'를 주창하며 불교의 혁신을 주도했던 거조사의 영향으로 많은 승려들이 공부하고 수행했던 흔적일 것이다.

치산계곡 제 3석굴암은 언제 조성됐는지 알 수 없다. 이 계곡에는 고려 때 사찰이 많이 건립됐을 것으로 보이나 전해오기는 진불암을 비롯 신라시대에도 사찰이 있었다고 한다. 같은 팔공산 자락인 군위군 부계면에 통일신라 이전의 3존 석굴이 조성됐던 사실은 이곳 석굴의 조성연대가 신라시대일 수도 있음을 짐작케 한다.

정황상 일제가 고적조사를 했고 마을에서는 일제강점기에 일본인이 반출해 갔다는 얘기가 전하고 있는 사실로 미뤄 일제에 의한 도굴로 추정된다.

진불암은 팔공산 제일의 명당사찰로 전해진다. 팔공산 제2봉이자 공산성의 주봉인 비로봉(1176m)을 주산으로 앞에는 관음봉(청석배기, 833m)이 있고 왼쪽에는 문수봉(얼음덤, 940m)이 있고, 오른쪽에는 보현봉(970m)이 감싸고 있다. 진불암은 제 3석굴암과 가장 가까운 절이다. 최근에는 제 3석굴암의 수호불로 추정되는 석불상을 봉안하고 있다. 석불은 높이 58cm, 폭 50cm, 두께 12cm의 화강암에 상반

**조선보물고적조사의 석굴로 추정되는 은신굴** 제3석굴암 이라고도 불리고 있다.

신을 양각陽刻으로 조상한 것으로 불상의 양각부분만 남기고 주변부위는 부서진 상태다. 이 석불은 진불암 입구에 있는 2기의 부도탑 뒤쪽 바위틈에 오랫동안 봉안돼왔던 것으로 일제강점기 일인들의 불상도굴 당시 운반하던 인부들이 1기의 수호불을 이곳에 숨겨두었다고 전한다. 최근 이 불상을 진불암의 중수를 계기로 옮긴 것이다. 이 석불의 암질은 주변의 바위와 같아 석굴암 불상들도 이 일대의 바위들을 채석해서 조성한 것이 아닐까 하는 생각이 든다.

  제 3석굴암과 함께 진불암의 오른쪽 보현봉(970m) 정상에는 무너진 삼층석탑이 흩어진 석재로 남아있다. 산 정상에 석탑을 세웠던 연유는 도선 국사의 '비보사탑설神補寺塔說'에 의한 것으로 추정된다. 보현봉(970m)의 삼층석탑은 팔공산에서 유일한 비보탑이다. 여기에 오르면 치산계곡 전체가 파노라마처럼 한눈에 들어온다. 동쪽에는 코끼리바위(974m)가, 북동쪽으로 청석배기(833m)와 갈모봉(828m)이 보이고, 서쪽에는 비로봉(1176m)과 천왕봉(1192m), 그리고 동봉(1163m)이 보인다. 남쪽에는 팔공산 종주능선이 둘러싸고 있어 팔공산의 정기가 이곳 석탑으로 모이는 것 같다.

이 석탑은 산 정상부위에 석축을 쌓고 땅을 평평하게 다듬어 세웠다. 무너진 석탑은 경주 남산의 용장사지 삼층석탑과 같이 산 정상을 1층 기단부로 삼았다. 2층 기단부의 지대석은 4개 중에 3개만 남아 있고, 2층 기단부의 면석은 4개 가운데 2개만 남아있다. 2층 기단부를 덮었던 갑석은 사라졌고 그중 일부가 바위벼랑 옆에 놓여 있다. 1층과 2층 몸돌은 형태를 확인할 수 없고 3층 몸돌만 남아있다. 1~3층 3개의 지붕돌은 여기저기 흩어져 있지만 비교적 온전한 모습을 하고 있다. 석탑의 높

**진불암 입구의 석종형 부도탑** 백안당탑 등 한문과 범어의 명문이 새겨져 있다.

이는 약 2~2.5m 정도로 추정되며, 고려 초기의 양식이다. 삼층석탑은 1층과 2층 몸돌, 기단부의 지대석과 면석, 갑석 일부를 제외한 대부분의 탑재搭材가 주변에 흩어져 있다. 일대를 상세하게 조사하면 없어진 탑재를 찾아 복원할 수도 있을 것 같다.

치산계곡은 지금까지 세인들에게 잘 알려지지 않은 불교성지다. 계곡입구의 수도사와 조선보물고적조사자료에 수록된 제 3석굴암, 진불암에 봉안된 수호불, 그리고 보현봉의 삼층석탑은 아직도 이 계곡이 신라이래 고려 때까지 불교유적지로서 융성했던 곳임을 말해준다.

진불암 가는 길은 홍조팝이 군락을 이룬 좁은 산길에 장엄한 일주문 대신 아담한 자연석 돌문이 길손과 수행자를 반기고, 이끼 낀 바위벽에 새긴 '나무아미타불'이란 글귀가 여기서부터 사찰경내임을 알린다. 이 암자는 팔공산 정상부의 대표적 봉우리인 비로봉(1176m) 바로 아래에 터를 잡아, 세월의 흔적이 켜켜이 내려앉은 법당과 산신각, 그리고 그 뒤에 자연이 만든 토굴은 도인들의 수행발길이 천년 넘어 이어져왔음을 짐작케 한다. 진불암 주변의 능선과 계곡에 폐사지로

**진불암 법당에 봉안된 석불상** 제3석굴암의 수호불로 추정되고 있다.

- 보현봉 산정에 무너져있는 고려초기의 **석탑의 잔해** 오른쪽 끝의 바위에 서면 진불암이 보인다.
- **진불암**

59

남아 있는 여러 절터는 한 때 이곳이 팔공산을 둘러싸고 살아왔던 지역주민들의 정신적 귀의처가 되었고 그들의 정신적 삶의 자취가 아직도 흩어진 주춧돌에 묻어있는 것 같다.

정신세계의 흔적이 남아있는 치산계곡의 자연에서 새삼 무상無常을 느낀다.

### 동화사桐華寺

금호강을 건너 팔공산 큰 골로 들어가면 가장 먼저 만나는 사찰이 동화사다. 특히 백안동을 지나 동화사 쪽으로 오르는 계곡은 큰 도로 때문에 그윽한 맛은 잃었지만 천천히 걸어서 오르면 수려한 경관에 매료되는 곳이다.

팔공산이 불교의 성지인 것은 신라시대에 동화사를 창건하면서 부처님의 손가락뼈 간자를 봉안했다는 사실만으로도 충분히 알아차릴 수 있다. 팔공산이 낙동정맥이 빚은 명산이라면 동화사는 불교를 국교로 삼았던 통일신라의 왕실원찰로 창건된 팔공산 최고의 사찰이다. 그래서인지 동화사는 지금도 통일신라시대 이래 우리나라 약사신앙의 중심지이며 임진왜란 때는 영남권 승군총사령부였고 현재는 조계종 8대 총림의 하나로 그 위상이 높다.

동화사사적기桐華寺事蹟記(1732년) 등에는 '신라 소지왕 15년(493년) 극달화상極達和尙이 창건하여 유가사瑜伽寺라 하였다가 흥덕왕 7년(832년) 심지心地 대사가 중창할 때 오동나무가 겨울에 상서롭게 꽃을 피웠다하여 동수桐藪로 개창하였고, 그 뒤 동사桐寺 또는 동화사桐華寺라 하였다'고 기록하고 있다. 그러나 유가사瑜伽寺의 유가瑜伽는 중국에서 7세기 후반에 성립된 법상종의 성격을 나타내는 명칭으로 흥덕왕 7년(832년)에 심지대사가 창건한 것으로 추정된다. 삼국유사에는 '진표眞表가 영심永深에게 전한 간자簡子(미륵보살의 수계를 의미하는 징표)를 심지가 받은 뒤 팔공산에 와서 간자를 날려 떨어진 곳에 절을 지으니 이곳이 바로 동화사桐華寺 첨당籤堂 북쪽 우물이 있는 곳이다'고 했다. 금당암金堂庵 수마제전須摩堤殿의 서쪽, 옛 금당 터 뒤에 있는 우물이 그곳이다.

진표는 망신참회亡身懺悔를 통해 미륵불로부터 간자를 받았다. 미륵불이 진

**소년대에서 바라본 약사여래 대불과 동화사 전경** 울창한 수림 속에 묻혀있다.

표에게 준 제8, 제9간자에 대해 '이 두 간자는 내 손가락 뼈'라고 말한 것으로 볼 때 심지가 영심에게 받은 간자는 바로 이 미륵불의 불골간자佛骨簡子이다. 진표계 법상종의 법맥을 이어 받은 동화사의 주불은 미륵불로 추정된다. 동화사에 미륵불을 모셨음은 팔공산 용수동 와요지에서 출토된 기와에서 '동수미륵당桐藪彌勒堂'의 명문으로도 확인된다.

　동화사는 대웅전과 금당암, 비로암, 그리고 약사여래대불藥師如來大佛의 4개 영역으로 구분된다. 대웅전과 금당암은 수시골에서 흐르는 시내와 경계하고, 대웅전과 비로암, 그리고 약사여래대불은 서로 능선으로 나누어지는 독특한 가람배치를 하고 있다. '하나 속에 모두가 있고 그 가운데 하나있어一中一切多中一 하나가 모두이고 모두가 하나一即一切多即一'라는 법성게法性偈의 게송과 잘 어울리는 공간이다. 특히 동화사가 약사신앙의 전통을 계승하고 우리 민족의 숙원인

• **동화사 대웅전** 일출 무렵의 모습이며 보물 제 1563호로 지정되어 있다.

•• **동화사 대웅전 창호의 꽃살문** 모란의 문양이다.

••• **동화사 대웅전 창호의 꽃살문** 국화의 문양이다.

남북통일과 세계평화, 인류의 행복을 서원하며 조성한 약사여래대불藥師如來大佛은 우리나라를 대표하는 석불상으로 세계 최대 규모다.

숙종 14년(1688년) 우담愚潭 정시한丁時翰(1625~1707)은 산중일기에서 '동화사는 산으로 둘러싸여 있으나 터는 고르고 평평하여 진실로 팔공산 가운데 명당明堂'이라 했다. 동화사는 봉황이 알을 품고 있는 형국의 명당으로 널리 알려졌다. 봉황은 오동나무에 깃들며 대나무 열매를 먹고 산다고 하여 예로부터 동화사에는 오동나무와 대나무를 심었다. 동화사는 봉황이 알을 품고 있는 형국에 맞추어 일주문을 봉황문鳳凰門이라 하였고, 대웅전으로 진입하는 누각을 봉서루鳳棲樓라 하고 그 앞에 있는 큰 바위 위에 봉황 알을 상징하는 둥근 바위 3개를 올려두었다. 또한 인악대사비仁嶽大師碑의 비대碑臺가 거북이 아니라 봉황 형상을 하고 있는 것도 이런 연유이다.

금당金堂이란 본존불을 안치하는 가람伽籃의 중심 건물을 말한다. 금당이란 명칭은 전각 안을 금색으로 칠한 데서 유래했다는 설과 금색의 본존불을 내부에 안치한 데서 유래했다는 설이 있다. 동화사의 금당은 선조 25년(1592) 임진왜란의 병화로 동화사가 소실된 후 선조 33년(1600년) 금당암 영역에 건립한 극락전을 금당金堂이라 했다. 또 이전의 수마제전을 고금당古金堂으로 기록한 것으로 볼 때 현재 대웅전 영역이 동화사의 중심이지만, 심지가 창건한 이후 오랫동안 동화사의 중심은 현재의 금당암이었음을 알 수 있다. 임진왜란이 끝나자 전쟁으로 희생된 수많은 영혼을 서방극락정토로 천도하고 살아남은 사람들은 마음의 상처를 치유해야 한다는 시대적 여망에 따라 사명대사가 아미타불을 모신 수마제전과는 별도로 극락전을 크게 건립하였다.

극락전이 동탑과 서탑 사이에 자리한 까닭은 동화사 창건 때부터 전해온 석탑을 보존하고, 아미타불을 달리 무량수불無量壽佛이라 하는데 수명이 무량하여 열반에 들지 않아 아미타불을 모신 전각 앞에는 부처님의 무덤인 탑을 세우지 않는 관례를 따랐던 것으로 보인다. 광해군 14년(1622년)에 중창된 극락전은 정면 5칸 측면 3칸의 팔작지붕을 얹은 다포식 건물로 삼국시대와 고려시대 건축에서나 볼 수

- **금당암의 극락전** 좌우에 통일신라시대의 동탑과 서탑이 보인다.
- **금당암의 수마제전**

**금당암 삼층석탑 중 동탑의 설경** 동탑과 서탑으로 짝을 이루고 있으며 보물 제 248호로 지정되어있다.

있는 원형과 방형초석 등을 사용했고, 고려 이전에 볼 수 있는 가구식 기단을 사용한 것이 특징이다. 금당암에는 400여 년 전부터 금당선원이 개설되었다고 전한다. 1900년 봄에 근세 한국불교의 중흥조로 추앙받는 경허스님이 선원을 다시 개원한 이래 석우石友(1875~1958), 효봉曉峰(1888~1966), 성철性徹(1912~1993) 스님 등 위대한 선승이 오도悟道했던 성지로 한국불교의 선맥을 잇는 대표적인 참선수행 도량이다.

  금당선원 아래에는 인악대사를 비롯한 고승대덕들을 기리는 두 채의 비각碑閣과 14기의 비석들이 숲을 이루고 있다. 비림碑林 옆으로 1931년 우당거사藕堂居士 김정래金鼎來가 짓고 긍석산인肯石山人 김진만金鎭萬이 글씨를 쓴 동화사적비桐華寺蹟碑가 장엄하게 그 모습을 드러내고 있다. 사찰의 사적비는 잘 다듬은 돌로 비석으로 세우는 것이 일반적이나 동화사 사적비는 자연 암반을 반듯하게 파내고 평평하게 다듬어 글씨를 새겼으며 위쪽에 두 마리의 용을 양각으로 새겨 여느 사찰에서는 찾아볼 수 없는 독특한 모습이라 장엄하기가 그지없다. '고려 예종 때 미륵간자를 대궐에 두고 예배하다가 아홉 번째 간자를 분실하자 왕이 몹시 미안하게 여기며 송나라에서 가져온 부처님의 사리를 대신 보내왔다. 본사(동화사)에서는 미륵보살의 유훈 가운데 여덟 번째 것은 성불의 종자를 새롭게 훈육하는 것으로 공산에 다시 모시게 된 것은 보기 드문 상서로운 징조로서 기념할 만하다고 생각하여 공산 두 글자 위에 여덟팔자 八자를 더하여 팔공산이라 했다'고 동화사 사적기는 기록하고 있다.

사적비 앞 돌기둥에는 아래와 같은 글씨가 새겨져 있다.

**금당암의 소나무**

| | |
|---|---|
| 하늘이 신비한 돌을 감추니 | 天藏秘石 |
| 사적의 기록이 환히 빛나네. | 記事有煌 |
| 인자한 눈으로 중생을 보니 | 慈眼視衆 |
| 복이 모여 헤아릴 수 없네. | 福聚无量 |

동화사에는 석가모니 부처의 또 다른 사리가 전해오고 있다. 고려사에는 우왕禑王 원년(1375년) 9월에 '동화사桐華寺의 석가불골釋迦佛骨을 신효사神孝寺에 안치한 후 불공을 올렸다'는 기록이 있다. 천옹喘翁 최흥립崔興立(1736~1809)이 정조 10년(1786년) 동화사를 찾은 기록에 '대웅전에 석가釋迦의 사리치舍利齒가 있는데 크기가 손가락만하며 길이는 가히 몇 치가 된다'고 했다. 2004년 대웅전 보존·복원 공사로 목조삼존불좌상을 옮기는 과정에서 영조 3년(1727년)에 대웅전 상량과 함께 불복장佛腹臟에 넣었던 진신사리 10과와 유물 200여 점이 발견돼 예전의 기록이 사실로 확인됐다.

- **금당선원 아래의 비각과 비림** 인악대사 등 고승대덕들의 비문으로 이루어져 있다.
- **동화사적비** 1931년 조성되었으며 윗부분에 두 마리의 용이 마주보고 있다.

사명대사(1544~1610)는 임진왜란이 일어나자 동화사에 영남승군의 사령부인 영남치영아문嶺南緇營牙門을 설치하고 영남도총섭嶺南都摠攝이 되어 공산성을 수축하고 승군을 지휘했다. 지금도 대웅전 맞은편 봉서루에 '영남치영아문嶺南緇營牙門'의 편액이 걸려있다.

동화사 주차장 남쪽에 울창한 대나무 숲이 가리고 있는 비로암毘盧庵은 경문왕 3년(863년)에 조성한 석조비로자나불과 민애대왕탑(삼층석탑)이 어우러진 일탑일금당一塔一金堂 형식의 대표적인 통일신라 하대 왕실의 원찰이다. 민애대왕탑은 1966년 8월 이전에 도굴됐으나 남은 금동판 4매와 민애대왕석탑사리호가 1968년 동국대학교 박물관에 기증됐다. 납석으로 만들어진 민애대왕석탑사리호 표면에 새겨진 '민애대왕석탑기'를 통해 삼층석탑과 석조비로자나불의 건립 경위와 조성연대가 확인됐고 동수桐藪가 동화사이며 신라왕실의 원당이란 사실

- **동화사 사명당 유정 진영** 동화사에 수장되어 있으며 보물 제 1505호로 지정되어있다.(1987년)
- **소라나팔** 임진왜란시기 사명대사가 동화사에 영남승군사령부를 설치하고 의병활동을 할 때 사용했다.(1987년)
- **구리도장** 영남승군사령부의 직인이다.

**비로암 대적광전의 비로자나불**
통일신라시대의 불상으로 보
물 제244호로 지정되어있다.

- **비로암 삼층석탑과 대적광전** 민애대왕 석탑으로도 불리며 보물 제 247호로 지정되어있다.
- **동화사 승탑원** 동화사에 주석했던 고승들의 유골이 안장되어있다.

**동화사 마애여래불좌상**
통일신라시대의 마애불로서 동화사 봉황문 앞 바위에 새겨져 있으며 보물 제243호로 지정되어있다.

이 밝혀졌다. 동화사를 창건한 심지心地는 헌덕왕憲德王의 아들로 민애왕과는 사촌형제이며 흥덕왕興德王 대부터 신라왕실과 밀접한 관계를 맺고 있었다. 왕위 계승의 혈연적 정통성이 부족했던 경문왕은 분열된 왕실을 통합하기 위해 먼저 박혁거세를 모신 신궁에 제사하고, 원성왕元聖王을 추복하는 숭복사崇福寺를 중창했다. 왕좌에 오른 3년 후 인겸계 왕족을 회유하고자 동화사桐華寺에 할아버지의 원수였던 민애왕을 추모하는 원탑과 석불을 모신 원당을 조성하니 지금의 비로암毘盧庵이다.

경문왕이 분열된 신라왕실의 통합을 위해 민애왕을 추복하는 석불과 원탑을 동화사에 조성하였고, 사명대사가 왜란으로 희생된 영혼들을 천도하여 전쟁의 상처를 치유하기 위해 극락전을 중창한 것은 지금도 시사하는바 크다. 계층과 세대, 그리고 지역 간에 갈등과 대립이 날로 심화되고 반목이 거듭되는 오늘날 우리에게도 교훈이 된다.

2012년 11월 7일. 동화사가 '팔공총림八公叢林 동화사桐華寺'로 승격된 것은 이 절이 가진 역사적 의의가 크기 때문일 것이다. 물론 동화사는 선禪·교敎·율律을 겸비하고 학덕과 수행이 높은 종사宗師인 방장方丈의 지도하에 스님들이 모여 수행하는 종합 수행도량으로서 총림의 조건을 갖췄다. 범어로는 '빈타바나 vindhyavana'라고 하는데, 많은 대중이 화합해 한 곳에 모여 수행하는 것이 마치 나무가 우거진 숲과 같다고 해서 총림이라 한다.

### 은해사銀海寺

은해사銀海寺는 동화사桐華寺와 더불어 팔공산을 대표하는 사찰의 하나로 대한불교조계종 제10교구본사이다. 동화사가 신라왕실의 원찰이라면 파계사와 은해사는 조선왕실의 원찰이었다.

특히 은해사는 고려시대엔 왕명을 받아 호국정신의 상징인 팔만대장경의 완성을 전 국민이 축하하는 낙성회를 가졌을 만큼 위명을 떨쳤다.

은해사사적비銀海寺事蹟碑에는 '신라 헌덕왕 1년(809년)에 혜철국사惠哲國師가 지금 운부암雲浮庵 아래 해안평海眼坪에 대가람을 짓고 해안사海眼寺라 했다'고 기록해 놓았다. 고려 원종 10년(1269년)에 원참조사元祖師가 대법회를 열어 중생제도에 힘썼고 충렬왕 15년(1289년)에 홍진국사弘眞國師가 대중창했다. 조선 인종 1년(1545년)에 대화재로 7대 보물과 사찰이 전소全燒하자 명종 1년(1546년)에 천교화상天敎和尙이 해안평에서 지금의 자리로 옮겨짓고 절 이름을 은해사로 고쳤다고 전한다. 은해사 사적을 기록한 문헌은 영천군은해사사적(1858년), 은해사중건기(1862년), 은해사연혁변(1879년), 은해사중수기(1920년), 은해사사적비(1943년) 등 5종이 남아 있다.

고려 의종 6년(1152년)에 은해사에서 세상을 떠난 이탄지李坦之(1085~1152)의 묘지명에 '내 고향에는 은해사銀海寺라는 절이 있는데, 맑고 넓은 곳에 자리 잡았다 吾桑梓鄉有寺名曰銀海地位淸曠埃所不及'고 한 기록으로 볼 때 고려시대에 이미 은해사로 불렸음을 알 수 있다.

조선 태종 10년(1410년)에 영천으로 유배된 태재泰齋 유방선柳方善(1388~1443)이 은해사를 둘러보고 남긴 '은해사' 시에서도 조선 초기와 마찬가지로 은해사로 불리었음을 확인할 수 있다.

| | |
|---|---|
| 한가한 날 스님 계시는 절집에 놀러가 | 暇日遊僧舍 |
| 대청에 앉으니 잡스러운 생각이 사라진다. | 堂頭思不群 |
| 향 사르고 부처님께 처음 예를 올리고 | 焚香初禮佛 |
| 향기로운 차를 마시며 글 논하네. | 啜茗更論文 |
| 고요히 평상에 앉아 빽빽한 대숲을 바라보고 | 榻靜千竿竹 |
| 산은 적막하여 한조각 구름이 떠있네 | 山空一片雲 |
| 내일 아침 집으로 돌아가 성내에 들어가면 | 明朝還入郭 |
| 세상사 일들이 또한 어지러우리. | 世事又紛紛 |

중종 25년(1530년)에 간행된 신증동국여지승람의 '은해성銀海城'과 조선왕조실록 중종 30년(1535년)의 기사에 보이는 '은해銀海'는 모두 은해사를 말하는 것

**은해사의 봄** 산수유와 벚 꽃이 피어있다

이다. 또한 중종 24년(1529년)에 '실화로 왕세자 태실이 불탔다'는 기록이 있으나, 인종과 명종실록 등에 '인종태실과 태찰에 불이 났다'는 기록이 없고, 해안평에 절터의 흔적이 남아있지 않은 점을 고려할 때, 은해사는 해안평이 아니라 고려시대부터 지금의 자리에서 있었던 것으로 보여 진다.

고종 19년(1232) 몽고의 침략으로 부인사 초조대장경이 소실되자, 부처님의 법력을 빌어 외적의 퇴치를 발원하여 고종 23년(1236년) 강화도에 대장도감을 설치하고 대장경 조성사업을 추진하였다. 이 사업이 16년 만에 완성되자 원종 9년(1268년)에 보각국사普覺國師 일연一然이 왕명을 받아 선·교종의 명승을 모아 대장경 낙성회를 열었던 운해사雲海寺가 바로 이 은해사였다. 특히 일연스님은 은해사에서 얼마 떨어지지 않은 군위군 고로면의 인각사에서 삼국유사 편찬 작업을 마치고 고려 충렬왕15년(1289)에 입적했고 그 6년 뒤 1295년에 불제자 법진法珍이 세운 보각국사비가 보물428호로 남아 있다. 이 비는 당시 문장가 민지閔漬가 왕명에 의해 비문을 지은 명문이며 글씨도 왕명에 의해 원나라까지 가서 왕희지王羲之의 유필遺筆을 집자集字하여 만든 것으로 유명하다. 왕희지의 글씨는 중국에서도 흔치 않아 조선에 오는 중국의 사신들은 이 보각국사비의 탁본을 얻어가는 것을 큰 선물로 여겼다고 전해진다. 지금은 이 비의 형체가 많이 훼손된 상태이나 오대산 월정사에 사본이 남아있다.

은해사는 중종 16년(1521년) 태실봉에 인종태실이 봉안되면서 팔공산의 중심 사찰로 거듭난다. 17세기 들어 동화사에 '영남치영아문嶺南緇營牙門'이 설치되면서 팔공산에서 은해사의 영향력은 이전보다 약화되었다. 그러나 승정원일기 철종 3년(1852년)에 '경상도 은해사는 인종대왕 태실봉산으로 영조 48년(1772년)에 특별히 원당願堂으로 삼아 종친부에 속하게 했다慶尙道永川銀海寺卽仁宗大王胎室封山而英廟朝壬辰特定願堂付屬本府者也'는 기록으로 보아 조선후기에도 인종대왕 태실의 수호사찰과 왕실 원당으로서의 위상은 대단했다.

은해사는 헌종 13년(1847년)에 일어난 대화재로 극락전을 제외한 1천 칸의 가람이 모두 불타버린 탓에 절의 역사와 연혁을 입증할 수 있는 유적과 유물은 거

**보조국사정조지탑**
인연선사를 기리기 위해 인각사에 세워져
있으며 탑비와 함께 보물 제 428호로 지정
되어 있다.

- 　　**정조지탑의 금석문**
- ・・　**정조지탑의 보살상**
- ・・・　**불제자법진에 의해 세워진 탑비** 비문은 당시의 문장가인 민지가 왕명을 받들어 지었고 글씨는 왕희지의 유필을 집자했다.
- ・・・・　**정조지탑 옆의 석불좌상** 독특한 아름다움을 간직하고 있는 통일신라시대의 불상으로 추측된다.

- **군위 인각사의 극락전과 3층석탑** 신라말기의 석탑으로 추측된다.
- **인각사에서 발굴된 석부자재** 전성기 인각사의 규모를 짐작하게 한다.

**학소대**
인각사의 배경으로 특히 여름풍광이 아름답다.

의 남아있지 않다. 다행히 당시 주지 혼허混虛 스님의 원력으로 복원불사를 이루어 사격寺格을 유지할 수 있었다. 혼허 스님은 새로 지은 법당과 전각에 평소 가까이 지내던 추사秋史 김정희金正喜의 글씨를 받아 현판을 새겨 걸었다. 이후 은해사는 추사秋史 김정희金正喜(1786~1856)의 글씨를 보고자 수많은 시인묵객들이 찾는 명소가 되었다.

1879년 당시 영천군수 이학래李鶴來가 쓴 『은해사연혁변銀海寺沿革辨』에는 '문의 편액인 은해사銀海寺, 불당의 대웅전大雄殿, 종각의 보화루寶華樓가 모두 추사秋史 김시랑金侍郎의 글씨이며 일로향각一爐香閣이란 글씨 또한 추사의 예서'라고 했다. 은해사가 소장한 글씨는 모두 추사 김정희의 대표작으로 꼽히는 작품이다. 그중에서 '불광佛光'은 송판 4장을 가로로 이어 새긴 세로 135cm, 가로 155cm 크기의 대작으로 추사의 글씨 가운데 가장 큰 작품으로 알려져 있다. 특히 '불佛'자의 세로획 길이가 130cm나 될 정도로 매우 길어 보는 이의 눈길이 절로 끌린다. '불광佛光 두 글자를 쓰기 위해 셀 수 없을 만큼 많은 파지破紙를 버린 끝에 완성했다'는 이야기는 너무나 유명하다. 또 이 글씨를 받은 주지스님이 '세로획이 너무 길다하여 잘라서 편액을 만들어 걸었는데, 이것을 본 추사가 크게 화를 내면서 불태워버리자 주지스님이 백배사죄하고 다시 새겨 걸었다'는 이야기 등을 통해 이 글씨가 추사의 작품 가운데 백미임을 알 수 있다.

대구에서 은해사로 가는 길은 하양읍을 거쳐 청통면에서 들어가는 일반도로 길과 대구 – 포항 고속도로를 타고 가다 청통IC에서 내려서 가는 두 코스가 있다. 은해사 일주문을 들어서면 '나무아미타불南無阿彌陀佛'이 단아한 글씨로 새겨진 표석이 반긴다. 그 왼쪽에 한 폭의 산수화 같은 아름드리 소나무 숲 사이로 길이 나있고, 이 길을 따라 호젓하게 걷노라면, 부도와 사적비, 공덕비, 불망비 등이 오랜 세월의 흔적을 느끼게 한다. 느패재에서 발원한 골짜기의 계곡물을 건너는 은해교 앞에 서있는 '하마비下馬碑'는 은해사와 백흥암이 인종태실을 수호하는 태찰胎刹이 되면서부터 이 자리를 묵묵히 지켜왔다.

**불광 현판** 추사 김정희의 걸작으로 알려져 있다.

- **일로향각 현판** 추사의 예서로서 은해사 성보박물관에 수장하고 있다.
- ** **은해사 대웅전 현판** 추사의 걸작으로 은해사가 대웅전을 극락보전으로 변경하자 은해사 성보박물관에 수장하고 있다.
- *** **해강 김규진의 은해사 현판** 서예가로 유명한 그는 우리나라에 사진을 도입한 선각자이다.

중종 30년(1535년)에 '인종태실의 비석 글자 4자가 깨뜨려져 훼손된 사건이 일어났다'는 기록과 '경자년庚子年 소춘小春에 세웠다'는 기록으로 볼 때 하마비는 은해사가 왕실원당이 되면서 중종 35년 경자년庚子年(1540년)에 세워진 것이다. '인종대왕태실비仁宗大王胎室碑'가 명종 1년(1546년)에 가봉하면서 세워진 것을 감안하면 중종 35년(1540년)에 세워진 이 하마비는 팔공산의 금석문 가운데 가장 오래된 것으로 보인다.

은해사의 누문樓門은 보화루寶華樓이다. '보화寶華'란 보배로운 꽃으로 부처님이 앉아 계신 연화대좌를 말하며, 법화경 비유품의 '보화승족寶華承足'에서 유래했다. 특이하게도 산내 암자인 백흥암과 운부암, 그리고 말사인 부귀암富貴庵과 죽림사竹林寺의 누문을 모두 보화루라 하고 있다. 죽헌竹軒 조현익趙顯翼(1826~1902)이 고종 5년(1854년)에 은해사를 찾아 지은 시에 '昔聞今上寶華樓 / 예

· **은해사 극락보전의 내부모습** 예전에는 대웅전이라고 불렀고 아미타 삼존불과 용머리의 장식이 특징이다.
·· **은해사의 극락보전 앞의 향나무** 높이 10m에 둘레가 1.5m이며 수령은 450년에 이른다.

- **금포정禁捕町 숲길** 1714년 숙종시기에 조성된 은해사의 일주문에서 보화루에 이르는 아름드리 소나무 숲길은 아침안개가 서려 한 폭의 수채화를 연상케 한다.
- • **은해사 부도탑** 한 스님이 낙엽을 쓸고 있다.
- • • **은해교 앞의 하마비下馬碑** 팔공산에서 가장 오래된 하마비이다.

전에 임금께서 보화루를 내리셨네'라는 시구가 있어 산내암자와 말사에서 사격을 높이기 위해 나라에서 내린 보화루의 편액을 걸었던 것 같다.

현재 은해사 중심전각은 '극락보전極樂寶殿'이다. 경상북도 문화재자료 제367호(1999.08.09.)로 지정당시 대웅전에 아미타불과 아미타삼존탱화를 봉안했던 점으로 볼 때 헌종 13년(1847년)에 화재로 대웅전이 소실되자 극락전에 추사 김정희가 쓴 '대웅전大雄殿' 편액을 걸었던 것으로 보인다. 2009년 10월 11일, 은해사개산 1200주년 개산대법회에서 대웅전의 명칭을 극락보전으로 바꾸고, 추사의 대웅전 편액은 성보박물관에 보관하였다.

**은해사의 누문인 보화루** 보화란 부처님이 앉아계신 연화대좌를 말한다.

성보박물관 뒤쪽 연못가에는 쌍 거북 바위가 있다. 거북바위는 건강과 화목 그리고 소원성취를 비는 곳으로 영험했다고 하며, 특히 조선시대 선비들이 과거시험을 보러 서울로 떠날 때 합격을 기원했던 곳으로 유명하다. 일제 강점기에 한민족의 정신문화를 말살할 목적으로 일본인들이 쌍 거북 바위의 목을 잘랐다

**보화루 앞의 적벽** 이곳에는 언제나 돌이끼와 함께 아름다운 식물들이 서식하고 있다.

고 전한다. 2005년 4월, 주변을 정비하던 중에 목이 잘린 거북이 한 마리를 발견하여 주민들의 고증을 거쳐 후면의 마애삼존불과 함께 복원하였다.

　은해사 본사에서 태실봉으로 가는 길옆에 '민족사학의 요람 능인중고등하교 개교지'라는 기념비가 서있다. 능인중학교 전신인 오산불교학교五山佛敎學校는 1939년 10월에 대한불교조계종 경상북도 5본산, 즉 대구 동화사, 영천 은해사, 문경 김룡사, 의성 고운사, 경주 기림사의 사찰주지회의에서 설립을 결정했다. 호국 불교정신을 바탕으로 국사와 국어교육을 통해 민족의식을 고취할 목적으로 1940년 지금의 백련암 자리에서 개교했던 것이다. 1945년 8월 광복 직후 오산농림실수학교五山農林實修學校로 개편되었고 1946년에 능인중학교能仁中學校로 설립이 인가되었으며, 현재는 능인중고등학교로 발전하였다.

　백련암 서편에 있는 은해사 템플스테이(중악관) 건물 뒤에 있는 큰 바위에는

* **쌍 거북바위와 마애삼존불** 일제에 의해 훼손됐다가 2009년 목이 잘린 채 발견되었으며 고증을 거쳐 후면의 마애삼존불과 함께 복원됐다.
* **은해사 수목장의 현장**

팔공산에서 유일하게 '한시漢詩'가 새겨져 있다. 바위를 43cm×65cm 크기로 반듯하게 다듬고 영천永川 성호운成昊運이 7언 절구를 짓고 경주 사룡산四龍山에 머물렀던 만회晩悔 스님이 쓴 글씨를 새겼다.

| | |
|---|---|
| 나와 팔공산은 우리 고을에 함께 있어 | 我與公山倂我州 |
| 꽃 피고 달뜨는 저녁이면 운부암을 찾는다네. | 花辰月夕訪雲樓 |
| 백발이 어느새 엉성하지만 평소의 버릇은 남아 | 白髮旋疎餘素癖 |
| 장차 이 돌을 천추토록 살아 있게 하리라. | 聊將此石活千秋 |
| 신미년 겨울 시월에 사룡산하의 만회가 쓰다. | 辛未冬十月 四龍山下 晩悔 書 |

은해사 템플스테이 건물(중악관)에서 나와 산내암자 가는 길과 만나 난간 없는 다리를 건너면 오른쪽 길 옆에 검은 색깔의 큰 바위가 우뚝하게 서있다. 바위에는 횡서로 새긴 '안윤명安潤明'이란 이름과 그 왼쪽에 종서로 새긴 '박창호朴昌鎬'

**한시바위** 은해사 템플스테이 건물(중악관)의 옆에 있다.

**아미타삼존불의 명호를 세긴 바위** 은해사 극락보전에 봉안된 아미타 삼존불의 명호를 새겼다.

란 이름이 뚜렷하다. 이 바위의 경사면에는 큰 글씨로 중앙에 나무아미타불南無
阿彌陀佛, 왼쪽에 관세음보살觀世音菩薩, 오른쪽에 대세지보살大勢至菩薩의 아미타
삼존불을 큰 글씨로 새기고, 그 아래에는 이 글씨를 후원한 사람들의 이름을 작
은 글씨로 새겼다. 바위에 아미타삼존불을 새긴 예는 양산 원효암 등에서 찾아
볼 수 있으나 글씨로 아미타삼존불을 새긴 예는 그 유래를 찾아보기 힘들다.

은해사는 2006년에 우리나라 최초로 친환경 장례방법인 수목장樹木葬을 경내
에 설치하여 새로운 장례문화 도입에 앞장섰다.

### 원효元曉 수행처修行處

대구에서 능성재를 너머 내리막길을 달리다 보면 신한리 교차로가 나온다. 왼쪽은 갓바위로 가는 길이고 오른 쪽에 서있는 '원효대사 최초 수행굴·김유신 기도굴'이라 적힌 불굴사 안내판을 따라 우회전해서 산길을 오르면 멀리 보현산을 한 눈에 바라보고 있는 불굴사가 살갑게 맞이한다.

경상북도 경산시 와촌면 강학동에 자리한 불굴사는 신라 신문왕神文王 10년(690년)에 원효대사元曉大師가 창건했다고 전하며, 불굴사 동쪽에 있는 깎아지른 절벽의 석굴에는 원효대사가 최초로 수도했다는 홍주암紅珠庵이 있다. 석굴 안에는 '아동제일약수我東第一藥水'라고 새겨진 바위 위쪽 틈에서 샘물이 솟아난다. 죽와竹窩 최주원崔柱元(1648~1720)이 숙종 39년(1713년)에 이곳을 찾아보고 남긴 글에는 '석굴에 석불이 있다'고 했으나 현재는 그 행방을 알 수 없다. 1976년 석굴을 수리하던 중에 26cm 크기의 금동관음보살金銅觀音菩薩 입상이 발견되어 국립경주박물관에 수장하였다.

원효가 34세 때 의상과 함께 떠난 당나라 유학이 고구려 군사에 붙잡혀 실패한 뒤에 다시 유학을 떠난 44세 사이의 상당기간을 팔공산에서 수행했다고 한다. 원효의 고향 경산과 가까운 불굴사 석굴과 원효암 등에서 수도한 뒤에 오도암에서 득도했다는 설화가 전승되고 있다. 팔공산에 소재한 불굴사, 원효암, 중암암, 오도암, 서당굴 등에 남아있는 원효의 자취 가운데 불굴사가 그의 초기수행에서 특별한 의미로 다가온다.

경북 경산시 와촌면 대한리에 자리한 원효암元曉庵은 문무왕 8년(668년) 원효대사가 창건하여 수도했다고 전하며, 고종 19년(1882년)에 긍월대사亘月大師가 중창했다고 전한다. 1986년 팔공산 화재로 금당과 불상이 소실되었으나 1990년에 중창하였고 2016년 6월에는 아미타삼존불상을 점안했다. 원효암 금당 뒤에서 북쪽으로 300m가량 올라가면 높이 약 4m 크기의 바위에 감실을 얕게 파고 조성한 경상북도 유형문화재 제386호 마애여래좌상磨崖如來坐像이 있다. 마애여래좌상은 통일신라시대 작품으로 연화좌 위에 결가부좌를 한 채 구품수인을 하고 있는 아미타불로 추정된다. 원효

**홍주암의 아침** 원효대사가 수도했다는 석굴이 있는 홍주암정상의 바위가 떠오르는 아침햇살을 받고 있다.

- **홍주암 석굴의 원경** 거대한 바위산을 이루고 있다.
- **불굴사 석조약사여래입상** 석불은 대웅전의 마루와 연결되어있다.
- **원효암 석조마애여래불좌상** 원효대사가 창건하였다는 원효암 극락전 뒷산에 있으며 통일신라시대 양식이다.

**오도송** 오도봉 정상 바위틈에서 자태를 뽐내고 있다.

암 입구에는 사시사철 찬물이 솟아나는 샘이 있어 일명 '냉천사冷泉寺'라고도 한다.

원효암에서는 '원효사상실천선양회'를 만들어 '원효사상과 가르침을 실천 및 선양하고, 원효성사의 사료를 발굴하고 현창'하는 사업을 추진하고 있다.

중암암은 신라 흥덕왕 9년(834년)에 심지왕사心地王師가 창건했다 전하며 이 암자

위 중악석굴은 김유신 장군이 수도한 곳으로 유명하다. 예로부터 공산에 입산하는 수도자가 반드시 거쳤던 영소靈所로 중암암 창건 이전에 원효대사도 이곳에서 수도했다고 전하며, 고려시대에는 거조사에 머물던 보조국사 지눌도 염불암 뒤의 눌암굴과 이곳 중암암 석굴에서 수도했다고 한다.

오도암은 팔공산 서편 정상부위의 세칭 청운대라 부르는 거대한 바위벽 아래에 있다. 한티재大峴 능선에서 동쪽으로 이어진 종주능선을 따라 팔공산 정상부가 한눈에 들어온다. 천왕봉 주변에는 흉물스런 방송탑이 빼곡히 모여 있고 그 왼쪽에는 공산성의 주봉 비로봉이 보이고, 그 앞에는 팔공산에서 가장 험준한 단애斷崖가 병풍처럼 펼쳐져 있다. 그 아래에 팔공산 제1의 명당으로 원효대사가 수도하여 오도悟道했다는 오도암悟道庵이 있다. 오도암에 관한 가장 오래된 문헌은 임진왜란이 일어나자 태동苔洞 최계崔誡(1567~1622)의 '오도암에 피난한 사람들에게 보내는 편지檄悟道庵避亂諸人書'와 태암苔巖 이주李輈(1556~1604)의 '오도암에 보내는 격문檄悟道庵文'이다.

오도암에는 원효가 득도했다는 속칭 '오도굴'이 있다고 전해온다. 석굴은 구탄九灘 장위방張緯邦(1697~1753)이 유공산막암遊公山幕巖에서 '예로부터 선령굴산仙靈窟山 아래로 찬물이 흐르는데 비로봉에서 발원해서 도도하게 서쪽으로 흘러간다'고 한 기록이 가장 오래되었다. 선령굴산이란 명칭은 절벽의 남쪽에 자연적으로 형성된 석굴에 신선이 머문다고 하여 붙여진 것이다. 선령굴산(1123m)은 공산성의 주봉 비로봉(1176m)에서 볼 때 완만하게 경사져 있어 정상이 드러나지 않는다. 오도암이 내려다 보이는 깎아지른 절벽 정상 바위에는 소년대 신선송에 버금가는 '오도송悟道松'이 고고한 자태를 뽐내고 있다.

지금 널리 불리는 '청운대'는 그 출처와 연원은 알 수 없다. 다만, '팔공산등산지도(1986년)'에 '청운대 바위' 기록이 가장 오래된 것으로 볼 때 산악인들이 붙인 이름으로 추정된다. 예전에는 어떻게 불렸을까. 한국지명총람(1978년)에는 '오도암 뒷바우'라고 기록했고, 조규승曺逵承(1827~1908)과 도우룡都右龍(1838~1906), 박원묵朴元默(1834~1911) 등이 남긴 '오도봉悟道峰' 제하의 시와 홍재하洪載夏(1882~1949)의 '오도산기우문悟道山祈雨文'으로 볼 때 오도암 뒤에 있다 하여 오도봉 또는 오도산으로 불려왔다.

공산성에서 '하늘정원 길' 계단을 올라와서 오도봉 정상으로 가다보면 왼쪽 절벽 아래로 오도암과 계단이 연결되어있다. 이 계단을 통해 조금 내려가다 오른쪽으로 나있는 험하고 위험한 잔도棧道에 바싹 붙어 가면 서당굴 또는 장군수 석굴로 갈 수 있다. 잔도에서 약 1.5m 높이에 자연적으로 형성된 석굴은 정남향으로 입구는 1m 남짓하고 깊이는 3m 정도이다. 굴 안에는 바위틈에서 솟아난 물이 가득 고여 있다. 입구 오른쪽에 글자가 새겨져 있다고 하나 알아볼 수 없으며, 원효의 어릴 적 이름을 따서 서당굴誓幢窟이라 한다.

원효는 서당굴외에도 잔도는 험하지만 이 부근에는 혼자 비바람을 피할 수 있는 모옥茅屋을 얽고 수행할 수 있는 자리가 군데군데 있어 샘물을 마셔가며 '백척간두진일보百尺竿頭進一步'을 위한 수도를 했을 것으로 생각된다. 오도암에는 '원효굴元曉窟'이란 또 하나의 석굴이 있다고 한다. 오도암과 오도봉 절벽 사이에 있는 울창한 소나무 숲 어디에 있다는 원효굴은 '사각형에 아치형입구를 가진 큰 굴로 5~6명이 둘러앉을 만한 크기'라고 하며, 실재로 다녀왔다는 여러 사람들의 증언도 있다.

천년이 넘는 세월동안 법등을 이어왔던 오도암은 1968년 1.21사태로 독가촌 정리방침에 의거 철거된 후 뜻있는 스님들이 임시로 건물을 지어 명맥을 이어오다가, 오도암은 2017년 12월 4일 복원되었다. 이 같은 득도수행과정을 보면 원

**서당굴의 안에서 본 풍경**
서당굴에는 바위틈에서 떨어진 물이 고여 있다.

- 송신탑 부근에서 본 오도봉과 오도암 오도봉은 세칭 청운대라고도 불린다.
- •• 원효구도의 길로 명명된 하늘정원과 오도암을 잇는 계단 장장 2700여m에 달하는 팔공산에서 가장 길고 가파른 인공구조물이다.
- ••• 오도봉에서 본 원효구도의 길 부근의 기암 정상부가 평지모양으로 되어있다.

효元曉(617~686)는 팔공산이 낳은 고승高僧이면서 한국불교를 대표하는 위대한 성사聖師로 세계불교사에 큰 발자취를 남겼다. 원효는 심오한 불교의 이치를 통찰한 탁월한 능력자로 경·율·논 삼장과 대·소승 경전에 두루 통하고 화엄종·천태종·법상종·정토종 등 각 방면을 두루 섭렵하여 불교 사상을 종합하고 체계화 시켰던 대 사상가였다. 원효는 당시 동아시아에서 '만인을 대적할 만한 사람萬人之敵'으로 국·내외에 평가되었고 용龍과 같이 뛰어난 인물로 칭송되었다. 원효의 교학으로 한국불교의 토대가 마련되었고, 그의 사상은 중국과 일본, 그리

**울창한 송림에 둘러싸인 오도암과 오도봉**
오도암은 2017년 12월 4일 복원되었다.

고 멀리 천축에 까지 영향을 미쳐 동방의 성인으로 용수龍樹와 마명馬鳴에 비견
되었다.

삼국유사에는 원효가 '압량군押梁郡의 남쪽 불지촌佛地村 북쪽 밤나무골 사라수
娑羅樹 아래에서 태어났다'고 했다. 삼국사기에는 '중악은 부악父岳이라 하고 일명
공산이라 하는데 압독군에 있다'하여 신라시대에는 팔공산이 압독군(압량군), 즉
지금의 경산에 속했다. 원효와 관련한 설화는 탄생지 경산지역과 팔공산 일대를
중심으로 경주, 양산 천성산, 부산 금정산, 경기도 소요산, 전라도 지역에 이르기까
지 널리 퍼져 있다. 연구결과, 원효의 이름을 붙인 사암寺庵이 18개소, 그 밖에 원효
의 행적과 관련된 사찰이 50개소 등 전국에 68개소에 달하는 것으로 조사되었다.

### 묘봉암妙峯庵 · 운부암雲浮庵 · 기기암奇奇庵

팔공산에서 동봉과 갓바위는 사람들이 즐겨 찾는 일출의 명소다. 물론 해가
뜨는 동쪽으로 전망이 좋은 곳은 동봉과 갓바위를 손꼽을 수 있지만 비교적 해맞
이 손님이 많지 않고 정신을 가다듬기 좋은 곳을 택한다면 묘봉암妙峯庵을 첫 손
가락으로 꼽을 것이다. 사람들의 방해를 받지 않고 호젓하게 해맞이를 할 수 있
는 지역이기 때문이다. 은해사 산내암자 가운데 가장 높은 곳에 자리한 묘봉암
은 옛 사람들도 신령스럽고 조용한 분위기에 무시로 찾고 싶어 했던 곳이다.

사람이 들끓는 시간을 피하고자 어둠이 채 가시지 않은 새벽에 해맞이 길을
나섰다. 한말의 유학자 낭산朗山 이후李垕(1870~1934)가 묘봉암에서 지은 시의 '멀
어도 아무 때나 오라하네'라는 시구가 나를 묘봉암으로 이끌었나 보다.

| | |
|---|---|
| 늙은 몸, 높이 오르려니 겁부터 나는데 | 身老怯登高 |
| 묘봉암은 하늘 위라 아득하기만 하네. | 妙峯天上遙 |
| 돌이끼, 낙엽 쌓인 산길 미끄럽기 그지없고 | 石苔秋逕滑 |
| 나무는 구름에 둘러싸여 한낮 암자는 무료하구려. | 雲木晝扉寥 |
| 다섯 걸음에 세 번 큰 숨 내쉬면서 | 五步三噓氣 |

**묘봉암에서 바라본 팔공산의 운해** 뒤로 영천과 보현산이 보인다.

| | |
|---|---|
| 지팡이 의지하며 다시 허리 굽히네. | 一跨再折腰 |
| 선령이 감응하여 웃으면서 | 仙靈應俯笑 |
| 멀어도 아무 때나 오라하네. | 無計遠相招 |

제10교구 본사 은해사에서 약 4.8km 떨어진 묘봉암妙峯庵은 신라 흥덕왕興德王 9년(834년)에 심지왕사心地王師가 창건했다고 한다. 그 뒤 성종 16년(1485년)에 죽청竹淸스님과 희찬羲贊스님이 중수하고 중종 38년(1543년)에 보주寶珠스님이, 이듬해 중종 39년(1544년)에는 삼인三印, 지징志澄 두 스님이 중수했다고 전한다. 정조 4년(1780년)에 중수했으나 6·25전쟁 후 퇴락한 것을 근년에 크게 중창重創하여 암자의 면모를 새롭게 했다. 신증동국여지승람과 여지도서, 영천읍지 등에는 묘봉암妙峯庵의 기록이 보이지 않는다. 그러나 우담愚潭 정시한丁時翰(1625~1707)의 산중일기 1688년 6월 1일자에 '묘봉암妙峰庵에 갔더니 수좌 진안進安·묘훈妙勳·초영楚英 스님 등이 나와서 맞이하였다'는 기록으로 볼 때 그 이전부터 법등을 이어오고 있었다. 또한 산중일기에는 묘봉암과 인접한 북동쪽에 사자암獅子庵이 있었고, 그 입구에 사자대獅子臺가 있다고 했다. 이런 사실은 백화재白華齋 황익재黃翼再(1682~1747)의 사자암獅子菴 시를 통해 알 수 있다.

| | |
|---|---|
| 거석암 이 절 앞에 우뚝 솟아있어 | 巨石菴前峙 |
| 시원한 바람 겨드랑이 아래 스치네. | 淸風腋下來 |
| 신령스런 산은 다보지 않았는데 | 仙山看未了 |
| 여흥은 백운대에 있네. | 餘興在雲臺 |

황익재黃翼再는 이 시에서 묘봉암을 거석암巨石庵이라 했고, 삼오당三吾堂 김세락金世洛(1804~1873)은 유팔공산기遊八公山記에 '사람들이 묘봉의 바위굴을 구경했다遊於妙峯石穴之間者'고 했다. 묘봉암 원통전圓通殿은 처마처럼 드리워진 큰 바위 아래에 관세음보살상을 봉안하고 그 위에 맞배지붕의 전각을 세운 특이한 구조

를 하고 있다. 이 때문에 이곳을 거석암 또는 바위굴로 표현했다. 동쪽으로 향해 있는 묘봉암 원통전 앞은 걸림 없이 탁 트여 있다. 멀리 보현산普賢山의 산줄기가 남북으로 뻗쳐있어 영천지역을 마치 어머니가 아이를 품안에 보듬고 있는 모습이다. 신증동국여지승람에 보현산을 모자산母子山이라 했던 연유를 알 것 같다. 삼국사기에 '중악中岳은 부악父岳, 일명 공산公山'이라 한다는 기록으로 볼 때 신라시대 영천에서는 팔공산을 아비父로 보현산을 어미母로 여겼던 것으로 생각되기도 한다.

원통전 왼쪽에 자리한 오층석탑을 돌아 계단을 오르면 길이 세 갈래로 갈라진다. 왼쪽은 기기암 가는 길이고, 가운데는 묘봉妙峰 가는 길이며, 오른쪽은 사자대와 사자암으로 가는 길이다. 오른쪽 산길을 따라 산허리를 돌아가면 마주치는 큼직한 바위가 사자대獅子臺이다. 왼쪽으로 나있는 산길이 중암암으로 이어지

**묘봉암 원통전의 내부** 처마처럼 드리워진 거석아래 관세음보살이 봉안되어 있다.

**거석암 혹은 바위굴로 불리던 묘봉암** 거대한 바위가 원통전을 뚫고 들어가 있다.

는 옛길이고 사자대 동쪽에 있었던 사자암獅子庵은 폐사되어 흔적만 남아있다.
사자대 맞은편 바위절벽에 제비집처럼 얹혀있는 암자가 중암암이다. 묘봉암에
서 내려와 백흥암과 중앙암으로 가는 갈림길에 이르니 서쪽 골짜기에 석축만 황
량하게 남은 절터가 옛 충효암忠孝庵 자리다. 1900년 경자년庚子年의 기림사중수
연화질祇林寺重修緣化秩에 '충효암'의 기록이 있어 1900년 이후에 폐사된 것으로
보인다. 이 지역에 전하는 민간속설에 따르면, '백흥암 건너편에 있었던 충효암
에는 경순왕비와 마의태자가 머물렀다고 전하며, 마의태자가 어버이를 못 잊어
이곳에 온 것은 효孝이고 사직을 고려에 넘겨주는 것을 끝내 반대한 것은 충忠이
라 하여 충효암이라 했다' 한다. 열암悅菴 하시찬夏時贊(1750~1828)은 '경순왕의 화
상畵像이 백흥암에 있었으나 동천전東川殿으로 옮겨 안치했다'고 기록한 바 있다.
이로 보아 충효암에 봉안했던 경순왕의 화상이 백흥암을 거쳐 경주 동천전, 지금
의 숭혜전崇惠殿으로 옮겨졌음을 알 수 있다.

　　팔공산 최고의 수행도량이라는 운부암雲浮庵으로 발길을 옮긴다. 운부암 산

문에 세운 큰 바위에는 '천하명당天下明堂 조사도량祖師道場'과 '북마하北摩訶 남운부南雲浮'라고 새겨져 있다. 암자 앞의 연못에 있는 달마상達磨像으로 눈 푸른 납자衲子가 머무는 도량임을 알 수 있다. 운부암은 신라 성덕왕 10년(711년)에 의상대사가 창건하였다고 전한다. 창건당시 상서로운 구름이 일어났다하여 운부암이라 했다 한다. 운부암은 관음도량으로 보물 제514호로 지정된 청동보살 좌상이 원통전에 봉안되어 있다.

태재泰齋 류방선柳方善(1388~1443)의 운부사雲浮寺 시로 보아 조선 초기에도 참선도량이었음을 알 수 있다. 정시한丁時翰의 산중일기에는 '이 절에 있는 공부하는 스님들이 100여명'으로 기록해 놓아 당시 그 규모가 매우 컸음을 알수 있다.

| | |
|---|---|
| 홀로 운부사를 찾으니 | 獨訪雲浮寺 |
| 선방은 고요하여 머물 만하네. | 禪房靜可依 |
| 골짜기는 깊어 인적 드물고 | 谷深車馬少 |
| 스님은 늙어도 세월이 비켜가네. | 僧老歲年遲 |
| 대 그림자는 선방에 비치고 | 竹影侵虛榻 |
| 솔바람은 얇은 옷에 스머드네. | 松風透薄衣 |
| 산신령은 응당 자지 않거니 | 山靈應不昧 |
| 결사結社모임 기일에 모일 걸 새. | 結社會如期 |

운부암 선원장 불산佛山스님에 따르면, 이 암자에는 '근세 한국불교의 중흥조로 추앙받는 경허鏡虛(1846~1912)선사의 제자 혜월慧月(1861~1937)스님, 운봉(1889~1946)스님, 향곡香谷(1912~1979)스님, 조계종 종정을 3번 지낸 동산스님(1890~1965) 등과 같은 당대 선지식善知識이 수행 정진했었다고 한다. 성철 스님도 동화사 금당선원에서 오도한 것으로 알려져 있지만, 사실은 운부암에서 오도한 뒤에 금당암에 가서 오도송을 읊었다고 한다.

은해사 큰절에서 남동쪽으로 약 2.3km 올라가면 기기암奇奇庵이 자리하고 있

* **운부암 청동보살좌상** 조선초기양식으로 보물 514호로 지정되어 있다.
** **의상대사의 지팡이가 변신했다는 설화가 있는 괴목** 운부암 원통전 우측 언덕위에 있다.
*** **운부난야 현판** 고요한 선원의 의미를 함축하고 있다.

다. 은해사에서 기기암을 거쳐 천성암으로 이어지는 팔공산 둘레길은 수려한 경치와 아름다운 풍광으로 손꼽히는 명소다. 안흥폭포安興瀑布에서 옛길을 따라 기기암을 거쳐 천성암에 이르는 구간은 사람들의 탄성을 절로 자아내게 한다. 또한 암자 뒤에 자리한 기기암폭포는 팔공산에서 손꼽히는 규모이나 수량이 부족해 본래 모습을 보기가 쉽지 않다. 기기암奇奇庵은 정수正秀대사가 헌덕왕 8년(816년)에 왕王의 평안을 기원하기 위해 세운 암자로 안덕사安德寺 또는 안흥사安興寺로 불렀다. 그 후 고려 명종 16년(1186년)에 기성대사箕城大師가 이곳에 기거하면서 '몸은 비록 사바세계에 있으나 마음은 극락에 있다身寄娑婆心寄極樂'고 하면서 기기암이라 개명했다고 한다. 모당慕堂 손처눌孫處訥(1553~1634)이 동고東皐 서사선徐思選(1579~1650)과 함께 안흥사安興寺에서 지은 시로 볼 때 고려 명종 16년(1186년)에 기성대사가 기기암으로 개명했다는 것은 믿기 어렵다.

1741년에 '쾌선快禪대사가 기기암을 중건했다'는 기록에 나오는 쾌선快禪은 기

**운부암 경내와 원통전**

**기기암 선방의 모습**

성대사의 법호 쾌선快善의 오기이다. 기성대사箕城大師(1693~1764) 비명碑銘에 '영조 16년(1740년) 뜻을 같이 하는 30명이 각각 전곡錢穀 백百석을 가져와서 은해사 위 골짜기에 절을 짓고자 하였다'는 기록이 있다. 이와 함께 경소재景蘇齋 이춘섭李春燮(1737~1815)이 '기기암은 즉 하주(신라시대 경산이 속한 광역행정구역명)의 냉천사다奇奇庵庵即河州冷泉寺也'라는 기록으로 볼 때 기기암은 1740년에 기성대사가 중창한 암자다.

### 파계사把溪寺

파계사 일주문을 지나 언덕길을 따라 북쪽으로 올라가면 왼쪽에 파계사가 자리한 주위 여러 골짜기에서 흘러내린 물을 가득 채운 파계지把溪池가 산사의 고요함을 더해준다. 떨어지는 빗방울이 동그랗게 파문을 그리고 있는 파계지에 어디에서 나타났는지 수달 한 마리가 여유롭게 헤엄치는 모습이 그물에 걸리지 않는 바람처럼 자유롭다.

　　파계사는 골짜기에 자리 잡고 있어 사찰 공간이 협소하게 느껴지지만 군위 부계로 넘어가는 파계재把溪峙에서 바라보는 파계사는 팔공산의 가슴에 자리하여 양팔로 꼭 안고 있는 형국이다.

　　파계사는 원통전圓通殿을 중심으로 전면에 진동루鎭洞樓가 있고, 동쪽에 적묵당寂默堂이, 서쪽에 설선당說禪堂이 자리한 중정中庭을 중심으로 여러 전각이 골짜기의 지형에 따라 짜임새 있게 배치되어 있다. 파계사 주차장 옆에 부도와 비석이 자리한 부도 밭 안쪽에는 팔공산에서 오로지 파계사와 은해사에서만 찾아볼 수 있는 자그마한 '대소인개하마비大小人皆下馬碑'가 눈길을 끈다.

　　경상감영공원에 있는 '절도사이하개하마비節度使以下皆下馬碑'가 '절도사 이하는 모두 말에서 내려라'는 뜻인 반면에, 숙종임금이 하사한 것으로 추정되는 파계사 하마비는 '모든 사람은 말에서 내려라'는 뜻으로 조선시대 파계사의 사격寺格을 알리는 중요한 자료다. 파계사는 조선 후기 왕실의 원당願堂이다. 숙종 22년(1696년)에 이의현李宜顯(1669~1745)이 찬술한 '원당시초영건기願堂始初營建記'에는 '숙종임금과 영원대사靈源大師의 기연과 연잉군延礽君 출생 후 파계사를 원당'으로 삼았던 사실이 기록되어 있다. 파계사사적비에는 숙종 19년(1693년) 10월 5일 밤 임금이 잠을 자던 중 고박산승古朴山僧이 대전으로 들어와 3일간 서광瑞光을 밝히

**파계사의 하마비** 파계사의 부도탑 옆에 세워져 있다.

**파계사의 말사인 성전암** 현응대사가 창건한 성전암은 현응성원이라고도 불리는 영남의 3대선원으로서 성철스님을 위시하여 근세 조계종의 수많은 스님들이 수행했던 곳이다.

는 꿈을 꾸고 사람을 시켜 그 빛을 찾았더니 당시 파계사에 주석하던 도승 영원대사靈源大師였다. 임금이 기뻐 손을 잡으며 왕자 낳기를 부탁하여 수락산水落山 성전암聖殿庵에서 100일 기도 끝에 이듬해 왕자가 탄생하니 후일의 영조英祖이다.

숙종 30년(1704년)에는 11세의 연잉군(영조)이 자응전慈應殿 편액을 썼고 이의현李宜顯을 시켜 기영각祈永閣을 짓고 연잉군(영조)의 복을 기원하는 축원당祝願堂으로 삼았다. 이 때 지은 기영각은 조선왕실의 왕들의 위패를 모신 건물인 만큼 건축물의 구조가 공포의 짜임새 등 여러 면에서 매우 정교하고 아름답다. 정조 1년(1777년)에 천향각天香閣 편액을 어필로 하사하였다. 절 입구에 대소인개하마비大小人皆下馬碑를 내려 왕실 원당에 감히 말을 타고 못 들어오게 했을 뿐 아니라 관위官衛와 양반들의 착취와 사역도 면하게 하였다고 기록하고 있다. 숙종 38년(1712년)에 왕자군 원당이란 사실을 기록한 '어압완문御押完文'과 영조 8년(1732년)

**현응대사의 부도탑** 파계사에서 성전암 가는 길목인 대비암의 표지석 오른편 언덕에 있다.

과 영조 39년(1763년)에는 영조 즉위 후 파계사를 어의궁에 소속시켰다. 이와 함께 왕자군 원당의 특권을 재확인한 '어의궁완문於義宮完文'과 영조어필英祖御筆을 내렸다. 헌종 9년(1843년)에는 파계사가 어의궁 소속이며 영조의 원비元妃 정성왕후貞聖王后의 원당임을 확인한 '예조절목禮曹節目'을 통해 파계사가 조선왕실의 원당이란 사실을 다시 확인하는 조치를 취했다.

　파계사의 창건에 대해 조선사찰사료朝鮮寺刹史料(1911년)에는 '804년 신라 애장왕哀莊王(800~809) 때 심지대사心地大師가 세웠다'고 전하나 이를 뒷받침할만한 문헌과 유물 및 유적은 찾아볼 수 없다. 다만 원통전에 봉안된 관음보살상 밑면에 '세종 29년(1447년) 고불古佛을 중수했다'는 묵서墨書와 신증동국여지승람(1530년)의 '파계사把溪寺' 기록으로 보아 조선 초기 이전부터 존속했음을 알 수 있다. 1935년에 김정래金鼎來가 지은 파계사사적기把溪寺事蹟記에는 '선조 38년(1605

년)에 계관대사戒寬大師가 임진병화 때 불에 타 없어진 것을 중창했고, 숙종 21년(1695년)에 현응대사玄應大師가 삼창三創했다'고 한다.

파계사把溪寺란 사명과 진동루鎭洞樓의 누각명은 비보풍수裨補風水 차원에서 붙여진 이름이라 한다. 파계사의 '파계把溪'는 아홉 갈래나 되는 경내 골짜기에서 흐르는 물줄기를 따라 지기地氣가 흘러나가는 것을 방비한다는 의미가 있고, 진동루는 파계라는 이름만으로 이곳 골짜기의 지기를 제압하기 어려워 중첩으로 누르기 위해 붙인 이름이라 한다. 골짜기의 물을 가둔 파계지 또한 같은 배경에서 만들어진 것으로 이중 삼중으로 지기의 유실을 방비하였다.

보물 제1850호(2014.12.29.)로 지정된 원통전圓通殿은 선조 39년(1606년)에 중수한 정면 3칸, 측면 3칸의 맞배지붕 건물로 조선시대에는 보기 드문 가구식 기단부를 하고 있다. 원통전에는 보물 제992호(1989.04.10.)로 지정된 건칠관음보살좌상乾漆觀音菩薩坐像이 봉안되어 있다. 오랫동안 목조불상으로 알려졌으나 X-ray 조사 결과 건칠불상으로 확인되었고, 불상 바닥에 세종 29년(1447년)에 고불古佛을 중수했다는 묵서가 있어 제작 시기는 이보다 오래된 것으로 보인다. 1979년 관음보살상을 개금改金할 때 복장腹藏에서 영조임금이 입었던 도포道袍가 발견되었다. 도포와 함께 발견된 발원문의 '영조 16년(1740년) 경신庚申 복장기服藏記 성상주聖上主 이씨李氏 청사상의靑絲上衣 일령日領 만세유전간萬歲流傳干'이란 기록에서 영조임금의 도포로 확인되었다. 도포는 임금을 비롯한 사대부의 외출복으로 조선왕조실록 세종 10년(1428년)에 '임금이 관冠을 쓰고, 도포道袍를 입고, 연輦을 타고 종묘宗廟에 나아가니, 왕세자와 백관들이 조복朝服을 갖추고 호종扈從하였다'는 기록이 있어 세종임금이 도포를 입었음을 알 수 있다. 현재 가장 오래된 도포는 1592년경에 만든 것으로 무덤에서 출토된 것이다. 이와 달리 영조임금의 도포는 출토물이 아닌 현존물이어서 옷감의 질감과 색을 그대로 알 수 있다는 점에서 복식사적 가치가 매우 높아 중요민속문화재 제220호(1987.11.23.)로 지정되었다.

보물 제1214호(1995.01.10.)로 지정된 영산회상도靈山會上圖의 하단 정면에 기록된 화기畵記에는 '시주대군갑술생이씨施主大君甲戌生李氏'와 '강희사십육년정해康

**보물 제992호인 건칠관음보살좌상의 옆모습** 보물 제1214호인 영산회상도를 배경으로 대구시 무형문화재인 수미단위에 좌정하고 있다. 지금은 유리장자안에 안치되어있다.(1987년)

- **왕자군의 원당임을 알리는 어압완문의 내 표지** 영조대왕의 원당인 파계사에는 여러 종류의 완문이 있다.(1987년)
- **건칠관음보살좌상의 복장에서 발견된 영조대왕의 도포** 출토물이 아닌 현존물로서 가치가 높다.(1987년)

熙四十六年丁亥'의 기록이 있어 숙종 33년(1707년)에 연잉군(영조)의 후원으로 조성되었음을 알 수 있다. 대구시 유형문화재 제73호(2015.05.11.)로 지정된 원통전 수미단圓通殿須彌壇에는 각종 문양이 투각透刻되어 있는데, 그중에 봉황과 학은 국가 안녕과 왕손들의 수명장수를 기원하기 위하여 새긴 것으로 그 아름다움은 은해사 백흥암 수미단과 비교할 때 전혀 손색이 없다. 대구시 문화재자료 제11호(1984.07.25.)로 지정된 기영각祈永閣은 '영조대왕을 위해 기도한다'는 뜻으로 숙종 22년(1696년)에 세웠다고 전하는 전각이다. 이곳에는 선조·숙종·덕종·영조의 위패를 모셨으나 1910년 국권을 강탈한 일제에 의해 서울로 옮겨졌고, 현재는 탱화가 걸려있다. 또한 기영각은 숙종, 영조, 정조의 어필을 보관했다 하여 어필각御筆閣으로도 불렸다. 원통전圓通殿 서쪽에 위치한 기영각은 정면 3칸 측면 2칸의 겹처마 팔작지붕 건물이다. 기영각의 기단부가 인접한 산령각山靈閣의 기단부 보다 조금 높게 배치한 것은 왕실에 대한 존경의 표시이다.

현응대사가 기도처로 삼았던 성전암聖殿庵의 관음전觀音殿에는 당시 영조대왕이 11살 때 썼다는 자응전慈應殿이란 편액이 걸려있었다. 그러나 성전암이 관음도량으로 해석되고 이름이 관음전으로 바뀌면서 이 편액은 파계사 진동루 앞 보장각寶藏閣에 보관되었다. 성전암 뒷산 마루에는 주변의 땅이 파계사 경내임을 알리는 '원당봉산願堂封山' 비가 지금도 남아있다. 성전암은 근세 조계종에서 선풍을 드날린 만공·혜월·고봉·금봉·고송·구산, 석암·성철·서옹·혜암·법전 스님 등이 수행했던 곳이다. 특히 성철스님은 1955년 동안거부터 1963년 동안거까지 성전암 적묵실寂默室에서 철조망을 둘러치고 장좌불와 수행을 했었다.

원통전과 기영각, 그리고 성전암 등을 비롯한 파계사 경내에는 지금도 영조임금과 관련된 유물들이 산재하고 있어 왕실의 원당이었던 당시 파계사의 위상이 어느 정도였는지를 가히 짐작할 수 있다. 파계사에는 고찰의 아름다움을 더해주는 아름드리나무가 방문객의 사랑을 받고 있는데 언제부턴가 이들 나무를 영조대왕나무라는 이름으로 부르고 있다.

<sup>*</sup>
**기영각**
조선왕실의 위패를 모신 건물이다.

<sup>**</sup>
**기영각의 공포, 익공과 연와**
연봉의 모습이 아름답다.

<sup>***</sup>
**건칠 관음보살 좌상의 원경**
영산회상도를 배경으로 수미단 위에 좌정
하고 있다.(1987년)

<sup>****</sup>
**원당봉산 표석**
왕실원당인 파계사의 경계를 알리는 표석으
로 한티재에서 파군재 가는 길옆에 있다.

**영조임금나무** 진동루와 범종루 앞에 있는 나무들은 파계사에서 가장 크고 아름답다고 인정되어 영조임금나무로 불린다.

### 송림사松林寺

심원정心遠亭과 마주하고 있는 송림사松林寺는 팔공산에서는 보기 드문 평지형 사찰이다.

'팔공산송림사八公山松林寺' 편액이 걸린 일주문을 들어서면 5칸 규모의 무설전無說殿이 먼저 시선에 들어온다. 대웅전 앞 중정中庭 중앙에는 보물 제189호(1963.01.21)로 지정된 오층 전탑이 웅장한 모습을 자랑한다. 오층 전탑 서쪽 잔디밭에는 석등, 복련伏蓮, 배례석拜禮石, 주초석柱礎石, 맷돌 등 석조유물을 모아 놓았다. 무심코 지나치기 쉬운 이 석조유물들이 신라시대 번성했던 송림사의 옛 모습을 말없이 전하고 있다.

1980년에 중건된 송림사유적비에는 '신라 19대 눌지왕 때에 묵호자墨胡子가 단을 세워 불법을 전하면서 송림사松林寺라 이름하였고, 21대 소지왕 때 가람을 비로소 건립하니 그 유래가 아득하다. 24대 진흥왕 5년(544년)에 각덕조사가 양나라 사신과 함께 귀국할 때 가져온 불사리를 흥륜사에 봉안한 뒤에 불사리를 유수 명산에 나누어 봉안하여 호국안민의 기원보탑을 세우니 지금의 송림보탑이며,

석단 위에 벽전甓塼을 쌓고 금동산륜이 허공을 가리키니 통일신라의 기상이 분명하고도 뚜렷하다'고 기록하고 있다.

1997년 송림사 마당에서 발견한 명문석銘文石에서 가로 7.8㎝, 세로 8.7㎝, 높이 1.4㎝크기의 음각으로 새긴 글씨 가운데 '道使, 沙喙部, 甲申年十一月一日'의 글자가 판독됨으로써 건립연대가 확실하게 밝혀졌다. 명문석의 기록에 의해 송림사는 신라 진평왕 46년(624년)에 창건된 사실을 알게 되었다. 동화사가 흥덕왕 7년(832년)에, 은해사가 헌덕왕 원년(809년)에, 파계사가 애장왕 5년(804년)에 각각 창건된 것과 비교할 때 송림사는 팔공산에서 창건연대가 가장 빠른 사찰이다.

전탑의 존재는 경주와 송림사의 관계가 매우 긴밀했음을 알려준다. 전탑은 당나라에 유학했던 스님과 왕족들에 의해 경주에 가장 먼저 전해졌던 것이다. 삼국유사에 나오는 석장사지 전탑이나 634년에 건립된 분황사 모전석탑이 그것이다. 학계에서는 경주의 영향을 받아 군위 삼존석굴암 모전석탑과 송림사 전탑도 7세기에 세워진 뒤 안동지역으로 전파된 것으로 보고 있다.

진평왕 때 팔공산은 신라가 북방으로 진출하는 전진기지였다. 송림사는 종으로는 달구벌과 연결되고 횡으로는 팔공산과 연결되는 교통과 군사의 요충지에 위치한 아주 중요한 사찰이었다.

신라는 청도에 있었던 오갑사五岬寺처럼 북방진출의 중요거점인 팔공산의 동서남북 네 지역에 전략적 사찰인 갑사岬寺를 두었던 것으로 보인다. 문헌으로 확인되지는 않으나 현존하는 사찰과 폐사지의 위치 등으로 볼 때 군위 3존석굴암이 북갑사北岬寺, 송림사가 서갑사西岬寺로, 동갑사東岬寺는 영천시 청통면 신원리 일대에, 남갑사南岬寺는 동구 백안동 일대에 있었던 것으로 추정된다.

한티재를 마주하고 있는 송림사와 군위 삼존석굴암은 상호 긴밀한 협조체제를 구축했을 터이다. 한티재에서 군위 석굴암과 송림사까지 직선거리는 각각 3.4km, 6.5km 정도다. 군위 석굴암과 송림사는 한티재와 도덕산에서 봉화로 서로 연락을 취했으며, 이를 보완하기 위해 한티재와 송림사 사이에 법성사를, 도덕산에는 도덕암을 창건했던 것 같다.

**송림사 전경**
우리 나라에서 규모가 크면서 가장 아름답다고 알려진 송림사 오층전탑(보물 제 189호)이 대웅전과 명부전을 배경으로 우뚝 서 있다.

**송림사 신령각** 대웅전 옆에 있으며 뒤의 노송과 기도하는 여인이 조화롭다.

- **송림사 대웅전의 현판** 숙종의 어필이라고 전해오고 있다.
- •• **송림사의 석조유물들** 대웅전 앞에 있으며 송림사의 전성시대를 짐작하게 한다.

**송림사 대웅전의 목조석가여래삼존좌상**
높이가 3m인 이 목불상은 큰 규모에 걸맞는 조형미가 특징이며 보물 제 1605호로 지정되어 있다.

최근 연구결과, 최치원崔致遠(857~?)의 신라 수창군 호국성 팔각등루기新羅壽昌
郡護國城八角燈樓記에 나오는 '달불성達佛城 북쪽 마정계사摩頂溪寺'가 현재의 송림
사로 밝혀졌다. 마정摩頂이란 '부처가 제자에게 교법을 전수하고 수기授記할 때

에 제자의 정수리를 손으로 만지는 일'을 말한다. 한티재大岾를 '마정摩頂'이라 하고 '계溪'는 한티재에서 발원하여 송림사 앞을 흐르는 시내에서 연유하여 당시에 마정계사摩頂溪寺라 했던 것으로 보인다.

영조 51년(1775년) 대웅전중수기에 '초창初創과 이창二創 시기는 알 수 없으나, 다만 기록에 혜거慧炬스님이 초창했고, 보감국사寶鑑國師 혼구混丘(1251~1322)가 이창했다'고 전한다. 신라 때 건립된 오층 전탑으로 볼 때 고려 때 혜거스님이 초창했다는 기록은 맞지 않다. 보감국사寶鑑國師 혼구混丘는 보각국사普覺國師 일연一然의 제자로 스승이 평생 집필한 삼국유사 초고를 운문사에서 손수 정리하여 인각사에 주석하던 보각국존普覺國尊에게 올렸다. 고려 충숙왕 9년(1322년) 10월, 밀양 영원사에 머물던 보감국사는 송림사로 옮겨 병을 치료하다 열반에 들었던 만큼 송림사와 인연이 깊었다.

송림사는 1597년 정유재란 때 왜군이 절에 불을 지르고 전탑의 금동상륜부金銅相輪部를 훔치고자 밧줄을 매고 당겼으나 뜻을 이루지 못했다고 한다. 실제 1959년 송림사 전탑을 해체복원하기 전까지 상륜부가 굽어 있었던 것은 바로 왜군의 만행 때문이었다고 전해온다. 송림사는 1649년부터 1665년까지 약16년 동안 대대적으로 중창된다. 이 때 경상북도 시도유형문화재 제434호 대웅전(1649년)과 명부전(1665년)이 건립됐다. 또 보물 제1605호 목조석가여래삼존좌상(1657년)과 보물 제1606호 석조아미타여래삼존좌상(1655년), 경상북도 시도유형문화재 제360호 명부전 목조시왕상(1665년), 경상북도 문화재자료 제471호 명부전 석조삼장보살좌상 등이 조성됐다. 당시 송림사는 팔공산 최대 규모의 사찰로 보인다. 구전에 '송림사에 승려가 많아 밥을 지으려고 쌀 씻은 물이 구덕九德을 거쳐 이 마을 앞 냇가로 흘렀다'하여 마을 이름을 히어태(-터), 희야터, 희녀터'라고도 했다는 것이다.

송림사는 조선 후기 팔공산을 대표하는 선승 기성대사箕城大師가 13살 때 출가한 사찰로 옛 동구洞口에 대사의 비각碑閣이 서있다. 근세에는 벽봉碧峰, 성덕性德 두 선사가 선풍을 떨쳤고 퇴락한 송림사를 현재의 모습으로 일신日新하였다. 대웅전 뒤에 벽봉碧峰, 성덕性德 영세불망비와 부도가 자리하고 있다.

송림사에서 팔공산으로 가다가 홍신교 건너 오른쪽 4차선도로 아래의 통행로를 따라 약 2km를 올라가면 도덕산(660m) 서쪽 자락에 도덕암道德庵이 자리하고 있다. 신라시대에는 도덕산에서 봉화로 한눈에 바라보이는 송림사와 연락을 취했을 것이다. 고려 광종 19년(960년)에 혜거국사慧炬國師가 중수하여 칠성암七星庵이라 했다는 사적이 전하고, 조선 선조 25년(1592년)에 임진왜란의 병화로 소실되었고 광해군 12년(1620년) 법거선자法居禪子가 중수했으며 인조 10년(1632년)에 훈장선사가 나한전을 건립했다고 전한다.

고려 광종은 혜거대사를 왕사로 모시려고 여러 차례 청했으나 매번 사양했다. 이에 광종이 친히 도덕암에 와서 청했으나 대사는 정중히 사양하였다고 한다. 광종은 도덕암에서 3일간 쉬면서 절의 샘물을 마셨더니 씻은 듯이 속병이 나았다고 전한다. 그 뒤 이 샘물을 '어정수御井水'라 하는데 극락보전 뒤에 샘터가 있다. 도덕암에는 '어정수御井水'와 함께 보호수(04-29-01)로 지정된 수령 800년 정도로 추정되는 모과나무가 유명하다.

도덕암에서 나와 팔공산 방향 기성삼거리에서 대구방향으로 조금 올라가다가 맞은편 길 입구에 '칠곡기성동삼층석탑' 안내표지가 보인다. 보물 제510호(1969.06.21.)로 지정된 칠곡 기성리 삼층석탑三層石塔이 법성사法聖寺 삼층석탑이

- **칠곡 기성리삼층석탑** 통일신라시대의 석탑이며 옛 법성사 삼층석탑으로 보물 제 510호로 지정되어 있으나 밭 한가운데에 방치되어 있다.
- **도덕암의 어정수** 고려광종이 마시고 속병을 치료했다고 알려져 있다.
- **수령 800년의 도덕암 모과나무** 올해에는 모과가 많이 열리지 않았다.

다. 법성사는 동쪽으로 대왕재를 너머 파계사와 부인사, 동화사로 이어진다. 서쪽으로 남원리 여릿재를 지나 구미로 연결되고 북쪽은 한티재를 넘어서 군위 3존석굴암에서 한밤마을로 이어진다. 남쪽으로는 송림사와 연결되는 교통과 군사의 요충지였다. 보물 제510호 법성사지 삼층석탑은 선본사 삼층석탑과 함께 팔공산에서 가장 이른 시기에 세워진 전형적인 통일신라시대 석탑으로 전체 높이가 약 5m에 달하고 있어 팔공산 석탑 가운데 가장 규모가 크다.

1층 기단부에 다른 탑과는 달리 우주隅柱나 탱주撑柱가 없으며, 그 자리에는 우리나라 석탑에서 최초로 '코끼리 눈과 같이 생겼다'는 안상문양眼象紋樣이 큼직하게 새겨져있다. 법성사지 삼층석탑은 명색이 보물임에도 관리가 소홀하여 지난 1971년에는 도굴꾼에 의해 석탑의 일부가 훼손되어 복원하였고 지금도 입구에 제대로 된 안내판이 없어 이곳을 찾는 사람들은 매번 고생하고 있다.

### 백흥암百興庵

팔공산의 주봉 천왕봉(1192m)에서 동으로 뻗은 산줄기는 느패재를 거쳐 늘패산(882m)에서 두 갈래로 갈라져 선본사를 감싼 채 남쪽으로 달려 관봉(갓바위)을 거쳐 환성산과 초례봉에 이른다. 동쪽은 중암암을 거쳐 인종대왕의 태胎를 안장한 태실봉(462m)에 이르는데 그 남쪽에 백흥암이 자리하고 있다.

백흥암은 비구니 수행도량으로 1년에 사월초파일과 칠월보름 백중일百中日 두 번 산문山門을 열고 일반인의 참배를 허락하고 있어 언제나 신비에 싸여 있다. 여느 사찰처럼 마음대로 오갈 수 있는 곳이 아닌데다 서릿발 같은 계율이 면도날처럼 벼려있는 청정도량이라 더욱 그렇다. 때마침 동안거冬安居 전이라 어렵사리 허락을 얻어 백흥암을 찾았다. 은해사 큰절을 지나 신일지에 이르니 길은 두 갈래로 갈라진다. 못 옆길은 운부암 방향이다. 왼쪽 산길을 따라 잠시 오르니 태실봉 남쪽에 자리한 청정도량 백흥암의 보화루寶華樓가 고색창연한 모습으로 반긴다. 평소에 굳게 닫혀있던 보화루의 누문을 지나 몇 개의 계단을 딛고 오르면 보물 제790호로 지정된 극락전極樂殿 팔작지붕의 추녀가 진영각과 심검당 지붕 위

- **백흥암 전경** 극락전을 중심으로 진영각과 신감당이 도열하고 있다.
- •• **백흥암의 보화루** 백흥암의 입구에 있다.

로 날렵하게 활개치며 하늘로 치솟아 오른다. 은해사 극락보전의 예와 같이 일반적으로 사찰 전각의 처마선과 추녀마루는 적멸寂滅을 상징하여 차분하고 안정감을 주는 반면에, 백홍암 극락전은 마치 창덕궁 함인정涵仁亭의 추녀처럼 하늘을 향해 치솟는 날렵한 모습을 보이고 있어 왕실의 후원이 엿보인다.

태실봉(462m)의 남서쪽에 자리한 백홍암百興庵은 조선조 인종대왕의 태실胎室을 수호하는 사찰이다. 그러나 창건은 신라 경문왕 9년(869년) 구산선문의 하나인 동리산문桐裏山門을 개창한 혜철惠徹(785~861) 국사의 발원으로 건립되었다고 전한다. 절 주변에 '잣나무가 무성하다'하여 백지사柏旨寺라 하였다. 고려시대 이전의 기록은 전하지 않으며, 신증동국여지승람에 태재太齋 유방선柳方善(1388~1443)이 '백지사에 머물며寓柏旨寺'라는 시가 가장 오래된 기록이다.

| | |
|---|---|
| 병을 피해 산사에 와있으니 | 避病投山寺 |
| 산중 일마다 기이하네. | 山中事事奇 |
| 들나물 쌈 싸먹기에 부드럽고 | 野蔬包飯軟 |
| 시냇가 고사리 살쪄 국속에 들어가고 | 溪蕨入羹肥 |
| 방이 따뜻하니 새벽잠 편하고 | 房暖朝眠穩 |
| 등잔불 밝으니 밤 이야기 길어라. | 燈明夜話遲 |
| 함께하는 스님 마음 속되지 않아 | 居僧心不俗 |
| 반달 넘도록 돌아갈 일 잊었네. | 半月爲忘歸 |

중종 15년(1520년) 훗날 인종으로 등극한 왕세자의 태胎를 절 뒷산 태실봉(462m)에 봉안하면서 백지사는 '막중수호지소莫重守護之所'로 왕실의 지원과 보호를 받아 크게 번창한다. 명종 1년(1546년) 천교天敎대사가 중창하고 '백지사柏旨寺에서 백홍암百興庵으로 사명을 개칭하였다'고 하나 백홍암중흥유공기(1810년)에 따르면, '영조 48년(1772년)에 설화雪華, 도봉道峰, 자암紫巖 3대선사가 절을 부흥시켰으므로 암자의 이름을 백홍百興이라 하였다' 한다. 신증동국여지승람(1530년)

에 '백지사柏旨寺'라 하였고, 여지도서(1765년)와 영양지永陽誌(1861년)에 '백흥사柏興寺'라 하였고, 정조 22년(1798년) 완문完文에 '백흥암百興庵'이라 한 것을 볼 때 조선후기에는 백흥사柏興寺와 백흥암百興庵이 함께 사용되었던 것으로 보인다. 백흥암은 임진왜란으로 소실되었다. 인조 21년(1643년)에 극락전 중수를 시작으로 현종 14년(1673년)에 극락전의 아미타삼존불과 여러 전각의 단청과 벽화가 새롭게 조성되었다. 정조 22년(1798년) 정월, 경상감사가 발급한 완문完文에는 '백흥암은 막중한 수호처일 뿐 아니라 선조先朝대에 어압御押이 있어 지극히 존엄한 곳이므로 추호라도 침해하는 폐단이 있으면 즉시 감영에 보고하여 엄벌에 처한다'고 할 만큼 당시 백흥암의 위상은 대단했다.

보물 제486호로 지정된 백흥암 극락전 수미단須彌壇은 우리나라 불단佛壇 가운데 최고의 작품이다. 조선 후기 왕실의 후원으로 조성된 백흥암 수미단은 불교도상보다는 산해경山海經에 나오는 도상과 길상적 도상이 많이 조각되어 있다. 서수와 동물, 그리고 꽃과 구름문 등 30여종의 문양이 지니고 있는 유·불·도교의 상징성과 아울러 현세 기복적인 길상적 상징성은 후대 궁중회화 및 민화의 길상적 도상에 크게 영향을 미쳤다. 수미단은 높이 134cm, 폭 413cm인 장방형으로 상대上臺·중대中臺·하대下臺의 3단으로 되어 있다. 상대는 보탁寶卓을 별설하여 불단을 화려하게 장엄하고 아미타 삼존불을 봉안하였다. 닫집에는 수미단의 여러 문양이 압도될 만큼 꿈틀대며 승천하는 용龍의 모습을 장엄하게 조각하였다. 중대는 천상의 세계天와 수중세계水와 지상세계地의 3단으로 나누어진다. 천상세계를 표현한 1단에는 성군이 나와 태평천하가 되면 나타난다는 봉황과 문신들의 흉배에 나오는 공작·학·꿩과 불교의 가릉빈가를 배치하여 태평성대와 임금을 보필하는 충직한 신하라는 상징적 의미와 아울러 무병장수를 기원하고 있다. 수생동식물로 장엄하고 있는 2단에는 중앙에 임금을 상징하는 황룡을 두고 좌우에 잉어가 용으로 변하는 과정인 용어龍魚, 즉 마갈어摩竭魚를 배치하여 성군의 출현을 기원하고 있다. 예로부터 많은 알을 낳는 잉어와 쏘가리 같은 물고기는 다산과 자손번영을 상징하고 인어人魚, 신구神龜(거북), 대해大蟹(게) 등을 조각하여 제왕의 은덕이 바

•
**극락전의 내부모습**
후불탱화와 어우러진 천장의
용 모습이 이채롭다.
••
**극락전 천장**
•••
**수미단의 좌측 모습**
••••
**수미단의 부분**
귀면형상이 강렬한 이미지를
뿜어내고 있다.

**백흥암 극락전 수미단**
보물 제486호로 한국 최고의 수미단으로 평가되고 있으며 아미타 삼존불이 좌정하고 있다.

다 속까지 미치기를 기원한다. 3단의 지상세계에 조각한 쌍 사자는 성왕聖王인 황
룡을 보필하여 나라의 안정과 발전을 굳게 하는 충신의 상징이자 불법을 수호하
는 동물이고 천마, 기린, 육아흰코끼리六牙白象, 해태海苔 등은 제왕의 출현과 태평
성대를 기원한다. 족대형足臺形 하대는 정면 5칸 측면 2칸으로 나누고 각 구획에는
안상眼象을 부조로 새겨 놓았고, 정면의 중앙 3칸에 걸쳐 꿈틀거리는 용龍을 조각
하고 양 측면에는 귀면鬼面 혹은 용면龍面으로 보이는 문양을 새겨 장엄하였다.

백홍암 보화루에 걸려 있는 '산해숭심山海崇深' 편액은 청나라 담계覃溪 옹방
강翁方綱(1733~1818)이 제자 추사의 실사구시적 태도를 격려하며 보낸 편지에 있는
'옛것을 고찰하여 오늘을 증명하니 산처럼 높고 바다처럼 깊네攷古證今山海崇深'
라는 잠언이다. 추사秋史 김정희金正喜(1786~1856)는 스승 옹방강이 보낸 편지를 읽
고 아래와 같이 '실사구시잠實事求是箴'을 지었다.

| | |
|---|---|
| 옛 것을 상고하여 지금 것을 증명했으니 | 攷古證今 |
| 산처럼 높고 바다같이 깊도다. | 山海崇深 |
| 사실을 연구함은 책에 있고, | 覈實在書 |
| 이치를 궁구함은 마음에 있네. | 窮理在心 |
| 한 가지 근원을 둘로 나누지 말아야 | 一源勿貳 |
| 중요한 나루를 찾을 수 있다네. | 要津可尋 |
| 만권 서적을 관철하는 것은 | 貫徹萬卷 |
| 다만 이 실사구시잠에 있다네. | 只此規箴 |

또한 백홍암 진영각의 '시홀방장十笏方丈' 현판과 주련 6점도 추사 김정희의
글씨로 널리 알려져 있다. 유홍준의 완당평전, 최완수의 명찰순례2권, 사찰문화
연구원의 전통사찰총서14권, 은해사(2006) 등의 많은 서적에서 '시홀방장'과 주
련 6점이 모두 추사의 친필이라고 하였다. 그러나 서예가 박세호(초람서예연구원
장)는 『은해사 백홍암의 편액 고증』 논문에서 '백홍암의 '시홀방장' 편액과 주련

6점은 추사의 글씨가 아니라 만파스님의 글씨로 보인다'고 주장했다. 그 근거로 은해사중건기(1862년)와 은해사연혁변(1879년)에는 '시홀방장과 백홍암의 주련 등에 대해 추사 글씨라는 언급은 전혀 없었고, 은해사銀海寺 편액을 비롯해서 대웅전大雄殿과 종각의 보화루寶華樓, 일로향각一爐香閣을 추사秋史 김시랑金侍郎의 글씨'라고만 기록한 점을 들고 있다. 또한 '시홀방장十笏方丈'이란 편액의 글씨 왼쪽 아래에 새겨진 '만파정호卍波正浩'라는 도서圖署는 해인사의 '해동원종대가람海東圓宗大伽藍'이란 편액의 왼쪽에 새겨져 있는 것과 같은 점을 근거로 제시했다.

- **산해숭심의 현판** 추사의 글씨로서 은해사 성보박물관에 수장되고 있다.
- **보화루 내부의 모습** 산해숭심(모사품), 백흥대난야라는 편액이 걸려있다.

만파스님은 조선 후기 해인사에서 수행했던 스님으로 『해인사지(1963년)』에는 '추사 김정희가 만파스님의 글씨가 자기보다 더 뛰어나다고 칭찬했다'는 기록이 있다. 『해인사 대장경 이야기』에는 '평소 스승과 만파스님을 공경하던 추사는 스님의 글씨가 있는 해인사에는 자신의 글씨를 남기지 않았다' 한다. 박세호 원장은 '시홀방장' 편액이 만파 스님의 글씨로 밝혀짐에 따라 '시홀방장'과 필체가 같은 6개의 주련 또한 '만파스님의 글씨로 보는 것이 타당하다'고 했다.

백홍암은 명필의 보고寶庫다. 추사 김정희의 '산해숭심山海崇深'과 만파스님의 '시홀방장十笏方丈'을 위시해서 극락전과 보화루 편액은 동화사 '봉서루鳳棲樓' 편액을 썼던 기성대사(1693~1704)의 글씨이고, 시홀방장 옆의 남쪽 방에 걸려 있는 '화엄실華嚴室' 편액은 동화사 비로암 '대적광전大寂光殿' 편액을 썼던 영파 성규(1728~1812)스님의 글씨이며, 보화루에서 '산해숭심山海崇深' 편액과 마주하고 있는 '백홍대난야百興大蘭若' 편액은 연암 박지원의 손자 환재瓛齋 박규수朴珪壽(807~1877)의 글씨다.

## 환성사環城寺

환성사는 팔공산 천왕봉(1192m)에서 동쪽으로 힘차게 달려온 산줄기가 관봉에서 능성재를 거쳐 동남쪽으로 뻗어 환성산環城山(811m)과 무학산舞鶴山(608m)을 만들면서 지형이 연꽃처럼 감싼 곳에 자리한 천년고찰이다. 환성산의 산줄기가 성城처럼 절을 둘러싸고 있어 마치 그 모양이 고리環와 같다하여 환성사라 했다. 조종 제 10교구 본사 은해사 말사인 환성사는 팔공산 동화사를 창건한 신라 헌덕왕憲德王의 아들 심지왕사心地王師가 흥덕왕興德王 10년(835년)에 창건했다고 전한다. 고려 말에 화재로 일부 소실된 것을 조선 인조 13년(1635년)에 신감대사神監大師가 중수重修하였고 광무 원년(1897년)에 항월대사恒月大師가 다시 지었다고 한다. 명종 8년(1553년), 영천에 임고서원이 건립되면서 김천 직지사, 의흥 인각사, 영천 운부사와 함께 환성사環城寺는 임고서원을 유지하는 경제적 토대가 되어 각종 부역과 공납에 시달리게 되었다. 1724년 임고서원에서 작성한 환성사결립안環城寺

結立案에는 환성사가 겪었던 험난한 세월이 상세하게 기술되어 있어 성리학 중심의 조선시대에 가장 핍박받고 수탈당한 대표적인 사례로 확인되었다.

하양읍내에 들어서서 읍사무소 앞길을 넘어서면 대곡리에서 흘러나온 조산천을 건너는 무학교에서 삼거리로 갈라진다. 환성사는 왼쪽의 옛길로 가던지, 오른쪽으로 하양동신아파트와 하주초등학교를 지나가는 새 길을 따라 가면 된다.

환성사에서 약 600m 못 미친 도로 왼쪽의 축사 뒤에 있는 둥글고 큼직한 바위가 자라바위다. 자세히 살펴보면 자라바위 목 부분에 일정한 간격으로 야(정)를 박아 잘랐던 흔적이 선명하게 남아있고 훼손된 자라목은 근처에 뒹굴고 있어 자라바위 전설은 전설이 아니라 사실이었던 것 같다. 널찍한 환성사 주차장에 들어서면 우리나라에서 가장 규모가 큰 돌기둥으로 된 환성사 일주문一柱門이 우리를 반긴다. 17세기경 대웅전大雄殿을 중건할 때 함께 건립된 것으로 추정되는 일주문은 높이가 280㎝, 둘레가 240㎝로 바깥쪽에 사각형으로 된 2개의 돌기둥은 사성제四聖諦를 상징하고, 안쪽에 팔각형의 2개 돌기둥은 팔정도八正道를 상징한다. 1872년에 제작한 하양현지도에는 환성사 일주문이 팔작지붕으로 표시되어 있어 이를 기초로 2005년, 돌기둥 위에 팔작지붕으로 복원하였다. 동쪽 돌기둥 안쪽 상단에 글자를 새겼으나 그 가운데 '一文'만 판독 될 뿐이어서 정확한 내용은 확인할 수 없다.

일주문을 지나 대웅전으로 오르는 왼쪽에는 부도 밭이 있다. 여러 기의 부도와 석불상 옆에 서있는 1738년에 세운 환성사유공비에는 '환성사는 신라시대 고찰로 임진왜란을 거치면서 쇠잔해져 단지 승방 두 개만 남아있었다. 다행히 사명대사께서 분연히 중수하시매 점점 모양을 갖추어 지금에 이르고 있다'고 하였다. 이런 사실은 사명당이 선조 35년(1602년)에 환성사環城寺에 머물렀을 때 지산芝山 조호익曺好益(1545~1609)이 지은 '환성사방송운상인環城寺訪松雲上人' 시를 통해 알 수 있었다.

구십 일 석 달 봄을 병중에서 지내다가　　九十韶光病裏過

때때로 사찰을 찾아서 내 여기 왔네.　　有時來到法王家

환성사의 일주문 지붕은 최근에 복원한 것이다.

| 저녁구름 흩어지기 전에 미리 돌아감은 | 宿雲未散還歸去 |
| 산속에 함소화가 있을까 싶어서네. | 恐有山中舍笑花 |

일주문에서 수월관水月觀에 이르는 중간에는 2005년에 세운 '용연龍淵' 표석이 있고 그 앞에 있는 연못이 '주지스님이 스님들을 동원하여 메웠다'는 전설의 연못으로 이때 복원되었음을 알 수 있다. 경상북도 문화재자료 제615호로 지정된 환성사 수월관水月觀은 2층 다락집으로 안동 병산서원의 만세루와 같이 사방이 탁 트인 개방된 공간이란 점에서 금당金堂 쪽만 개방하고 나머지 삼면이 폐쇄된 사찰의 일반적인 누문樓門과는 다른 점이다. 수월관水月觀이란 이름과 구조로 볼 때 유학의 강학講學과 풍류風流 등에 활용할 목적으로 건축하였음을 알 수 있다. 수월관 1층을 들어서면 천정이 나지막하여 머리가 닿을 것 같은 긴장감에 조심스럽다. 하지만 계단을 올라서면 환성사의 중심이자 보물 제562호로 지정된 대웅전의 팔작지붕 추녀가 하늘로 차고 나를 듯이 장엄한 모습을 하고 있다. 또한 대웅전과 수월관을 중심축으로 좌우에 지방유형문화재 84호로 지정된 심검당尋劍堂과 요사채를 자리잡고 있어 전체적으로는 '口'자형의 중정中庭을 이루고 있다. 대웅전에는 석가모니부처님을 중심으로 왼쪽에는 지덕智德과 체덕體德을 맡고 있는 문수보살文殊菩薩을, 오른쪽에는 이덕理德과 정덕定德, 행덕行德을 맡고 있는 보현보살普賢菩薩을 협시보살로 하는 삼존불三尊佛을 봉안하였다. 경상북도 시도유형문화재 제439호로 지정된 환성사 수미단須彌壇도 유명하다. 조각형태와 기법 등이 백흥암 수미단의 영향을 받아 조성되었음을 짐작케 한다.

절 왼쪽으로 나있는 산길을 따라 약 15분 남짓 올라가면 16나한羅漢을 모신 성전암聖殿庵이 있다. 산 아래 환성사 대웅전과 수월관의 기와지붕이 한가로움을 더하고 멀리 하양읍내의 전경이 한 눈에 내려다보이는 이곳은 예로부터 이름난 수행처이자 기도처라고 한다. 성전암 동쪽에 있는 산신각山神閣을 지나 골짜기를 따라 10여분 올라가면 낙엽에 뒤덮인 암자터가 있다. 이 터의 암자가 하양현지河陽縣誌(1845년)에 기록된 상원암上院庵이다. '환성사 경내에 있는 암자 뒤에는 높은

- **환성사의 대웅전** 팔작지붕과 통일신라시대의 이형석탑, 석부재 등과 조화롭게 어우러져있다.
- **환성사의 대웅전 내부** 참배를 하고 있는 스님과 대청을 이루는 삼존불과 수미단의 형태미가 인상적이다.

- **환성사의 수월관** 일주문과 대웅전 사이에 있다.
- •• **환성사의 부도탑**

바위가 있는데 10여장이나 솟아있고 비오기를 기원하면 응답이 있었다'고 기록했을 만큼 영험 있는 암자였다. 김익동金翊東은 이곳을 산승山僧 승추勝秋가 창건한 '마주암摩珠庵'이라 했다. 동북쪽 절벽 아래에는 맑은 물이 솟아나는 영천靈泉이 있다. 한때 이 물을 대나무로 수십 미터를 연결하여 절의 주방廚房으로 끌어와 사용했는데 그 물맛이 맑고 향기롭고 달콤하여 인삼달인 물과 같다고 했다.

환성사에서 영천의 샘물을 호스로 연결하여 먹는 물로 사용했던 흔적이 남아 있다. 법당 뒤쪽의 인공으로 다듬은 절벽바위에는 '나무차산국내산왕대신위南無此山局內山王大神位'라는 음각 글씨를 새겼는데 산신청에도 똑같은 내용이 있어 이곳이 옛 산신각의 흔적으로 보인다. 이처럼 바위에 새긴 산신각은 팔공산에서 유일할 뿐 아니라 타지역에서도 찾아보기 힘든 희귀한 사례다.

환성사 요사채 서쪽에는 지금 공양간 공사가 한창이다. 그 옆에는 경상북도 문화재자료 제592호로 지정된 주형석조舟形石槽가 자리하고 있다. 260×280㎝ 크기의 석조는 자연암석을 다듬어 만든 것으로 배 모양을 하고 있다. 깊이는 45㎝로 바닥에는 불순물을 거르기 위한 3조의 물빠짐골이 파져 있는데 이 같은 구조의 석조는 국내에서

**성전암의 산신각**

- **성전암** 환성사의 수도처이다.
- **환성사의 주형석조** 조선시대 종이제작에 사용된 목조수조와 같은 형태를 가지고 있다.

확인된 유일한 사례이다. 조선시대 사찰에서 공납용 종이를 제작했던 목조 수조의 형태와 비슷하여 조선후기에 이 절에서 종이를 만들던 석조로 보인다. 그러나 종이공납은 매우 힘들어 임고서원에 종이를 바치던 환성사도 하양향교로 납품처를 바꾸어달라고 간청했다고 한다. 이 밖에도 환성사에는 제자리를 찾지 못한 범상치 않은 석부재石部材들이 많이 남아있어 안타까움을 더하고 있다.

### 삼성암지三聖庵址

팔공산 정상부근에는 지금은 사라져 흔적만 남은 암자터가 산행인들에게 익숙한 지명으로 불리는 곳들이 있다. 옛 문헌을 통해 이들 암자의 존재를 추정해 보며 암자가 현존할 당시의 여러 모습을 생생하게 그려본다. 류방선柳方善(1388~1443)의 태재집泰齋集에는 '등천왕봉영천공산봉명登天王峰永川公山峯名' 시와 더불어 '제중봉상인소암題中峯上人小菴'이란 시가 남아 있다. 당시에는 천왕봉이 중봉中峰으로도 불렸고, 천왕봉 남쪽의 마애약사여래좌상 근처에 작은 암자가 있었던 사실을 알게 된다.

낙애洛涯 정광천鄭光天(1553~1594)의 유팔공산십수遊八公山十首에 정각소암靜覺小庵과 삼성암三聖庵, 그리고 광석대소암廣石臺小庵에서 지은 시가 전한다. 서사원徐思遠(1550~1615)의 낙재일기樂齋日記에는 정각암靜覺庵과 삼성암, 그리고 인각암獜角庵과 백운암白雲庵이 기록돼 있다. 정각암·삼성암·인각암·백운암 등의 암자가 지금은 사라지고 없지만 그중에서 삼성암三聖庵은 임진왜란 당시 대구지역민들이 왜병을 피했던 피난처의 하나로 널리 알려졌다. 특히 이 암자는 숱한 시인묵객들이 찾았던 경승지景勝地로서 암자 동쪽에 솟은 서봉西峰의 봉명을 삼성봉三聖峰으로 불렀을 만큼 팔공산에서 손꼽히는 명소다.

삼성암三聖庵은 전하는 기록이 없어 언제 창건하였는지 알 수 없다. 다만 선조 8년(1575년)에 정광천이 서사원 등과 함께 팔공산에 올라 지은 '유팔공산십수'에 '숙삼성암宿三聖庵' 시가 가장 오래된 기록이라 조선 초기부터 있었던 것으로 추정할 뿐이다.

| 기이한 바위 만 겹으로 싸인 한 암자가 외로운데 | 奇巖萬疊一庵孤 |
|---|---|
| 방랑하는 신세 세속의 근심 없어지네. | 身世飄飄俗慮無 |
| 아득한 저녁노을 바다까지 이어져 있고 | 縹緲暮雲連海口 |
| 푸르스름한 아름다운 기운 향로에 절하는 것 같구나. | 蔥籠佳氣挹香爐 |
| 흩어져 있는 봉우리 별들이 북두칠성 둘러싸고 있는 것 같고 | 亂峰環列如辰拱 |
| 계곡은 종횡으로 이어져 비단이 둘러싸고 있는 것 같구나. | 川瀆縱橫似練紆 |
| 머리를 돌려 보니 북쪽 궁궐이 지척에 있는 것 아닌데 | 回首北宸連咫尺 |
| 작은 마음 멀리 날아 왕도를 감돌고 있구나. | 寸心飛越繞王都 |

근세 송광사의 대강백大講伯이었던 금명錦溟 보정寶鼎(1861~1930)스님의 백열록 栢悅錄에는 삼성암과 오도암에 대한 의미 있는 기록이 있다. '원효대사의 제자가 해동 양산의 천성산千聖山에서 천명千名이 오도悟道했다 하여 산 이름을 천성산이 라 한다. 그중에서 여덟 사람이 깨닫지 못했는데, 그 후에 다섯 사람은 대구 동화 사 오도암에서 오도하였고, 또 세 사람은 삼성암三聖庵에서 오도하여 여덟 사람이 오도하였다 하여 산 이름을 팔공산이라 했다'고 했다. 그만큼 삼성암은 팔공산에 서 오도암과 더불어 이름난 수행처였으나 안타깝게도 6·25 전쟁으로 폐사됐다.

열암悅菴 하시찬夏時贊(1750~1828)이 정조 10년(1786년)에 남긴 삼성암동유서문 三省庵同遊序에, '들으니, 부인사夫仁寺의 삼성암三省庵이 공산公山의 최고 정상에 달려 있어 세상에 선구仙區를 평가하는 사람들은 그것을 제일의 이야기거리로 삼는다'고 한 것으로 볼 때 삼성암은 부인사에 속했던 암자이면서 당시에도 신 비스러운 암자로 여겼음을 알 수 있다. 기록에는 삼성三聖과 삼성三省을 혼용하고 있으나 삼성암三聖庵과 삼성암三省菴은 같은 암자다.

삼성암三聖庵은 여러 방향에서 오를 수 있다. 하늘정원을 통해 비로봉 — 천왕봉 — 서봉으로 오를 수도 있고, 하시찬이 올랐던 동화사 — 염불암 — 서봉으로 통하 는 길과 수태골에서 삼성령과 서봉을 거쳐 오르는 길이 있다. 수태골이나 부인사 에서 삼성골을 따라 가는 길은 가장 짧지만 급경사에 험한 바위 길을 감수해야 한다. 그러나 종주능선의 992m(안내표지 110번) 봉우리에서 마애여래입상으로 뻗어 내린 능선은 완만해서 다니기가 비교적 수월하다. 이 능선은 선조 25년(1592년) 서사원이 공산성 답사를 위해 정각암과 삼성암으로 올라갔던 길이기도 하다. 부인사에서 이말재에 올라서면 길은 두 갈래로 갈라진다. 오른쪽으로 내려가는 길은 삼성골과 수태골로 이어지고, 왼쪽으로 뻗은 길은 용문골과 마당재로 이어진다. 왼쪽길을 따라 약 500m 남짓 올라가면 만나는 용문골의 시내를 건너자마자 오른쪽 능선과 연결된 산길을 따라 약 1㎞ 정도 올라가면 대구시 유형문화재 제21호로 지정된 신무동삼성암지마애약사여래입상新武洞三省庵址磨崖藥師如來立像이 자리하고 있다. 3개의 바위가 삼존불처럼 솟아있고 가운데 바위에 동쪽을 향해 마애약사여래입상을 새겼다. 바위 형상으로 볼 때 중앙에 약사여래불과 좌측에 일광보살, 우측에 월광보살의 마애약사삼존불을 구상했던 것으로 보인다. 마애약사여래불 아래에는 샘터가 있고 약 10m 떨어진 바위에는 돌확이 있어 예전에 있었던 암자의 흔적

**삼성봉** 삼성암의 주봉으로 서봉이라고도 불린다

**신무동 삼성암지 마애약사여래입상** 좌측으로 기울어져 있는 듯 보인다.

으로 보인다. 일반적으로 마애약사여래불이 자리한 곳을 '삼성암지三省庵址'라고 지칭하나 본래 이 암자의 이름은 삼성암이 아닌 다른 명칭이었을 것으로 보인다.

　서사원의 낙재일기에 '계조암繼祖庵 후령後嶺을 지나 삼성암에서 묵었다'는 기록으로 볼 때 이 암자는 '계조암繼祖庵'으로 추정된다. 992m(110번) 봉우리에서 종주능선을 따라 등에 땀이 촉촉해 질만큼 올라가면 서봉(1153m)이 반긴다. 정상에는 여느 산과 달리 '서봉西峰'과 '삼성봉三聖峰'이란 2개의 정상석이 약간의 거리를 둔 채 세워져 있다. 정광천의 '등서대소암登西臺小巖' 시에 서대西臺, 즉 서봉西峰이라 하였고, 1224년에 세운 원진국사비명과 1772년에 세운 기성대사비명箕城大師碑銘에 동봉東峯의 기록이 있어 이에 대응하여 응당 천왕봉의 서쪽 봉우리는 서봉으로 불렸음을 알 수 있다. 반면에 정시한은 삼성대三聖臺라 하였고, 지헌止軒 최효술崔孝述(1786~1870)은 삼성봉三聖峯이라 한 것을 볼 때 오랫동안 서봉과 삼성봉으로 함께 불려왔다. 서봉에서 남서쪽으로 조금 내려가면 산신령이 칼로 바위를 도려낸 듯 네모반듯한 곳에 삼성암터가 자리하고 있다. 북쪽과 동쪽, 그리고 서쪽은 깎아지른 단애이고 오직 남쪽으로 시계가 트여 있다. 매촌梅村 금시술琴詩述(1783~1851)의 삼성암三聖庵 시에 '암자에는 용선대가 있고 칠성군 영정이 걸려있다庵龍船臺揭七星君畵幢'는 설명이 있다.

| | |
|---|---|
| 어제 부인사에 묵으며 이 암자에 대해 들었는데 | 昨宿夫仁聞此庵 |
| 흰 구름 깊은 곳에 푸른 바위 있네. | 白雲深處有蒼巖 |
| 옛길 따라 오르니 이끼가 밟히는데 | 依依古道苔侵屐 |
| 아득한 뭇 봉우리 옥비녀처럼 솟아있네. | 漠漠群峰玉聳簪 |
| 옛 성곽으로 학이 돌아가니 세 성인의 발자취요 | 古郭鶴歸三聖躅 |
| 황량한 용선대 감실에는 칠성군 탱화가 걸려 있네. | 荒臺龍掛七星龕 |
| 천태산과 안탕산이 어떠한지 알겠네. | 天台雁蕩知何似 |
| 예로부터 명산의 남쪽에 있다네. | 終古名山屬斗南 |

정시한은 1688년 7월 2일 '암자 터는 높고 우뚝한 곳에 있어 시계가 널리 트여져 멀리 수백 리가 보인다. 대구, 경산 등의 고을이 바로 무릎 아래에 있는 것

**삼성암지의 우물**

**삼성정** 삼성암이 있었던 자리에 건설하였다.

**삼성암지의 배경이 되는 바위산**
팔공산 정상부근에는 여러 곳에 흔적만 남은 암자의 옛터가 있다. 그 중 삼성암은 임진왜란 당시 지역민들의 피난처이기도 했다.

같다. 칠곡산성漆谷山城과 그 밖에 예닐곱 개 군읍이 눈앞에 있어 오랫동안 바라
보았다. 암자에는 물맛이 좋은 샘甘泉이 있었다'는 기록을 남겼다. 지금도 북쪽
단애 아래에는 물맛 좋은 샘터가 있어, 목마른 등산객들이 갈증을 해소하고 잠시
쉬어갈 수 있도록 정자를 건립했다.

  삼성암 북쪽 암벽에는 혜담慧潭·번암煩菴·회응晦應이란 이름이 새겨져 있으
나 어떤 사람인지는 알 수 없다. 삼성암에서 수행했던 스님으로 추정되며 팔공
산에서 가장 높은 곳에 새겨진 금석문이란 점에서 의의가 크다. 또한 이름이 새
겨진 암벽 뒤에는 돌 지붕이 덮여 있는 작은 공간이 있다. 왜병을 피해 삼성암으
로 피난했던 서언겸은 손자 서시립이 모셔온 신주神主를 이곳에 봉안하고 통곡
했던 장소로 추정된다.

**수도한 흔적이 보이는 암굴** 좌우 입구에는 스님과 참배객의 이름이 새겨져 있다.

**삼성암지에서 가장 시야가 트인 장소** 아마도 수련의 장소로 사용되었을 것이다.

삼성암지 서쪽에 한사람이 겨우 다닐만한 토끼 길을 지나면 마치 삼성암 터를 축소해 놓은 것과 같은 서너 평의 공간이 나온다. 형세로 보면 원효와 의상, 부설거사, 진묵, 진표 등 한국 불교를 대표하는 고승들이 수행했다는 부안 변산반도의 부사의방은 감히 명함도 못 낼 자리다. 여기저기 흩어져 있는 깨진 기와조각에서 당시 면모를 엿본다.

## 광석대와 염불암念佛庵

한국불교 사상사를 하나의 산맥으로 비유한다면 가장 높은 봉우리에 해당하는 인물은 누구일까. 사람에 따라 각자의 견해가 있겠지만 대체로 원효라고도 하고 지눌이라고도 한다. 현재 조계종의 법맥에서는 일반적으로 보조국사 지눌을 최고봉으로 여기고 있다. 바로 이 지눌스님이 팔공산의 염불암을 중창하고 이 암자를 중심으로 수행한 끝에 큰 깨침을 얻었다는 사실은 이 곳이 한국사상사에서 얼마나 중요한 유적지인가를 단적으로 말해준다.

염불암은 팔공산의 가장 큰 사찰인 동화사 뒷 계곡과 능선을 타고 오르는 산길을 따라 정상 쪽으로 가다 보면 주봉아래에 가장 신비스러운 넓은 바위 광석대가 보이는 높은 터에 자리하고 있다. 얼핏 보아도 암자의 분위기는 범상치 않은 기운이 팔공산 정상부로부터 뻗어 내리는 느낌이 든다. 옛 사람들도 이곳에 머물기를 소원했을 만큼 청량한 기운이 감돈다. 우담愚潭 정시한丁時翰(1625~1707)은 숙종 14년(1688년) 예천, 안동, 경주 일대의 퇴계退溪 이황李滉과 회재晦齋 이언적李彦迪를 모신 서원과 유적을 둘러보고, 6월 4일에는 염불암에 이르러 '여기서 올 여름을 보내고 싶다'고 했다. 그는 자신이 방문한 곳을 기록할 때 반드시 주변 산세나 지세를 묘사하고 기운의 청탁을 품평할 만큼 풍수風水에 일가견이 있었다. 염불암에 와서 '주봉에서 춤추듯이 내려온 좌우측 능선이 둥그렇게 감싸고 있어 혈穴은 쌍룡雙龍이 합쳐진 기운이 모이는 자리'로 판단했다. 그래서 8월 28일, 팔공산을 떠날 때까지 여러 암자 가운데 염불암에서 무려 62일이나 머물렀다.

**염불암을 오르는 돌담아래에서 본 풍경** 뒤에 광석대(세칭 염불봉)와 병풍바위가 보인다.

염불암은 신라 경순왕 2년(928년)에 영조선사靈照禪師가 창건했다고 전하며, 고려시대 보조국사普照國師 지눌知訥(1158~1210)이 중창했고 원진국사圓眞國師 승형承逈(1172~1221)이 주석했던 유서 깊은 난야蘭若(불교에서 절을 이르는 말)다. 염불암이란 사찰명은 지눌의 '염불요문'과 원진국사비명, 정광천의 염불암 시 등을 보면 고려후기부터 조선조에 이르기까지 줄곧 같은 이름으로 불렀던 것이다. 고려시대 염불암을 중창했던 보조국사가 염불요문念佛要門을 지어 '염불을 할 때는 반드시 잡념을 비우고 밝고 뚜렷하게 아미타불과 극락세계를 생각해야 한다'고 염불수행의 중요성을 절 이름에 담았다.

포항 보경사에 있는 '원진국사비명'에는 '공산公山 염불난야念佛蘭若에 있을 때, 2·3명의 도반道伴과 함께 동봉東峰에 모여 차를 다려 마셨다'는 기록이 있다. 선조 8년(1575년)에 낙애洛涯 정광천鄭光天(1553~1594)이 팔공산을 유람하고 남긴 '염불암에 이르러到念佛庵'라는 시로 보아 조선시대에도 그렇게 불렸음을 알 수 있다.

| | |
|---|---|
| 대지팡이에 짚신 신고 산수 속에서 | 竹杖芒靴山水裏 |
| 자연을 찾아 세간世間의 마음 날려 보내었네. | 探眞消遣世間心 |
| 오늘 산을 내려오며 머리를 들어보니 | 今日下山時擧首 |
| 천왕봉 꼭대기엔 흰 구름이 깔려 있네. | 天王峯上白雲深 |

이 암자의 극락전 앞에는 대구시유형문화재 제19호로 지정된 점판암으로 만든 청석탑靑石塔이 있다. 화강암으로 된 기단부와 몸돌이 사라진 10개의 지붕돌만 남아있다. 고려시대에 널리 유행됐던 청석탑은 연한 재질의 점판암이라 쉽게 풍화돼 현재 전국에 9개만 남아있는 희귀한 석탑이다. 극락전 뒤에는 통일신라시대에 조성돼 대구시유형문화재 제14호로 지정된 마애아미타불좌상과 마애보살좌상이 있다. 서쪽을 향한 바위에 선각線刻으로 조각한 아미타불좌상은 수인이 중품상생인中品上生印을 하고 있어 금당암 수마제전의 금동아미타불과 극락전의 목조아미타불 좌상이 하품중생인下品中生印의 수인을 하고 있는 것과 대조적이다. 남쪽을 향한 바위에 양각陽刻된 보살상은 머리에 부채꼴 모양의 관을 쓰고 왼손과 오른손으로 꽃줄기를 잡았으며, 오른쪽 손목과 팔뚝에는 보살을 상징하는 영락瓔珞 장식을 착용하고 있다. 마애불상은 '문수보살이 조각했다'는 전설이 있다. 또 하나의 전설로는 '옛날 이 암자에 있던 한 스님이 바위에 불상 조성을 발원하자, 어느 날 암자 일대에 안개가 자욱하여 7일이나 계속되었고, 안개가 걷히자 바위에는 스님이 발원했던 불상이 양쪽에 새겨졌다'고 했다.

이 암자 서당西堂 뒤편에는 '오인석五人石'이라 새겨진 네모난 바위가 있다. '고려 태조 왕건이 견훤과의 싸움에서 패해 도망갈 때 신하 5명이 쉬었다'고도 하고, '옛날 다섯 고승이 견성見性한 자리'라고도 하나 확실한 근거는 없고 글자가 새겨진 연대도 알 수 없다. 오인석에서 위로 100m 남짓 올라가면 마애불상을 새긴 바위보다 큰 바위 위에 '일인석一人石' 3자가 새겨져 있다. 정시한丁時翰 (1625~1707)의 산중일기에 '뒷산에 올라 일인석에 올라섰다'는 기록이 가장 오래됐다. 대산大山 이상정李象靖(1711~1781)은 일인석이라 부르는 왕좌석王坐石이 있는데,

염불암의 거대한 바위에 새겨진 마애불좌상과 관음보살상
뒤의 노송이 무게를 더해준다. 고려 초기 불상이다.

● 동수대전 전몰 만인총과 충렬비각 동수대전의 현장인 표충사에 있다.
● 독좌암 왕건이 앉아서 쉬었다고 전한다.

승려의 말이 고려 태조가 견훤甄萱의 난리를 피해 이곳에 올랐기 때문에 그렇게 이름이 붙여졌다. 10리 쯤 떨어진 곳에서 신숭겸이 순절했으니 그럴 법도 하다' 했고, 동생 이광정李光靖(1714~1789)은 '여기가 고려 태조가 앉았던 자리구나' 했다.

고려사에는 '왕건은 신숭겸이 자기를 대신하여 죽자 지묘사를 지어 명복을 빌게 했다'고 기록하고 있다. 옛 지묘사 터에는 장절공 신숭겸의 위패를 모신 표충사表忠祠가 있고, 그 남쪽 2㎞ 떨어진 곳에 있는 봉무정鳳舞亭(대구광역시 유형문화재 제8호) 앞 언덕 아래에는 신숭겸과 김락의 희생으로 견훤 군사들의 포위망을 탈출한 왕건이 잠시 앉아 쉬었다는 독좌암獨坐巖이 자리하고 있다.

최주원崔柱元(1648~1720)은 전묘일기展墓日記에 '염불암 뒤에 있는 큰 바위에 일인석이란 글자가 새겨져 있었다'고 기록했다. 교남지嶠南誌와 대구부읍지大邱府邑誌에는 '견훤의 난에 고려 태조가 단신으로 군사를 피해 동화사로 숨었는데 염

- **고려시대에 유행하였던 청석탑** 탑신은 없어지고 지붕돌만 남아있다. 최근 보호를 위해 가림 막을 했다. 사진은 가림막을 하기 이전의 것이다.(1987년)
- **일인석** 고려태조 왕건이 앉았다고 전하는 일인석과 일인석의 명문

**오인석** 염불암의 서당 뒤편 언덕에 있다.

불암에 이르러 입석立石이 있어 그 위에 앉았더니 한 중이 나와서 하는 말이 이 자리는 일인석인데 어찌 이곳에 앉았는가 하매, 태조가 말하기를, 싸움에 패해 이곳에 왔노라 하니 중이 영접하고는 귀로를 가르쳐 주었다. 이후에 일인석이라 칭했다'고 기록해 놓았다.

일인석에서 위로 200m 쯤 되는 곳에 보조국사가 수행했다는 석굴이 있다. 석축을 쌓아 터를 다듬고 석굴을 넓히기 위해 바위를 쪼갤 요량으로 쐐기를 박기 위해 홈을 파낸 흔적이 남아 있다. 숙종 14년(1688년)에 이곳을 찾은 정시한丁時翰은 석굴 바위에 '눌암訥庵이라 새긴 글자가 있어 눌암굴訥庵窟'이라 하고 광석대 암자를 '눌암'이라 한 반면, 이상정李象靖은 '일인석에서 백보 쯤 되는 곳에 십 수 명이 들어갈 정도의 석굴이 있는데 보조국사가 수행하던 곳으로 바위에 새긴 눌암 두 글자가 선명하다'고 했다. 보조국사가 수행했다는 석굴의 바위에는 눌암訥庵 두 글자가 정으로 금방 새긴 듯이 또렷하다. 330여 년 전에 새긴 글자가 그 흔한 돌이끼 한 점 없이 어떻게 이처럼 선명하게 전해왔는지를 설명할 수가 없다.

- **눌암굴** 보조국사가 수도했다고 알려져 있다.
- •• **눌암굴의 입구에 새겨진 명문** 최근에 새긴 듯 보일 정도로 깔끔하다.

정시한丁時翰이 석굴을 보고 '내가 인생의 끝자락까지 유람한다한들 과연 이만한 곳을 얻을 수 있을까'하고 찬탄했을 만큼 신비한 기운을 느꼈던 것이다.

그렇다면 광석대廣石臺는 어디를 말하는가? 열암悅菴 하시찬夏時贊(1750~1828)은 '우염불암右念佛庵' 시에서 염불암을 광석대 앞에 숨어있는 작은 암자라고 했다.

| | |
|---|---|
| 광석대 앞에 작은 암자가 숨어 있으니 | 廣石臺前隱小庵 |
| 산은 속객 싫어 일부러 산그늘을 드리웠네. | 山嫌俗客故垂嵐 |
| 승려들 참선에 들어가니 천봉이 고요하고 | 巨僧入定千峰靜 |
| 밤 깊고 등불 밝으니 부처감실에 수를 비추네. | 夜永燈明繡佛龕 |

그러나 정시한丁時翰은 광석대에 올라가서 '암자 터이기는 하지만 사방에서 드는 바람을 막을 수 없으니 사람이 지낼만한 곳은 못된다'고 했다. 다만 '시계가 아주 넓게 트여 있어 팔공산의 형세가 마치 손가락으로 가리킬 만큼 한눈에 들어온다'하고 이곳을 눌암이라 했다. 광석대의 암자터는 종주능선 '안내표지 77번' 자리로 서쪽을 제외한 3면이 열려있어 북쪽에서 동쪽을 거쳐 남쪽으로 돌아보면, 갈모봉과 청석배기, 그리고 코끼리바위와 관봉, 소년대가 보이고 멀리 환성산과 초례봉, 대암봉과 문암산 등이 한 눈에 들어온다.

선조 8년(1575년) 정광천鄭光天이 '우중에 광석대 소암에 도착하여雨中到廣石臺小庵'라고 지은 시가 가장 오래된 광석대의 기록이다. 인조 23년(1645년) '광석대를 창립하다'라는 동화사 사중의 기록이 있어 임진란으로 폐사된 광석대의 소암을 이 때 다시 세웠음을 알 수 있다.

지금도 당시에 사용했던 디딜방앗간의 돌확이 남아있다.

광석대는 염불암 뒤에 우뚝 솟아있는 1085m 봉우리로 세칭 '염불봉'이라고도 한다. 염불봉이란 봉우리 이름은 팔공산도립공원기본계획(1980년)에 '최상봉인 1192m 비로봉이 우뚝 중앙에 솟아있고 좌우에 표고 약 1150m의 염불봉과 삼성봉이 마치 두 어깨처럼 솟아있다'고 기록한 것이 최초다. 대구의 향기(1982

**광석대 소암의 옛터** 방아간의 흔적을 알려주는 돌확이 신비감을 더해준다.

**광석대** 아침 햇살을 받고 있다.

년)와 팔공산 등산지도(1986년)에 '비로봉을 중심으로 양쪽에 동봉과 서봉을 거느리고, 동남쪽엔 염불봉'이라 하여 동봉과 염불봉은 별개의 봉우리로 구분했다. 팔공산 폭포골 생태보호구역조사보고서(1991년)에는 동봉과 미타봉을 병기하고, 염불암 뒤 1085m 봉우리를 염불봉이라 표기했다. 녹봉鹿峰 우효설禹孝卨(1854~1935)은 광석대를 '연대蓮臺'라고 하여 연화봉蓮花峰으로 불렸던 기록을 남겼으나 염불봉과 미타봉이란 지명은 옛 문헌으로는 고증할 수 없다.

이처럼 염불암과 그 주변은 볼거리와 이야깃거리의 보고이면서 한국사상의 큰 상징적 봉우리로 찾는 이들에게는 감명을 주는 곳이다.

### 한티순교성지

팔공산 주능선에서 군위 부계와 칠곡 동명을 있는 높은 고개가 한티재이다. 원래 한티재는 현 위치에서 동쪽으로 500m 남짓 떨어진 팔공산 종주능선에 있었다. 옛 한티재 아래골짜기가 한티골, 한국지명총람에는 대곡大谷이라 하며, 여기서 발원한 물줄기가 법성동과 송림사를 지나 동명저수지로 흘러든다. 이곳에 천주교 신자들이 처음 살기 시작한 것은 대략 순조 15년(1815년)에 일어난 을해박해乙亥迫害 때로 추정한다. 당시 칠곡 지천의 신나무골과 청송, 진보, 영양 등지의 신자들이 체포되어 대구에 있는 경상감영으로 이송되어 감옥에 갇히자, 옥바라지를 위해 가족들이 이곳으로 모여들면서 자연스럽게 신자촌이 되었다.

한티골은 해발 600m 이상 되는 고지대이나 사방이 산으로 둘러싸여 있는 깊은 산골이지만 대구와 칠곡 읍내가 그리 멀지 않아 생계를 위해 화전火田을 일구고 옹기나 사기, 그리고 숯을 구워 팔기에도 편리한 곳이었다. 1791년 신해박해辛亥迫害와 1801년 신유박해辛酉迫害로 깊은 산중으로 피난 간 천주교 신자들은 당시 생활필수품이었던 옹기나 사기그릇을 구워 팔아 생계를 유지했다. 옹기나 사기를 팔기위한 행상은 신자들끼리 정보교환과 박해 때 헤어졌던 신자들을 찾는 좋은 방편이기도 했다. 이런 연유로 천주교 신자들이 피난했던 곳에는 가마터의 흔적이 남아있었다.

**한티성지의 옛 마을**
한티성지가 재건되기 이전에는 많은 주민들이 살고 있었다.(1978년)

* **잠실** 한티성지에 살고 있던 주민들은 잠실을 만들어 누에를 쳤다.(1978년)
** **토종벌통** 한티성지의 주민들은 집안에 벌통을 놓았다.(1978년)

초기에 한티마을을 개척한 천주교 신자 중에는 국채보상운동을 주도했던 서상돈의 외조부 김현상(요아킴)이 가솔을 이끌고 1837년에 서울에서 신나무골로 피난했다가, 1839년 기해박해로 더 깊은 산중인 팔공산 한티로 피난한 뒤에 박해가 잠잠해진 1850년경에 대구 인근의 와룡산 새방골로 이사했다. 1860년 경신박해庚申迫害가 일어나자 신나무골로 피난했던 칠곡 사람 배손은 가솔과 함께 한티로 피해 사기굴에 숨었다가 뒤쫓아 온 포졸들에게 체포되자, 부인 이선이(엘레사벳)과 장남(배스테파노)는 '죽어도 성교를 믿겠소'하고 신앙을 고백하다 모자가 함께 순교했다. 모자의 시신은 임시로 한티 동쪽에 임시로 매장했다가 칠곡 아양동 선산으로 이장했다. 그 후 1984년 한국선교 200주년을 맞아 연고성지인 신나무골 성지로 이장한다. 경신박해로 뿔뿔이 흩어졌던 신자들이 탄압이 잦아들자 다시 한티로 모여 이전보다 더 큰 규모의 마을이 되었다. 1862년 베르뇌 주교의 성무집행보고서에 '칠곡 고을의 굉장히 큰 산 중턱에 아주 외딴 마을 하나가 있는데, 이곳에서 40명가량이 성사를 받았다'고 기록한 것으로 확인된다.

이곳은 높고 외진 곳이라 사람살기에는 만만치 않았다. 겨울에는 추위가 극심하고, 여름에는 잦은 운무雲霧로 일조량이 부족해 제대로 농작물이 자라지 못한데다 깊은 산중이라 산짐승들의 피해도 여간이 아니었다. 그래서 주로 옹기와 사기그릇, 그리고 숯을 구워 대구나 칠곡 읍내 등지에 내다 팔아 생계를 이었다. 순교자 묘역 안쪽 골짜기에는 사기장골과 숯 골이 있어 사기와 숯을 굽던 가마터가 지금도 남아있다.

1862년경에 고향이 상주인 조 까롤로 가정이 풍양조씨 문중의 박해를 피해 황간, 상촌 등지로 떠돌다가 한티로 피난 왔다. 움막을 짓고 살면서 이곳으로 피난 온 신자들과 함께 자기 집에서 주일 첨례를 봄으로써 공소公所가 되었다. 1866년 병인박해丙寅迫害는 천주교 신자에게는 돌이킬 수 없는 재앙이었다. 홍선대원군은 1866년 정초에 내린 천주교 금압령禁壓令으로 7년 동안 프랑스 선교사 12명 가운데 9명을 비롯하여 남종삼·정의배 등 한국인 천주교도 8천여 명이 죽임을 당하였다. 그해 10월 프랑스 해군이 천주교 탄압을 이유로 강화도에 침입한 병인양요丙寅洋擾로 인해 천주교 박해는 더욱 심해졌다. 부활판공성사를 위해 대구에 왔던 리델 신부가 병인박해 소식을 전하자 대구읍내와 신나무골 등지의 많은 신자들이 다시 한티로 몸을 피했다.

1868년 봄에 독일인 에른스트 오페르트가 대원군과의 협상을 유리하게 이끌고자 대원군의 부친 남연군의 묘를 도굴하다가 미수에 그친 사건이 일어나자 쇄국양이정책을 강화하고 천주교 탄압은 더욱 심해졌다. 1868년 늦은 봄에 서울에서 내려 온 포졸과 칠곡도호부의 포졸이 합세하여 이곳 한티를 습격했다. 신자들에게 배교背敎 여부를 묻고 배교를 거부한 신자들과 도망치던 신자들을 쫓아가 그 자리에서 죽였다. '먼저 베고 뒤에 보고하라'는 선참후계령先斬後啓令에 따라 현장에서 37명 이상의 신자들이 장렬하게 순교하였다. 그들의 생활터전을 없애고자 불을 질러 마을은 잿더미로 화하였다. 날이 저물어 포졸들이 물러간 뒤에 사방으로 흩어졌던 조 까롤로 회장의 아들 조영학, 조영구와 신자들이 다시 모여 2~3일 걸쳐 한티 골짜기 여기저기에 흩어져 있는 시신을 찾아 그 자리에 묻었다고 전한다. 이 때문에 한티순교성지에는 37기의 순교자의 묘가 사방으로 흩어져 있다. 37명의 순교자 가운데 신원이 밝혀진 사람은 4명에 불과하여 순교자 묘의 십자가에는 일련번호가 새겨져 있다. 신자회장 조 까롤로와 부인 최 바르바라가 먼저 치명致命(순교)하였고 이어 조아기(본명미상)가 순교하였다고 전한다. 그리고 1867년 상주감옥에서 순교한 서태순은 조카 서상돈을 비롯한 가족들에 의해 이곳 한티에 안장됐다. 살아남은 신자들은 순교자들의 피로 적셔진 땅 위에

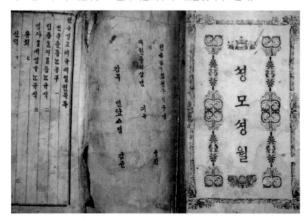

**박상기(안드레아)가 2015년 기증한 성교예규(1909년)** 성모성월(1914년)등 한글로 된 기도서, 그의 조부 박만수(1861년)가 어릴 때부터 보았던 것이라고 한다.

**한티마을의 옛 주민들과 순교자와 순례자를 의미하는 입석** 야외제대와 예수 그리스도 상이 서있고 그 뒤로 병인박해이전 순교자들이 살았던 마을의 옛터가 있다.

마을을 재건할 수 없다고 하여 아래쪽에 마을을 새로 만들고, 병인박해(1866~1873)가 끝나고 1886년 한불수호조약으로 신앙의 자유가 보장될 때까지 숨어 살았다. 그 마을이 백년 넘게 이어져 온 지금의 한티마을이다.

　　1877년에 다시 조선에 와서 전교 활동을 하던 로베르 김보록 신부가 1882년 말에 경상도 지방을 순회 전교하면서 한티에 와서 성사를 주고 미사성제를 봉헌했다. 이때 신자수 39명, 고백 성사자 20명, 영성체자 19명, 세례자 3명, 혼배자 1쌍이었다. 1885년 대구 본당이 설정되어 김보록 신부가 신나무골에 정착하면서 한티에 자주 왔고, 한티 신자들은 대축일이면 신나무골로 미사 참례하러 갔다. 이후 한티공소는 번창하여 1900년 초에는 공소 신자수가 80여명 이상이 되었으나 점차 다른 곳으로 이주하면서 쇠퇴하였다. 1961년 당시 칠곡 본당의 전교 회장이었던 마백락(글레멘스)에 의해 한티마을은 재조명되었다. 마백락 회장은 칠곡 본당 관할 한티공소에 교리 교육차 매달 올라가서 한티에 살던 사람들의 증언 채록과 순교자들의 묘지를 확인했다.

성지순례를 온 신자들이 1867년 옥에서 목이 졸려 순교한 서태순(베드로)의 묘지를 참배하고 있다
그는 조카인 서상돈 등의 도움으로 이곳에 묻혔다. 아래로 많은 무명의 순교자들의 묘역이 보인다.

예수 그리스도 상 박해시기 교우촌 터 앞 제대에 우뚝서있다.

- 한티 신자회장으로 순교한 조 까롤로와 그의 아들 토마(영학) 등 가족들의 묘역
- 무명 순교자들의 묘역

**한티성지의 옛 마을** 병인박해이후 살았던 주민들의 생활상은 전형적인 한국농촌의 모습이다. (1978년)

한티 순교사실이 확인되자 1967년 9월, 박병원(필립보) 신부, 이문희(바오로·뒷날 대구대교구장 주교) 신부, 경북대학교 김달호 교수의 주관으로 대구대교구 신자들의 신나무골과 한티도보 순례가 이루어졌고, 1968년 9월, 병인 순교자 시복 경축 행사로 대구대교구의 신자들이 한티를 순례한 이후 매년 9월에 순례 행사가 이어지고 있다. 1980년 초반에 한국 천주교회 창설 200주년 기념사업의 일환으로 한티성지개발계획을 수립하면서 본격적으로 천주교 성지로 조성되었다. 1983년 11월, 대구대교구는 한티 지역에 20만 여평의 부지를 확보하고 1차로 피정의 집을 건립하고 연차적으로 피정시설을 마련키로 계획했다. 한티성지 조성사업과 병행하여 순교자 묘소 조사와 성지 발굴사업도 진행되었다. 1983년 7월, 문중 족보와 순교자 후손의 증언으로 서태순이 한티에 묻혀 있다는 사실과 9월에는 조까롤로 회장과 부인 최바르바라, 누이동생 조아기(본명 미상)의 묘를 확인하였다.

1988년 4~5월, 효성여자대학교 박물관 한티성지조사단에서 사기요지와 숯가마 터 발굴과 순교자 묘소와 지형을 측량하고, 공소 건물지 등을 실측하여 한

**병인박해이후 재건된 옛 공소** 본격적인 성지 개발이전까지 교우촌을 이루고 있었으며 뒤로 한티영성관이 보인다.

티에 살던 천주교 신자들의 신앙생활을 규명하는 계기를 마련하였다. 또한 마백락 회장은 한티에 마지막으로 남아있던 김태현, 김복현 형제 등의 증언과 현장 답사를 통해 무명 순교자 묘 19기를 확인하였다. 이 소식을 접한 대구대교구에서는 '한티사적지 무명 순교자 분묘 이장위원회'를 구성하고 순교자 묘 발굴사업을 진행하여 19기 중 6기를 발굴하고 그 중 3기를 성지묘역 안으로 이장하였고, 발굴과정에서 새롭게 무명 순교자 묘 5기를 경북대학교 해부학 전공의 주강 교수가 공식 확인하는 등의 성과가 있었다. 1991년 10월, 지상 5층, 지하 2층의 한티피정의 집 개관을 앞두고 무명 순교자 묘 9기가 추가로 확인되었다.

예전 순교자들이 살았던 한티마을 입구에는 14m의 대형 십자가로 조성된 순교자들의 야외제대가 순례자들을 맞이하고 있다. 또한 옛 한티공소를 비롯한 당시 신자들이 살았던 초가집을 복원하였다. 자신의 신앙을 위해 이곳으로 피신했던 순교자들이 흘린 피로 붉게 물들었던 한티마을은 지금은 천주교의 성지를 넘어 경쟁과 갈등에 지친 현대인들의 힐링의 공간으로 각광을 받고 있다.

**순례자들** 십자가의 길을 돌고 있다.(1978년)　　　　**순례자들** 수녀들과 평신도들이 함께 어울려 십자가의 길을 돌고 있다.(1978년)

　　한티성지 피정의 집에서는 종교에 상관없이 조용히 자신을 되돌아 볼 수 있는 다양한 '피정프로그램'이 매월 진행하고 있다. '홀로 머물다가 새 사람이 되어 나가거라.'는 말과 같이 자신을 되돌아보는 좋은 계기가 될 것이다.

　　경북 칠곡군 개청 100주년 기념사업의 하나로 기획 조성된 '한티 가는 길'은 경상북도 유형문화재 348호로 지정된 칠곡 가실성당에서 출발하여 한티성지에 이르는 숲길, 임도, 마을길로 조성된 총 45.6km의 도보 순례길이다. 1구간은 '돌아보는 길'로 가실성당 – 신나무골 성지까지 10.5km이며, 2구간은 '비우는 길'로 신나무골 성지 – 창평지까지 9.5km이고, 3구간은 '뉘우치는 길'로 창평지 – 동명성당까지 9.0km이며, 4구간은 '용서의 길'로 동명성당 – 가산산성 진남문까지 8.5km이고, 5구간은 '사랑의 길'로 진남문 – 한티성지까지 8.1km이다.

　　팔공산은 찾아오는 이를 누구도 물리치지 않았다. 몽골군에게 쫓긴 백성을 보호했고, 임진왜란을 당해 피난한 백성들을 숨겼고, 박해를 피해 숨어든 천주교 신자들을 말없이 품안에 들였다.

　　순교자들이 한티에서 흘린 붉은 피와 그들의 아픔과 고난 또한 팔공산에 새겨진 오롯한 역사의 하나이다.

십자가의 길을 돌고 내려오는 길 평온함의 극치를 이루며 힐링의 공간으로 거듭나고 있다.

**한티성지의 성모상**
팔공산 능선을 배경으로 순례자의 집 앞 광장에 우뚝 서있다.

# II

# 명승지

## 세계 최대의 복수초 군락지

통일신라 때 임금이 하늘에 천제天祭를 지냈던 중사오악中祀五岳 가운데 남악南岳 지리산이 우리나라 최초로 1967년 국립공원으로 지정된 이래, 1968년에 동악東岳 토함산과 서악西岳 계룡산이, 그리고 2016년 8월 22일엔 북악北岳 태백산이 22번째로 국립공원으로 지정되었다. 중악中岳 팔공산만이 국립공원의 대우를 받지 못한 채 홀로 남았다. 2017년 1월 현재, 우리나라 자연공원은 국립공원 22개소, 도립공원 29개소, 군립공원 27개소, 지질공원 인증 8개소 등 모두 86개소가 지정돼 있다. 도립공원인 팔공산자연공원은 면적이 125.623㎢으로 29개 도립공원 가운데 산악형 공원으로는 가장 면적이 넓다. 뿐만 아니라 계룡산(65.335㎢), 내장산(80.708㎢), 가야산(76.256㎢), 주왕산(105.595㎢), 북한산(76.922㎢), 월출산(56.220㎢), 무등산(75.425㎢), 태백산(70.052㎢) 등 8개 국립공원보다도 공원면적이 훨씬 더 넓다.

2014년 국립공원연구원에서 팔공산의 경관자원과 생물자원, 문화자원을 대상으로 실시한 팔공산자연자원조사에 따르면 팔공산의 수려한 경관자원은

천왕봉아래에 우뚝서있는 철쭉바위에 힘차게 피어있는 철쭉꽃
강한 생명력을 느끼게 한다.

약 200여 군데에 달해 자연경관과 관련한 인문학적 자산이 매우 우수한 곳으로 평가됐다. 특히 생물자원 면에서는 팔공산자연공원이 생물기후적으로 영남중북부지역의 대구형으로 구분되고 냉온대 남부산지형 낙엽활엽수림지역에 해당돼 다른 자연공원에 비해 차별화되는 특징을 가지고 있다. 생물자원을 조사한 결과, 팔공산에서 서식하는 생물종은 식물 1,391종, 포유류 30종, 조류 107종, 양서·파충류 23종, 어류 17종, 주간곤충 1,487종, 야간곤충 589종, 저서성대형무척추동물 280종, 고등균류 452종, 담수조류 363종 등 4,739종으로 집계되었다.

팔공산의 생물종은 도시형 국립공원인 북한산의 2,945종, 계룡산의 3,375종, 무등산의 3,668종보다 많고 다양한 생물 종수가 서식하고 있다. 이 같은 생물종의 다양성으로 보아 다른 지역보다 생태환경이 매우 양호하게 보존되어 있고 생물자원 가치 또한 매우 높다고 할 수 있다. 특히 조사 당시 팔공산에서 새로 확인된 생물 종수는 식물 152종, 포유류 5종, 조류 13종, 양서·파충류 13종, 어류 5종, 주간곤충 261종, 야간곤충 235종, 저서성대형무척추동물 65종, 고등균류 452종, 담수조류 363종으로 총 1,564종이었다. 이같이 많은 생물종수가 새로 발견되는 것은 팔공산지역의 생태보존이 잘 되고 있고 앞으로도 적극적으로 보존대책을 세워야 한다는 것을 의미한다. 멸종위기 I 급인 수달, II급인 삵, 담비, 하늘다람쥐 등의 포유류와 새호리기, 독수리, 붉은배새매, 새매, 참매, 흰목물때새, 수리부엉이, 올빼미 등 조류를 포함한 11종이 서식하고 있는 것으로 확인됐다. 수달은 천연기념물 제330호로 대구권역에서는 주로 신천과 금호강 일대에 서식하는 것으로 알려져 왔다. 자원조사에서는 가산산성 북서쪽에 있는 금화지에서 수달의 흔적이 발견되었다고 보고했으나, 2016년 9월 파계사 입구에 있는 파계지에서 수달이 헤엄치는 것이 목격됐다. 이보다 앞서 2013년 파계사 입구 중대지에서 수달이 발견돼 금호강에서 동화천과 지묘천을 따라 이동한 것으로 보이며 공산댐도 수달의 서식영역에 포함될 가능성이 매우 큰 것으로 추정된다.

- **동하천의 봄** 수양버드나무 숲이 군락을 이루고 있는 동하천, 백로와 오리들이 서식한다.
- •• **수달** 팔공산 파계사 부근의 한 저수지에서 먹이활동을 하는 천년기념물 제330호 수달

　　박춘립朴春立(1823~1884)의 남서집楠西集에 '나의 10대조 무계부군舞溪府君이 석이버섯을 따러 갔다가 오도암 뒷 절벽에서 범(호랑이)을 만났다'는 기록과 홍 상근 전 군위문화원장의 '군부대가 들어오기 20~30년 전에는 팔공산에 범이 살고 있었다'는 증언으로 볼 때 팔공산에도 범이 살았으나 지금은 멸종돼 사라

**산수국** 치산계곡의 물길 옆에서 군락을 이루며 서식한다.

졌다. 범과 표범이 사라진 지금 우리나라 생태계의 최상위 포식자인 삵이 팔공산 전 지역에서 서식하고 있는 흔적이 확인됐다. 넓은 행동권과 무리생활을 하는 담비는 2014년 TBC방송국에서 선본사 일대에 무인센서카메라를 설치, 촬영에 성공했다. 또한 금오족도리풀, 가야물봉선과 고려엉겅퀴 등 식물 32종과 긴몰개, 참갈겨니, 자가사리 등 어류 5종과 꼬리치레도롱뇽, 한국산개구리 등 양서·파충류 2종, 곤충분야에서는 국내 미기록종 9종(맵시벌과)을 비롯한 고려애장님노린재, 남포잎벌 등 16종과 주름다슬기, 한국강도래 등 저서성대형무척추동물 5종 등 한반도 고유종 61종도 추가로 확인됐다.

특히 치산계곡은 사방이 산으로 둘러싸여 있고 수량이 풍부해 팔공산에서도 자연생태계가 가장 잘 보존된 지역의 하나다. 치산계곡에는 봄·여름·가을에는 아름다운 꽃들이 만발하고 여러 식물들이 저마다의 아름다움을 싱싱하게

- **함박꽃 나무** 치산계곡에서 보았다.
- **산딸나무** 공산댐부근에 서식한다.

**참조팝나무** 치산계곡에서 진불암 가는 길목에 군락을 이루고 있다.

뽐내고 있다. 대충 둘러봐도 계곡물과 벗하여 산수국과 함박꽃나무 등이 흐드
러지게 피어 있고, 여기저기 바위솔과 바위채송화, 애기괭이풀, 참조팝나무 등
이 수줍은 듯이 숨어 있다.

　가산산성 동문일대에는 미나리아재비과에 속하는 다년생초본인 복수초
Adonis amurensis Regel & Radde 군락이 서식하고 있는데 세계최대 규모다. 또한 가
산바위를 중심으로 기린초와 천남성, 민백미꽃과 둥굴레 등을 비롯한 각종 식
물이 자라고 있다. 칠곡도호부 복원현장의 북서쪽과 중문의 동쪽에는 가산산
성의 수원확보를 위해 만들었던 저수지가 오랜 세월이 지나 해발 800m에 위치
한 고산습지로 변하면서 다양한 생물이 서식, 자연생태계의 보고로 높이 평가
되고 있다.

**개복수초**
가산산성 동문 아래에 군락지를 형성하여 서식하고 있으며 팔공산에서 가장먼저 꽃이 피는 지역으로 알려져 있다.

- **참나리** 동봉을 배경
으로 천왕봉아래 넓은
공간에서 군락을 이루
고 있다.

- **하늘말나리** 하늘정원
길옆에 서식하고 있다.

- **관중** 옛 공산성 안에서
군락을 이루고 있다.

- **기린초** 가산바위 등에서 서식한다.
- **천남성** 가산바위 앞 숲속 그늘에서 보았다.
- **만주우드풀** 노적봉에 기생하고 있다.

• **꿀풀** 천왕봉에서 서봉 가는 길목에서 만났다.
•• **큰앵초** 천왕봉인근에 피어있다.
••• **이끼류** 공산성옛터 동굴 속에서 고드름과 함께 보았다.

팔공산자연공원에는 국보, 보물 등 국가문화재 31점과 시도유형문화재, 기념물, 문화재 자료 등 지방문화재 59점 등 모두 90건이 있다. 2015년 현재, 북한산 84건, 지리산 80건, 경주 73건 등 21개 국립공원보다 월등하게 많은 역사문화자원을 보유하고 있다.

팔공산은 오랜 역사만큼이나 고대로부터 근현대에 이르기까지 불교를 중심으로 유교와 민속 등 다양한 문화가 집약된 특징을 보이고 있다.

팔공산을 찾아오는 연간 탐방객을 갓바위, 가산산성, 은해사, 동화사, 한티지구, 치산지구, 탑골, 파계사 등의 주요지점에서 계절별 표본조사, 문화재관람료 징수 자료 분석, 주차장 차량조사, 자동계수시스템 자료 등을 활용하여 조사한 결과, 2014년도 탐방객 수는 454만여 명으로 추정됐다. 팔공산의 탐방객 454만여명은 2014년도 국립공원탐방객과 비교하면 북한산의 728만2천268명과 한려해상의 616만4천414명에 이어 세 번째에 해당한다. 이는 지리산 293만3천492명, 계룡산 169만985명, 토함산이 자리한 경주지역이 319만6천413명인 것과 비교할 때 팔공산은 오악五岳 가운데 가장 많은 탐방객이 찾아오는 명산임이 분명하다.

팔공산의 이용가치는 약 389억 원, 보존가치는 약 2천110억 원으로 연간 총가치는 약 2천499억 원이며, 총자산 가치(경제적 가치)는 약 5조3천억 원으로 평가됐다. 대도시와 근접한 국립공원인 계룡산이 4조6천억 원, 무등산이 5조8천억 원, 북한산이 9조2천억 원으로 평가된 것과 비교할 때 팔공산의 경제적 가치는 이들 국립공원에 비해 조금도 손색이 없다.

팔공산자연공원은 수려한 자연경관과 생태환경이 잘 보존돼 다양한 생물종이 서식하고 있고 전국에서 가장 많은 역사문화자원을 보유하고 있다. 2014년 국립공원연구원의 팔공산자연자원조사 결과는 경관자원과 생물자원, 그리고 문화자원과 면적 등이 모두 국립공원을 능가하는 것으로 나타났다.

그렇다면 왜 팔공산은 국립공원으로 승격하지 못한 것일까? 팔공산자연공원면적(125.623㎢) 가운데 대구지역이 35.635㎢(28.2%)이고 경북지역이 89.988㎢(71.8%)이다. 공원면적의 대부분이 경상북도인 반면, 탐방객 대부분이 대구지역

- 병꽃 군락지 하늘정원에서 천왕봉 가는 길목에 있다.
- 가산바위에서 중문으로 가는 산성 길에서 만난 팥배나무 산성의 정상부에는 거대한 팥배나무들이 군락을 이루고 있어서 가을철 열매가 익을때면 장관을 이룬다.

을 통해 팔공산을 찾다 보니 팔공산 국립공원지정문제에 대해 대구시는 공원 면적의 대부분을 관할하는 경상북도에서 주도해야 한다는 입장이다. 반면 경상북도는 탐방객의 대부분이 경유하는 대구시에서 주도해야 한다면서 서로 입장을 달리했던 것이 추진동력을 살릴 수 없었던 원인으로 보인다. 지금까지 대구와 경북으로 행정구역이 나누어져 있고 국립공원으로 지정되지 않고 있는 바람에 팔공산은 관리가 느슨해졌고 그만큼 자연과 생태 문화 자원의 훼손이 심화되고 있는 것이다. 지역민들은 팔공산의 국립공원 승격을 통해 지역의 환경은 물론 지역의 품격을 높이길 바라고 있다.

### 소년대 신선송少年臺 神仙松

팔공산은 백두산에서 부터 시작된 산줄기가 낙동정맥에서 내륙으로 흘러 내려 대구경북을 향해 마지막 힘을 모아 솟은 산이다. 그 만큼 기운이 강해선지 삼국사기와 삼국유사에는 김유신이 이 산에서 기도해서 삼국을 통일했다고 기록해 놓았고 이중환의 택리지에는 이 산을 불의 산이라 표현하고 있다.

소년대의 신선송 뒤로 노적봉이 보인다.

　그렇다면 팔공산에서 가장 강한 기운을 느낄 수 있는 곳은 어디일까? 옛사람들은 소년대(현재 국립지리원발행 지도의 지명은 인봉)를 즐겨 손꼽았고 그 중에서도 소년대少年臺 바위 위에 용트림하고 있는 늙지 않는 소나무로 여겼다. 팔공산 북지장사의 북서쪽 첫 바위산봉우리가 바로 이곳이며 그 봉우리 위에는 지금도 높이 2m 남짓한 나이를 알 수 없는 소나무가 바위 속 깊이 뿌리박고 있다. 소년대는 팔공산 주능선의 891m 봉우리(지도상 지명으로는 노적봉)에서 뻗어내린 능선 위에 큼지막하게 솟아있는 바위덩이다. 579m에 불과한 그리 높지 않은 봉우리지만 수억 년을 팔공산의 정기와 기상을 듬뿍 받고 있다. 그 위에 고색창연한 소나무 한 그루가 고고한 자태를 뽐내고 있다. 이 바위 봉우리는 남동쪽 북지장사 방향에선 높이가 2층 남짓이고 서쪽 동화사 방향에선 대략 4~5층 건물 높이다. 이 소년대의 꼭대기는 사람 수십 명이 올라서도 될 정도로 넓고 평평한 데 소나무가 홀로 서 있다. 이 소나무는 갈라진 바위 틈새에 깊이 뿌리를 내려 두 갈래로 갈라져 있다. 굵은 가지는 둘레가 60㎝, 가는 가지는 둘레가 50㎝로 마치 팔공산이 오랜 세월 정성을 다해 다듬은 분재盆栽처럼 고고하고 단아하다.

　선인들의 기록 가운데 270여 년 전, 퇴계 이황의 학맥을 이은 대산大山 이상정李象靖(1711~1781)은 1748년(영조 24년)에 팔공산을 유람하고 남긴 남유록南遊錄에서 이곳을 감명 깊게 묘사했다. '몇리를 들어가니 소년대少年臺라는 곳이 있었다. 큰 바위에 올라서니 시내가 굽어보이고, 그 위에는 오래된 소나무가 한 그루 있었는데 고색창연한 것이 마음에 들었다入數里得所謂少年臺者巨石臨溪而有松生其上枯其一半蒼古可愛'고 했다. 이밖에도 이계尼溪 박내오朴來吾(1713~1785년)와 열암悅菴 하시찬夏時贊(1750~1828)이 남긴 '소년대' 시에도 북지장사 북서쪽 능선에 우뚝 솟아있는 579m의 바위봉우리를 상찬했다.

　소년대 위의 이 소나무의 나이는 얼마나 되었을까? 이상정이 270년 전에 이미 이 나무를 고색창연하다고 하였으니 지금의 모습과 별반 차이가 없었을 것으로 여겨진다.

**소년대에서 천왕봉방향으로 본 풍경** 동화사 양진암, 내원암, 동봉, 서봉, 천왕봉이 한눈에 보인다.

| | |
|---|---|
| 공산의 기이한 유적에는 석대가 남아 | 公山奇蹟石臺留 |
| 비바람을 겪으면서 몇 년이나 지났던가. | 劫雨藍風閱幾秋 |
| 신선이 소나무를 심었는데 이미 늙었고 | 仙子植松松已老 |
| 아름다운 이름만 오직 화랑이 놀았다고 지었네. | 佳名惟屬少年遊 |

하시찬은 신선이 소나무를 심었는데 이미 늙었다'고 은유적으로 이 소나무가 아주 오래된 것임을 표현했다. 이뿐 아니라 늙지 않는 불로의 소나무란 뜻으로 신선이 심은 나무라 했으니 신선송이라 해도 나무랄 수 없을 것이다.

소년대에서 본 환성산 방향

　　북서쪽을 쳐다보면 팔공산 정상부가 한눈에 들어온다. 동쪽에서부터 비로봉, 천왕봉, 동봉, 삼성봉 순으로 늘어서 있다. 소년대에 올라서면 팔공산 전체가 파노라마처럼 한눈에 들어온다. 동쪽으로 관봉과 환성산이 보이고, 남쪽으로 대암봉과 용암산, 그리고 문암산과 응봉이 이어진다. 서쪽으로 도덕산과 거저산이 보이고, 그리고 북서쪽에 팔공산 정상부의 4개 봉우리가 우뚝하게 서 있어 팔공산의 정기와 기상이 자연스럽게 소년대로 모이는 형국이다.

　　소년대 신선송을 가는 길은 지금도 옛사람 묘사에 못지않게 그윽하고 감동적이다. 솔숲입구에서 북지장사에 이르는 약 1.5㎞ 구간은 소나무가 울창하게 우거져 삼림욕을 하기에는 팔공산에서 으뜸이다. 울창한 솔숲과 바닥에 깔린 깔비(솔가리)에서 풍기는 향긋한 솔향기 길도 좋지만 시냇물소리를 따라 북지장사에 이르는 맛깔 나는 물소리 길도 더할 나위없다. 향기와 소리에 취해 이런저런 생각을 하다 보면 북지장사 산문에 다다른다. 북지장사는 팔공산에서 동화사와 더불어 삼국유사에 '공산 지장사'로 기록되어 있을 만큼 신라시대에 창건된 유서 깊은 사찰이다. 북지장사는 통일신라시대 사찰의 전형인 쌍탑 가람으로 현재 삼층석탑 2기가 남아있다. 동화사 금당암의 삼층석탑 2기보다 크기가 작고 모양이 간략한 것으로 보아 동화사보다 늦게 창건된 것으로 보인다. 지장전은 1칸, 옆면 2칸 규모이나 앞면 1칸에 사각형 사이기둥을 양쪽에 세워 마치 3칸처럼 보이도록 한 것이 특이한 구조이다. 전각 안에는 대웅전 뒤 땅속에서 발견된 대구

**북지장사 입구의 송림** 아침 안개가 묘한 신비감을 더해준다.

**나무아미타불의 명문이 새겨진 바위** 북지장사입구에 있다. **북지장사 석조지장보살좌상** 북지장사 지장전 안에 있다.

시유형문화제 제15호인 석조지장보살을 봉안하고 있다.

　삼국유사 천룡사 고려 정종6년(1040년) 기록 중에 '공산 지장사는 납입된 전지가 200결'이라는 기사로 보아 그 무렵에는 사세가 매우 대단했음을 알 수 있다. 신증동국여지승람에는 '지장사는 수성현에 있다'는 현재의 남지장사 관련 기사가 실려 있다. 서사원의 낙재일기樂齋日記 1592년 7월 11일자에는 '적이 지장동地藏洞에 들어와서 동남의 재사와 지장사를 분탕焚蕩하였다'는 기록이 실려 있다. 이 두 기록으로 볼 때 임진왜란 이전에는 팔공산 북지장사와 가창의 남지장사는 모두 지장사로 불렸음을 알 수 있다. 두 곳의 지장사는 임진왜란 때 왜적에 의해 모두 불타버리고 전쟁이 끝난 후에 복원된다. 인악당仁嶽堂 의첨義沾(1693~1764)이 영조 7년(1731년)에 지은 '남지장사전우소화중수기南地藏寺殿宇塑畵重修記'에는 팔공산 지장사는 북지장사로, 가창의 지장사는 남지장사로 나와 있어 임란 이후부터 두 지장사의 이름을 구분했던 것 같다. 이 사실은 영지요선嶺誌要選에 '남지장사는 지금 폐하였고, 북지장사는 팔공산에 있다'는 기록으로도 알 수 있다.

　북지장사 주차장에 이르러 서쪽 능선으로 나있는 등산로를 따라 잠시 오르면 커다란 바위가 눈앞에 우뚝하게 서서 반긴다. 7월 한여름, 내려쬐는 햇볕에 소년대는 용광로처럼 달아오른다. 바짝 달아오른 소년대 위에 올라서자마자 숨이 턱턱 막히고 땀이 비 오듯이 쏟아진다. 용광로처럼 이글거리는 바위틈새에 뿌리를 내린 신선송이 삼매에 든 수도승같이 굳게 입을 다문채 기나긴 인고의 세월을 지키고 있다. 소년대 소나무의 늠름한 자태는 탈속한 도인인가하면 고결한 선비의 기상을 닮았다.

　소년대란 명칭은 많은 선인들이 기록으로 남기고 있지만 현재 사용되고 있는 지도에서의 명칭과 지역민들이 부르는 명칭이 각기 달라 고증을 통한 질정이 있어야 후대에도 혼란이 없을 것이다. 1918년 조선총독부가 만든 지도에는 579m봉우리를 소년대가 아닌 노족봉老足峰으로 표기하였다. 이는 소년대가 '장로인 천왕봉을 소년이 시봉한다.'는 뜻에서 소년대와 같은 의미로 볼 수

* **북지장사의 대웅전** 2017년 복원되었으며 옆으로 북지장사 삼층석탑이 시립해있다.
** **북지장사의 지장전** 보물 805호로 지정되어있다.

도 있다. 노족봉老足峰은 '천왕봉인 장로長老'와 소년같이 손아래 사람을 뜻하는 족하足下'에서 그 이름을 따온 것으로 생각된다. 그러나 노족봉의 유래를 이해하지 못하고 발음이 노족봉과 비슷한 낟가리를 뜻하는 노적봉露積峰으로 오인하면서 혼란이 시작되었다. 한국지명총람(1978년)에는 '노족봉→노적봉'이라 하였고 '노적봉은 도장골 북쪽에 있는 산. 높이 800m'라고 수록된 것이 논란을 불렀다. 589m 봉우리는 1918년부터, 2007년까지 5차례 지도에 표기되면서 1918년 노족봉(576m), 1965년 노족산, 1980년 노족봉, 1986년 노족봉으로 각각 표시했다. 반면 2007년에는 이같은 논란끝에 578m의 노족봉은 인봉印峰으로, 종주능선상의 891m의 인봉은 노적봉露積峰으로 각각 고쳐졌다.

그러나 비교적 근대의 기록으로는 눌헌訥軒 채무식蔡武植(1868~1926)이 1910년 한일합방이후 팔공산 도장동道藏洞에 은거한 장와藏窩 최성규崔性奎(1874~1924)를 찾아와서 지은 '천장인봉千丈印峰'이란 시구에 이들 봉우리 이름이 뚜렷이 나온다. 도장동 마을 안에서 보면 종주능선상의 891m 봉우리는 '천장인봉千丈印峰'이란 시구에 걸맞게 우뚝하게 솟아있으나, 579m 봉우리는 891m 봉우리에서 내려 온 능선에서 약간 도드라져 있다. 현재의 지도에 문제가 있음을 보여준다. 1918년 지도에서 주능선에 있는 891m 봉우리를 왜 인봉印峰이라 표기했을까? 팔공산 정상부에 있는 제1봉 천왕봉(1192m), 제2봉 비로봉(1176m), 제3봉 동봉(1167m), 제4봉 삼성봉(1150m)이 자리한 팔공산 정상부의 4개 봉우리를 모두 바라볼 수 있는 곳은 이곳이 유일하다. 인봉은 도장처럼 생긴 바위가 아니라 팔공산 정상부가 마치 도장을 찍은 것처럼 한눈에 들어온다는 뜻이 아닐까.

우리나라 여러 곳에 보호수로 지정된 소나무가 많지만 소년대 소나무처럼 문헌에 기록이 남아있는 예는 찾아보기 힘들다. 팔공산이 오래도록 정성을 다해 다듬어 키웠고 오랜 세월 선비들의 남다른 사랑과 흠앙을 받았으니 특별한 이름을 지어 팔공산의 기개를 상징하는 소나무로 지정하는 방법도 바람직할 것 같다.

소년대의 신선송 설경 독야청청하고 있다.

### 선인대仙人臺

수태골은 팔공산에서 대구시민이 가장 많이 찾는 곳이다. 수태골을 통해 팔공산 정상에 있는 천왕봉과 동봉, 그리고 서봉으로 수월하게 올라갈 수 있다. 수태지 앞에서 천왕봉을 바라보면 '마치 아이를 밴 여자가 누워있는 형국'이라 하여 수태지受胎池와 수태골受胎谷로 표기하고 있다. 그러나 서사원徐思遠(1550~1615)의 낙재일기樂齋日記 1592년 5월 18일에 '산중에 거처할 만한 곳을 찾았다. 부인리의 위쪽, 수태水泰의 서쪽에 용이 감돌고 호랑이가 걸터앉은 듯하며, 밖은 빽빽하고 안은 넓었는데, 참으로 은자隱者가 반선盤旋할만 한 곳이다'라는 기사에서 수태水泰라고 하였고, 1918년 조선총독부 간행 지형도에는 수태동水台洞이라 했다. 또한 팔공산등산지도(1986년)에는 단지 '연못'이라 표기했다. 수태골 징검다리를 건너 약 5분 정도 올라가면, 왼쪽 갈림길에 '태동최선생台洞崔先生 묘소' 입구표지가 보인다. 태동台洞 최계崔誠(1567~1622)는 선조 25년(1592년) 임진왜란이 일어나자 대구 팔공산에서 의병을 일으켜 크게 활약한 의병장이다.

묘지 표지가 있는 오른쪽 골짜기가 주추바위골이다. 골 입구는 좁고 밋밋하지만 안으로 들어 갈수록 풍광風光은 빼어나고 연접해 있는 폭포에서 비산하는 물소리가 맑고 청량하다. 수태지에서 볼 때 서봉 아래 선인대와 904m 봉우리를 연하는 지역에 하얗게 드러난 바위덩어리가 주추바위골의 '느리청석'이란

수태지와 팔공산 뒤로 천왕봉이 보인다

독특한 지형이다. 느리청석은 급경사지로 비가 많이 오면 팔공산의 다른 곳에서는 볼 수 없는 만 갈래의 폭포와 같은 높고 넓은 폭포가 생겨나 장관을 이룬다. 그러나 겨울에는 얼음으로 덮여있고, 여름에는 늘 물에 젖어있어 매우 위험하다. 느리청석 물골을 지날 무렵 마주하는 우뚝 솟은 선인대의 장엄함과 내뿜

**바위에 뿌리를 내리고 있는 노송** 서봉에서 내려온 능선을 배경으로 서있다.

는 서기瑞氣는 보는 사람을 압도한다. 주추바위골의 위험구간을 지나 안도의 한 숨을 돌리고보니 서봉에서 내려온 산줄기가 선인대와 이어주는 능선 앞에 절 터의 흔적이 눈에 들어온다. 절터 한 곁에 책상 크기의 자연석을 기단부로 삼아 그 위에 비스듬히 몸돌이 얹혀있다. 주변에 몸돌과 지붕돌 등 탑재의 흔적은 보이지 않는다. 고려 초기에 성행했던 비보탑裨補塔이 아닐까? 가쁜 숨을 몰아쉬며 서대西臺 소암小巖 정상에 올라와 보니 서봉에서 선인대를 거쳐 수태지로 이어지는 산줄기는 마치 승천하는 용龍처럼 꿈틀거리고, 용의 기운을 머금은 푸른 소나무는 기암에 뿌리를 내린 채로 고고함을 뽐내고 있다.

선인대는 용머리이고 수태지까지 이어지는 산줄기는 용의 몸통과 꼬리이다. 아마 하시찬도 이 모습을 보고 '용문동龍門洞' 시를 짓지 않았을까.

**서봉에서 내려온 능선을 배경으로 바위에 뿌리를 내린 노송** 오른쪽 아래에 느리청석이 보인다.

| | |
|---|---|
| 옛 골짜기는 깊고 깊으며 물과 돌은 기이하고 | 古洞深深水石奇 |
| 신령한 우임금이 산 뚫은 것을 완연히 보이네. | 宛看神禹鑿山時 |
| 물고기들은 넓은 앞길에 머리만 부딪히고, | 群魚點額前程潤 |
| 계속 비가 구름에 섞여 곳곳에서 내리네. | 潤雨和雲處處隨 |

　　하시찬夏時贊의 용문동 시와 정익동鄭翊東의 '朝發龍門洞 / 아침에 용문동에서 출발하여, 暮投桐華宿 / 날이 저물어 동화사에 묵었다'는 시구에 나오는 용문동龍門洞은 어디를 말하는 것인가? 사람들이 가장 많이 팔공산 정상을 향해 다니는 국도림골과 주추바위골의 물이 모이고, 삼성암에서 발원하는 삼성골과 수태골에서 가장 깊은 마당재에서 발원하는 용무골의 물이 수태지를 채운다. 최효술崔孝述이 '팔공산에서 가장 깊은 곳을 용문이라고 하고 시냇물이 여기서 발원한

**선인대의 노송** 바위틈에서 자란 모습에서 강인한 생명력을 느낀다.

•
**바위를 뚫고 나온 소나무**
뒤로 선인대의 용바위가
보인다.

••
**선인대 인근의 바위**
국 사발만한 구멍과 바
위에 서식하는 소나무
가 이채롭다.

•••
**물개바위**
선인대로 이어지는 능선
에 물개의 형상을 한 바
위가 우뚝서있다.

••••
**기암의 능선**
선인대로 이어지고 있다.

다八公山之最處曰龍門溪水發源'고 한 것을 볼 때 용문동은 용무골을 말한다. 서봉에서 내려온 선인대의 꿈틀대는 산줄기는 용무골의 물줄기에 의해 끊어진다. 동화곡桐華谷이 동애골로 불렸듯이 용문곡龍門谷은 용무골로 불렸다. 정익동鄭翊東의 '黃河觸龍門 / 황하를 가로막은 용문산을, 神斧乃疏鑿 / 신령한 도끼로 갈라 물길을 열었다'는 시구로 볼 때 황하를 가로막은 용문산은 선인대이고, 신령한 도끼로 갈라 열었던 용문동龍門洞의 물길은 부인동을 가로 지르는 용수천龍水川을 따라 동화천桐華川에 합류한다.

팔공산 동봉東峯의 본래이름은 '미타봉彌陀峰'이고 또 동봉은 '일본사람들이 붙인 이름'이라는 일부 사람들의 주장은 전혀 근거가 없다. 문헌기록으로는 팔공산에서 가장 오래된 봉명은 동봉東峯(1167m)이다. 팔공산 정상부위에는 가장 높은 천왕봉(1192m)을 중심으로 동쪽과 서쪽, 그리고 북쪽에 3개의 산봉우리가 우뚝하게 솟아있다. 이 같은 팔공산의 형국으로 볼 때 당시 동봉이란 봉명에 상응하여 서봉西峰(1153m)이란 봉명이 있었을 터. 조선시대에 들어 낙애洛涯 정광천鄭光天(1553~1594)이 지은 '중양절에 서대西臺 소암小巖에 올라가 읊다'는 시가 가장 오래된 서봉의 기록이다. 위에서 말한 '서대西臺'는 서봉西峰을 뜻한다. 대臺는 봉峰과 같은 의미로 널리 사용되었다.

| | |
|---|---|
| 중양절에 서봉으로 | 西臺九九日 |
| 지팡이 짚고 올라가 바라보니 | 登眺倚藜筇 |
| 천암千巖에 시냇물이 둘러 있고, | 水匝千巖潤 |
| 산이 들을 사방으로 감싸고 있네. | 山圍四野重 |
| 눈앞의 숲은 붉은 비단이 펼쳐진 것 같고 | 前林紅錦錯 |
| 그윽한 골짜기는 백운이 가득하다. | 幽壑白雲封 |
| 봉래도가 어느 곳에 있는가 알겠나니 | 蓬島知何處 |
| 표연히 적송자(신선)을 벗하네. | 飄然伴赤松 |

임진왜란이 일어나자 전귀당全歸堂 서시립徐時立(1578~1665)의 조부 서언겸徐彦謙이 남긴 삼성록三省錄에 '대구에서 많은 사람들이 삼성암으로 피난 왔다'는 기록과 같이 삼성암은 공산성과 함께 팔공산의 대표적인 피난처였다. 이를 계기로 임란 이후에는 서봉이 삼성봉三聖峰으로도 불려진다. 이런 사실은 우담愚潭 정시한丁時翰의 산중일기(1688년 7월 2일)에 '삼성대三聖臺를 보러 갔다. 서북쪽으로 가서 높은 봉우리를 넘어 15여 리를 가서 삼성암三聖庵터에 도착했다.見三聖坮西北行逾越高峯峻坂十五餘里至三聖菴基坐'는 기사를 통해 확인된다.

열암悅菴 하시찬夏時贊(1750~1828)은 삼성암동유서문三省庵同遊序에서 '삼성암의 높이는 몇 백 장인지 알 수 없는데, 앞에는 선인대仙人臺가 있고 뒤에는 오도암이 있으니 누가 명명하였는지는 알 수 없다三省庵庵之高不知其幾百丈而前有仙人臺後有五道庵亦不知其何人之所名也'고 했는데 그렇다면 선인대는 어떤 봉우리를 말함인가? 2007년에 간행된 지형도에는 서봉(삼성봉)의 동쪽에서 남쪽을 향해 갈라진 904m 봉우리에 최초로 '성인봉'이라 표기하였다. 그러나 겸재謙齋 정익동鄭翊東(1735~1795)의 '欲登仙人峰 復理謝公屐(선인봉에 오르고자, / 모두 신을 단단히 하고)'라는 시구를 통해 선인대가 선인봉仙人峰으로 불렸음을 알 수 있다. 이로 보아 그 뒤 선인봉이 성인봉으로 변한 것으로 보인다. 그렇다면 성인봉이 바로 선인대가 아닐까? 이를 입증하듯 하시찬은 '삼성암 앞에 선인대가 있다'고 했다. 그러나 지형도상의 성인봉(904m)은 삼성암에서는 서봉에서 서쪽으로 뻗은 능선에 가려 보이지 않는다. 지형도의 성인봉이 잘못 표기된 것이다. 지헌止軒 최효술崔孝述(1786~1870)이 남긴 '三聖峯前訪古仙 / 삼성봉 앞에서 옛 신선을 찾았더니'라는 시구에서도 선인대는 삼성봉 바로 앞에 있다고 했다. 삼성봉(서봉)의 서쪽에서 남쪽으로 내려앉았다가 우뚝 솟아오른 1000m 봉우리가 선인대仙人臺이다. 삼성암에서 한눈에 들어온다. 서봉에서 갈라진 동쪽 능선에 있는 904m 봉우리는 낮은 모습이어서 능선과 겨우 구분될 정도다. 그러나 서봉에서 갈라진 서쪽 능선에 자리한 선인대(1000m)는 팔공산의 기운이 하나로 응집된 것처럼 웅장하게 솟아있는 거대한 바위산이다. 세칭 '용바위' 또는 '장군바위'라고 부른

**용바위, 혹은 장군바위로도 불리는 선인대의 위용**
조선시대 대구출신 묵객 하시찬은 선인대의 웅장한 산세가 이백의 시 등여산오로봉登廬山五老峰에 나오는 오로봉과 견줄만한
선경이라고 극찬했다.

다. 하시찬夏時贊은 '삼성암이 공산의 최고 정상에 달려 있어 세상에 선구仙區를 평가하는 사람들은 그것을 제일의 화제로 삼지 않은 이가 없다'고 하며 팔공산에 올라 선인대를 보고 아래와 같은 시를 남겼다.

| | |
|---|---|
| 층층으로 쌓인 돌은 멀리 세속을 벗어나 | 層層疊石迥超塵 |
| 오로봉과 운대를 이웃할만하네. | 五老雲臺堪作隣 |
| 어느 날 참 신선이 지나 가려나 | 何日眞仙經過去 |
| 지금은 세상 사람들을 의혹되게 하네. | 至今疑惑世間人 |

이백李白(701~762)의 등여산오로봉登廬山五老峰 시에 나오는 오로봉五老峰은 '여산 동남쪽에 있는 5개의 봉우리로 노인 다섯 명이 어깨를 나란히 하고 모습을 닮았다고 하여 붙여진 이름'이다. 하시찬夏時贊은 선인대의 웅장한 산세가 오로봉과 견줄 만한 선경仙境이라고 극찬했다. 서봉에서 동쪽으로 갈라진 산줄기는 904m 봉우리를 거쳐 암벽훈련장과 수릉봉산계 표석에서 수태골로 떨어지고, 서쪽으로 갈라진 산줄기는 험준한 바위가 만든 기암奇巖이 이어진 능선으로 선인대(1,000m)를 거쳐 수태지로 떨어지고, 동쪽으로 갈라진 산줄기는 904m 봉우리를 거쳐 산악인들이 즐겨 찾는 암벽훈련장과 수릉봉산계 표석이 있는 국도림골로 떨어진다.

암벽훈련장은 주추바위골의 느리청석과 닮은꼴로 길이 100m 이상의 바위가 급경사를 이루고 있어 팔공산의 장관 중의 하나이다. 이 바위의 4m 높이에 '거연천석居然泉石' 넉자를 170㎝×45㎝ 크기의 횡서로 새겼고 그 아래에 종서로 이 글씨를 쓴 '서석지徐錫止'의 이름을 새겼다.

팔하八下 서석지徐錫止(1826~1906)는 당대 손꼽히는 명필로 시詩·서書·화畵·금琴·기棋·박博·의醫·변辯에 능해 '팔능거사八能居士'로 불리며 조선말기와 근대기에 서화가로 이름 높았던 석재石齋 서병오徐丙五의 스승이다. 거연천석의 '거연居然'은 '편안한 모양, 앉아서 꼼짝하지 아니하는 모양'의 의미이다. 즉, '자

- **수릉봉산계 표석** 산림을 보호를 위해 출입을 금한다는 의미로 수태골 등산로 길옆에 있다.
- **수릉향탄금계표석** 수릉에 사용하는 목탄생산을 위해 외부인의 출입을 금한다는 의미오 팔공산자연공원관리사무소 잎에 있다.

연 속에 있으니 편안하다'는 뜻과 '변하지 않고 언제나 그대로인 산수의 경치'를 뜻이 담겨 있다.

국도림골의 '수릉봉산계綏陵封山界' 표석과 팔공산자연공원관리사무소 앞에 있는 대구시 문화재자료 제21호(1990.05.15.)로 지정된 '수릉향탄금계綏陵香炭禁界' 표석은 건립연대가 분명치는 않으나 헌종 즉위년(1835년) 이후에 수릉의 호칭이 사용된 점과 흥선군이 1846년 수릉천장도감綏陵遷葬都監의 대존관代尊官에 임명된 것으로 보아 이 무렵에 만든 것으로 추정된다. 수릉綏陵은 경기도 구리시 동구릉東九陵에 있는 헌종(재위 1834~1849)의 아버지 익종의 능으로 이곳의 나무로 숯을 구워 수릉 관리 재원으로 사용하면서 이 숲을 국도림國度林으로 불렀다.

### 명연폭포鳴淵瀑布

팔공산에서 가장 양기가 강한 곳이 소년대라면 가장 음기가 강한 곳은 울소와 울소폭포다. 물소리가 돌로 만든 종소리처럼 우는 연못이라 해서 울소 또는 한자말로 명연鳴淵이라 하고 이 울소에 떨어지는 폭포를 옛부터 울소폭포 또는 명연폭포라 불러왔다. 폭포가 하도 장대하고 폭포를 둘러싼 계곡이 깊어 햇살이 들지 못하는 통에 온통 폭포의 비말과 바위벽의 이끼, 폭포 떨어지는 소리에 한여름 무더위에도 소름이 돋는다.

팔공산에는 여러 폭포들이 있지만 웅장하고 경관이 멋진 폭포로는 울소폭포를 첫 손가락에 꼽는다. 이 울소폭포는 그늘에 묻혀있어 여름철 더위를 피할 수 있는 폭포로는 이 보다 더 나은 곳은 없다. 그러나 이렇게 훌륭한 비경이지만 정작 이곳을 아는 이는 별로 없다. 팔공산의 별천지라 하겠고 숨겨진 곳이라해도 과언이 아니다. 하지만 조선조 때는 시인묵객들의 발길이 이어져 풍류를 즐기며 시문을 남겼다.

이런 시문과 소문을 통해 팔공산에 '명연鳴淵'이란 폭포가 있다는 사실은 알았지만 당최 어딘지를 찾을 수가 없었다. 수소문 해봐도 소득이 없었다. 그래서 옛 문헌을 보고 찾기로 했다. 나와羅窩 김여행金礪行(1790~1859)이 '가산산성 남문 밖에 서 비스듬히 7리 정도 내려간 동쪽에는 명연鳴淵이란 한 굽이가 있는데 실로 이곳 은 하늘이 숨겨둔 기이하고 절묘한 승지南門外從一斜經七里而東得鳴淵一曲此實天藏奇絶 之勝也'라고 했다. 강초江樵 구연해具然海(1836~1895)는 법성동 뒤에는 경치가 좋은 명 연鳴淵이 있었다法聖洞後有鳴淵之勝'고도 했다. 가산산성 남문에서 비스듬히 7리 내려간 동쪽 지점과 법성동은 지금의 법성삼거리 일대로 짐작된다. 법성삼거리는 한티재와 파계사, 그리고 송림사로 갈라지는 길목이다. 가산산성 진남문에서 약 2.4km 정도 동남쪽으로 떨어졌고 팔공산에서 '법성法聖'이란 지명은 이곳이 유일 하다. 법성동은 기성리 중앙에 있는 마을로 옛날 이곳에 있었던 법성사法聖寺에서 유래하며 지금도 절터에는 보물 제510호로 지정된 삼층석탑 한 기가 서있다.

가산산성과 연결된 대현大峴, 즉 한티재는 '경상도지리지(1425년)'에 기록된 부계와 팔거(칠곡)를 잇는 팔공산에서 오래된 큰 재이다. 한국지명총람에는 '대 곡大谷'이라 적었는데 이는 우리말로 한티골이란 뜻이고 명연의 상류다. 여기 서 발원한 물줄기가 법성동과 송림사를 지나 동명저수지로 흘러간다. 한티골 은 1815년 을해박해 이후 이곳에 천주교 신자들이 숨어들어 마을을 이루었고 숯을 굽고 화전을 일구면서 살았다. 1866년 병인박해 때에 대구 인근의 신자들 이 한티로 피난 왔고, 1868년에는 37명이 순교한 천주교의 성지다. 지금은 동명 면 득명리와 부계면 남산리를 연결하는 한티로가 개설된 이후 고개 정상을 한 티재라 부른다. 팔공산 한티재는 2006년 건설교통부가 선정한 '한국의 아름다 운 길 100선' 중의 하나다.

구연해具然海는 명연에 대해 '계곡을 따라 올라가니 백석白石이 골짜기의 반 석을 이루고 있고, 길이 험하여 600~700보를 겨우 올라가니 산에 돌이 갈라져 서 생긴 둥근 구멍穴이 있었다 마치 대나무 물통竹筒과 비슷하고 그 구멍 가운데 유리琉璃같이 맑은 물이 흘러내려 절묘하였다. 아래위로 못이 있는데 크기는 사 방 6~7장이고 깊이는 1장丈정도'라고 했다.

어렵사리 발견한 명연폭포는 법성삼거리에서 1km 남짓 떨어져 있었다. 구

**명연폭포** 팔공산의 폭포 중 웅장하고 경관이 멋진 폭포로 첫손에 꼽히며 외부에 거의 알려지지 않은 숨은비경이다.

연해具然海가 명연을 찾았을 당시 길이 험했던 것처럼, 지금 역시 사람들에게 잊혀진지 오래돼 길다운 길이 없었다. 법성삼거리에서 한티재나 대구방향으로 가지 말고 마을 안길로 바로 직진해서 오른쪽 계곡을 따라 가다 앞에 보이는 다리를 건너면 사유지에 막혀 더 이상 자동차로 갈 수가 없다. 여기서 축대를 쌓아 만든 시냇가 옆의 밭둑을 따라 조금 올라가면 물가로 내려가는 돌계단이 나타난다. 물가를 따라 골짜기로 약 200m 정도 올라가면 바위벼랑이 병풍처럼 펼쳐져있고 한 굽이를 돌아가면 갈라진 골짜기 틈새에 보석처럼 숨겨진 폭포가 하늘에서 동아줄을 내린 것 같은 신비한 자태를 보여준다.

명연폭포는 팔공산에서 치산계곡에 있는 공산폭포 다음으로 장대한 폭포

다. 얼핏 보아도 10m가 넘어 보이고 범종의 한쪽 모서리를 잘라낸 것 같은 모양이다. 왼쪽에는 바위 모양이 범종에 새겨진 불상처럼 모습이 완연하다. 폭포가 범종을 닮았으니 그 소리 또한 범종처럼 크게 울리는 것은 당연한 이치. 폭포 안은 둥글게 깊이 파여 있고 오른쪽 산줄기가 앞을 가려 하루 종일 햇볕구경을 할 수 없다. 바위에는 푸른 이끼가 카펫처럼 촘촘히 덮여있다. 폭포 바로 위에 또 하나의 폭포가 있었다. 예전에는 벼랑 샛길로 다녔으나 지금은 쳐다보기만 해도 겁이 난다. 한참을 돌아 올라가니 폭포 위에 보를 막아 물길을 돌린 수로에는 물소리만 요란하다. 사람이 다닌 흔적은 보이지 않고 잡초와 잡목이 우거졌지만 그런대로 다닐 만은 하다. 수로를 외나무다리 건너듯 조심해서 조금

- **촛불암계곡** 명연폭포 위쪽에 있으며 좌우에 깍아지른듯 한 절벽이 수백m 이어져 있으며 마치 U자 같은 모양을 하고 있다.
- •• **촛불암계곡의 작은 폭포** 소와 바위가 일품이다.
- ••• **촛불암 가는 길에서 본 계곡** 청아하기 그지없다.

걸어가니 공사장에서 사용하는 구멍철판으로 수로를 덮어놓아 다니기가 한결 수월하다. 위의 폭포는 아래 폭포의 축소판이다. 높이는 4~5m 정도에 둥글게 파여 있어 명연폭포 전체 경관은 마치 식당에서 어린아이가 앉는 다리긴 의자와 많이 닮았다. 좌우에 벼랑이 팔짱을 끼고 있는 형국이지만 하늘이 활짝 열려 있어 바위는 햇살에 하얗게 드러나 푸른 이끼가 촘촘한 아래의 큰 폭포와 다른 모습을 하고 있다. 일부 기록에는 울소골. 작은 울소, 큰 울소 등 소沼와 관련된 이름이 나와 있다. 울소골의 상류는 한티골이 된다'고 한다. 아래 폭포를 큰 울소, 위의 폭포를 작은 울소로 불렀던 것으로 보여진다.

1869년(고종 6년) 4월 명연을 찾은 구연해具然海는 '경상감사 김양순金陽淳이 이곳을 유람하고 제명題名을 남겼다'고 했다. 1832년(순조 32년)에 경상감사로 부임한 김양순金陽淳이 가산산성을 순시하던 길에 명연을 들렀던 모양이다. 김양순의 제명을 찾기 위해 폭포 일대를 샅샅이 살폈으나 사방이 푸른 이끼로 뒤덮여 보이지 않았다.

명연 위쪽의 물길에는 어떤 곳이 있는지 궁금하다. 폭포 위쪽의 물길은 잡초가 무성하고 길의 흔적은 전혀 보이지 않았다. 다른 길을 찾았다. 법성삼거리에서 대구방향으로 600m정도 가다보면 왼쪽에 '기성전원마을'을 알리는 안내석이 있다. '기성전원마을'을 지나면 우거진 소나무 숲이 상쾌하다. 솔숲사이에 왼쪽으로 난 오솔길 입구에는 '촛불암'이라 적힌 작은 안내판이 서있다. 오솔길을 따라 골짜기로 내려가니 벼랑 아래에 지은 허름한 가건물이 눈에 들어온다. 삼척의 덕풍계곡 용소골을 축소한 것 같은 아름답고 웅혼한 골짜기가 펼쳐진다. 좌우에 깎아 지른 듯 한 절벽이 수백 미터에 이어져 마치 U자 모양을 하고 있다. 협곡의 너비는 10m 내외로 벼랑 한 곁으로 한사람이 다닐만한 좁은 길이 나있다. 벼랑에 나있는 바위구멍에는 상자가 몇 군데 놓여있다. 상자 안에 불 켜진 촛불과 녹아내린 촛농의 흔적이 적잖게 눈에 거슬린다.

한티골의 물줄기가 와폭臥瀑과 직폭을 다듬었고 소沼를 만들기도 했다. 길이와 깊이가 다른 폭포와 소가 세 차례나 반복해서 이어진다. 비스듬한 와폭은 미끄럼 타기에 어울리고 그리 깊지 않은 소는 아이들이 물놀이하기에 안성맞춤이다. 협곡 위에는 나무가 울창해 햇빛이 들지 않는다. 한낮임에도 소름 돋을 만큼 시원해서 더위 쫓기에는 더 없이 좋은 곳이다.

언제부터 이곳을 명연이라 불렀는지 알 수 없다. 다만 구연해具然海는 '흐르는 물소리가 몹시 크고 시끄러워 그 소리가 석종石鐘소리와 같다하여 예로부터 명연鳴淵'이라 했다고 전한다. 오재悟齋 하동기夏東箕(1870~1933)는 '도옹이 언제 명연이라 했는가陶翁題品昔何年'라는 시구를 남겨 도암陶庵 이재李縡(1657~1730)가 붙인 이름이라고 했다.

이재가 1733년(54세)에 설악산과 금강산을 유람했고 1736년(57세)에 영남을 다녀왔다는 기록이 있다. 또한 하동기夏東箕와 서찬규徐贊奎 등이 이재의 '법성동운法聖洞韻'을 차운한 시를 지었던 것으로 보아 이재가 팔공산 명연을 다녀갔음이 분명하다. 이재가 법성동을 방문하면서 금강산의 명연과 비슷하다하여 이곳을 명연이라 했을 개연성이 높다. 이렇게 명연은 기묘한 경관으로 많은 선비들의 사랑을 받았다. 그중에는 송림사와 바로 마주한 곳에 심원정心遠亭을 짓고 살았던 기헌奇軒 조병선曹秉善(1873~1956)도 자주 명연을 찾아와 벗들과 즐기면서 여러 수의 시를 남겼다.

| | |
|---|---|
| 모임에 늦게 와서 옷깃 바로잡으니, | 晚赴群招更整襟 |
| 울소의 물과 돌이 맑은소리를 내누나. | 鳴淵水石載淸音 |
| 골바람 갑자기 냉기를 취한 얼굴에 불고 | 谷風乍冷吹醒面 |
| 산위에 외롭게 걸린 해는 숲으로 들어가네. | 山日孤懸返入林 |
| 수작 못해 부끄러워 모과를 던지니, | 愧我無酬投木果 |
| 그대는 뜻을 알고 거문고를 안았네. | 知君有意抱瑤琴 |
| 세간의 푸른 체증 끝내 병이 되어서, | 世間碧終爲病 |
| 죽은들 뉘라서 이 마음을 가련하다 여길까. | 抵死誰憐保此心 |

**촛불암계곡 상류** 나무가 울창하고 햇빛이 들지 않아서 한낮에도 소름이 돋을 만큼 시원하다.

### 도동 측백나무 숲

팔공산을 대표하는 생물자원의 하나가 우리나라 천연기념물 제1호(1962.02.03.)로 지정된 '도동 측백나무 숲'이다. 측백나무는 한반도를 중심으로 중국의 호북湖北, 사천四川, 광동廣東 지방 등에 분포하는 상록침엽수다.

대구시내에서 팔공산으로 가다가 불로동 지역의 불로교에서 불로천을 따라 한참 올라가면 냇가 절벽바위에 자생하는 측백나무 군락을 볼 수 있다. 이곳 도동 측백나무 숲이 학계의 관심을 받은 것은 1900년대 초반으로, 향림香林이 측백나무로 알려지면서 자생지냐 식재지냐 논란이 시작되면서였다. 일본학자 모리 다메조森爲三는 중국 주나라 때 군왕의 능에는 소나무를, 왕족의 묘에는 측백나무를 심었던 예를 들어 신라시대 하식애河蝕崖 언덕 위에 있었던 묘지에 심은 측백나무의 종자가 떨어져 측백나무 숲이 조성되었다고 주장했다. 그러나 국내에서 도동 측백나무 숲 외에도 단양, 영양, 울진, 안동 등지에서 측백나무 자생림이 발견되어 한국이 측백나무의 자생지로 밝혀져서 측백나무는 중국 원산의 나무로 우리나라에서 자생하지 않는다는 당시 학계의 잘못된 견해를 바로잡았다.

도동 측백나무 숲이 자생했다고 보는 이유는, 측백나무 자생지는 세계적으로도 대부분이 석회암지역이며, 다른 큰 키 나무들과 경쟁하여 이길 수 있는 절벽지역에 분포하고 있다는 생태적 특징에 있다. 식재림에서 볼 수 있는 동일한 연령구조의 수림과는 달리 자생림에서 나타나는 다양한 연령대의 측백나무가 풍부하게 분포하고 있는 점도 특징으로 들 수 있다. 측백나무가 자생하고 있는 충북 단양 영천리 측백수림(천연기념물 제62호), 경북 영양 감천리 측백수림(천연기념물 제114호), 경북 안동 구리 측백수림(천연기념물 제252호) 등의 지형과 지질, 기후를 고려할 때 도동 측백나무 숲(천연기념물 제1호) 역시 측백나무가 자생할 수 있는 입지여건을 갖추고 있었다. 도동 측백나무 숲은 우리나라에서 측백나무가 자생하는 남방한계선이라는 점에서 학술적 가치가 매우 높이 평가되고 있다. 특히 다른 지역과는 달리 도동 측백나무 숲은 지질이 이암, 혈암 및 사암퇴적지

향산. 절벽 단애에 우뚝 서있는 측백나무 노거수. 강인한 생명력과 신비감을 느끼게 한다.

관음전 아래에서 본 측백나무 숲 노거수들이 절벽의 단애에서 생장하고 있다.

로 구성되어 있음에도 불구하고 현장에서 실시한 염산반응 시험에서 이산화탄소 기포반응을 보여 퇴적암 지질 내 석회암 성분을 포함하고 있음이 확인되었다. 또한 향산香山은 산림생태학적 가치뿐만 아니라 역사·문화적으로 큰 의미를 가지고 있다.

조선 초기 문신이자 학자인 사가정四佳亭 서거정徐居正(1420~1488)은 대구십영大丘十詠에서 '제6경 북벽향림北壁香林'을 읊어 도동 측백나무 숲의 역사가 오래되었음을 알 수 있다.

| | |
|---|---|
| 오랜 절벽 푸른 측백은 기다란 옥창과 같은데 | 古壁蒼杉玉槊長 |
| 거센 바람 끊임없어 사계절이 향기롭구나. | 長風不斷四時香 |
| 정성스레 다시 더욱 힘들여 가꿔 놓으면 | 懃懃更着栽培力 |
| 맑은 향기를 온 고장이 함께할 수 있으리. | 留得淸芬共一鄕 |

낙음洛陰 도경유都慶兪(1596~1636)는 '향산香山'을 시제로 여러 수의 시를 남겼고, 겸산兼山 서영곤徐永坤(1831~1913)은 '고종 10년(1873년) 봄에 옛날 당나라 백낙천白樂天의 향산구로회香山九老會를 본 따 아홉 선비가 모여 산중회를 만들고 시회詩會를 가졌던 사실'을 향산기香山記에 기록했다. 1933년 아홉 선비의 후손들이 이를 기념하여 시회를 가졌던 향산에 구로정九老亭을 건립했다. 지금은 측백나무가 무성하여 구로정 기와지붕의 일부만 주차장에서 겨우 보인다. 이곳의 이름난 곳은 전귀당과 백원서원 외에 관음암을 손꼽을 수 있다. 대암臺巖 최동집崔東(1586~1664)이 지은 '제전귀당題全歸堂' 시詩에서 '문은 관음불이 있는 옛 절을 마주하고對觀音佛寺古'라는 구절과 서영곤의 향산기香山記를 보면 월용암越龍庵이 향산 동쪽에 있는 '관음암觀音庵'의 옛 이름인 것으로 보인다. 글귀에는 '우러러 보면 가파른 절벽이 무섭게 내리 누르고 향내를 문득문득 맡을 수 있다. 이 절벽 동쪽 허리에 개척한 손바닥만 한 터에 몇 칸의 암자가 있다. 한 스님이 지키고 있으니 역시 절경이다仰而瞻絶可嚴臨而嗅馨香忽聞且壁之東側腰闢一掌址有

數間庵屋一釋子守之亦絶境也'라는 표현이 이를 짐작케 한다.

향산 주차장에서 길을 건너 관음사 해탈문을 지나 경내로 들어서면 동쪽에 2층 전각이 장엄하고, 향산 자락을 따라 나있는 돌계단을 굽이굽이 올라서면 '낙가산관음암洛迦山觀音庵'이란 현판이 걸린 관향루觀香樓가 반긴다. 암자는 향산의 동쪽 절벽에 자리하고 있어 비록 해안고절처海岸高絶處는 아니지만 단애와 냇물이 있어 관음성지인 보타낙가補陀洛迦를 상징하고 있다. 관음사는 '서기 670년 경에 의상대사가 창건했고 이후 동화사를 창건한 심지왕사가 중창했다'고 전하며, 1933년 해산海山대사가 중건했다.

장와藏窩 최성규崔性奎(1847~1924)와 만산晩山 김영수金永銖(1858~1925)가 남긴 시로 볼 때 조선후기에는 향암香庵 또는 향산암香山庵으로 불렸음을 알 수 있다. 관음전에는 최동집이 읊었던 '옛 절의 관음불觀音佛'이 봉안되어 있다. 고려말기의 작품으로 추정되는 이 불상은 본래 석조관음보살 입상으로 대좌를 제외한 전신에 종이를 두텁게 입힌 후 개금改金을 하여 정확한 본래 모습은 알 수가 없다. 관음전 왼쪽의 좁은 문을 따라 가보니 자그마한 삼성각이 숨어있었다. 그 옆에 있는 스텐철문을 열고 나가니 갑자기 나타난 향산의 벼랑길에 놀라 심장이 덜컥했다. 암자 쪽의 벼랑에는 반듯하게 다듬은 돌을 차곡차곡 쌓아올려 고풍스럽기 그지없고, 절벽에 새집처럼 얹혀 있는 잔도棧道는 갈수록 좁아지는데 낭떠러지 아래는 바닥이 보이지 않는다. 스텐철문과 잔도의 흔적으로 보아 구로정九老亭으로 가는 길로 보이나 향산은 국가문화재 공개 제한구역이라 아쉽게도 더 이상 들어갈 수 없다.

요사채 옆에 자리한 공양간은 사용하지 않은 지 오래된 듯 텅 비어 있다. 공양간을 지나 안쪽의 문을 열고 옥상에 올라서니 산 위에 손바닥만 한 자리에는 생각지도 못했던 5층 석탑이 위태롭게 서있다. 연구논문에는, 양식이 다른 2개의 탑재를 모아 복원한 것으로 탑의 몸돌에는 사면불四面佛이 새겨진 것이 특징이며, 고려말기 작품으로 추정되고 있다.

도동 측백나무 숲은 그 면적이 35,603㎡로 향산(160.1m)의 북사면에 있는 절벽 암석지에 대부분이 분포하고 있다. 2003년 경북대학교 농업과학기술연구소의 조사결과, 근원 직경 6㎝ 이상인 개체가 899개체, 치묘와 치수가 257개체가 자라고 있는 것으로 조사되었고, 2015년 경북대학교 산학협력단의 실태조사 결과, 어린나무 191그루를 포함해 1423그루가 자라고 있는 것으로 조사되어 종전보다 개체수가 조금씩이나마 늘고 있는 것으로 나타났다.

그러나 인근 지역의 도로건설 등 개발 사업이 중첩되고 있어 주변 환경은 나날이 나빠지고 있다.


## 치산계곡

팔공산에서 가장 아름다운 계곡을 꼽는다면 팔공산을 아는 이들은 대부분 치산계곡을 으뜸으로 칠 것이다. 계곡이 길기도 하지만 이 계곡을 둘러싼 산봉우리들과 반석 위로 흐르는 맑은 물은 봄, 여름, 가을, 겨울 온갖 색깔과 그림자를 수놓으며 변화무쌍한 비경을 만들어 낸다. 그중에서도 여름철의 시원함은 멀리서부터 쏟아지는 폭포수의 장쾌함과 넓게 원을 그리며 물줄기를 받아주는 소의 넉넉함, 이들 폭포와 소에서 뿜어내는 냉기만으로도 더위를 잊게 한다. 그보다 마음속 더위의 답답함을 씻어내는 것은 폭포의 물줄기가 길게 길게 용틀임하는 모양을 보는 것과 계곡의 바위를 두드리는 물소리를 듣는 것이다. 맑고 찬 계곡물은 흐르는 것만 보아도 더위가 가시지만 물에 손발을 담그면 굳이 몸까지 담그지 않아도 그 짜릿하고 시원함은 납량의 천국에 온 듯 즐겁다. 그래서 조선시대 선비들은 여름에 산수가 좋은 곳을 찾아 발을 씻으며 노는 탁족회濯足會를 전통 피서법의 하나로 여겼다. 치산계곡은 수도사로 인해 '수도골'로 불리며, 팔공산에서 가장 규모가 큰 공산폭포와 곳곳에 크고 작은 소沼가 있어 탁족하기에 안성맞춤이다.

이 계곡은 영천시 신녕면 소재지에서 부계방면으로 가다가 보이는 '치산관광지' 안내표지판을 따라 약 7㎞정도를 가다가 안내판에 이르면 좌측 길을 따

현수교에서 내려다 본 **치산계곡** 산행을 마친 부부의 탁족이 정겹다.

**치산계곡 입구의 수령 300년 된 느티나무** 뒤로 귀천서원과 시루봉이 보인다.

- 치산관광지의 오토캠핑장
- 나무아미타불이라는 명문이 새겨진 바위 옛 수도사의경내를 알려준다.
- 귀천서원과 시루봉 치산계곡의 입구를 알리고 있다.

라 오르다 마주하는 치산댐에서부터 시작된다. 계곡에 들어서면 눈앞에 팔공산 제2봉이자 공산성의 주봉인 비로봉(1,176m)이 우뚝 솟아있다. 치산계곡은 시루봉(726m) ─ 공산성 ─ 천왕봉(1,192m) ─ 동봉(1,163m) ─ 도마재(950m) ─ 코끼리바위(974m) ─ 청석배기(833m) ─ 갈모봉(828m) 등 주변이 돌아가며 산으로 둘러싸여 있다. 치산리라는 지명의 유래는 마을 입구 앞산에 꿩이 엎드려 있는 모양을 하고 있어 그렇게 불렀다는 설이 있고 꿩이 많은 산이란 뜻으로 이름 지었다는 설도 있다. 치산계곡의 경승은 치산리 마을입구에서부터 시작한다. 마을 삼거리에 들어서면 잘 생긴 느티나무가 반긴다. 이 느티나무는 수령이 약 300년 정도 됐으며 1982년 보호수로 지정됐다. 우리나라에는 골골마다 오래된 느티나무들이 있으나 이 나무만큼 수형이 아름답고 균형미를 갖춘 나무는 드물다.

마을 왼쪽 산허리에는 임진왜란 때 영천성 탈환에 공을 세운 백운재白雲齋 권응수權應銖(1546~1608)를 배향하는 귀천서원龜川書院이 있다. 마을을 지나면 최근 들어선 치산관광지캠핑장이 있다. 저수지를 지나면 치산계곡의 그윽함을 알리는 아름드리 소나무숲 속에 수도사가 보인다. 수도사修道寺는 신라 진덕여왕 4년(650년)에 원효와 자장이 창건했다고 전한다. 징월대사澄月大師가 지은 '수도암이건기'에는 '영조 38년(1762년)에 화재로 폭포 아래 새 터를 잡아 다시 지었으나 절터가 좁아 대중을 다 수용할 수 없어서 순조 4년(1804년) 지금의 자리로 다시 옮겨 건립했다'고 한다. 수도사 산문에서 폭포에 이르는 길은 솔숲과 시원한 물소리가 함께 한다. 공원관리사무소를 지나면 계곡을 건너는 아치형 다리가 설치돼 있고 이 다리 옆에 자연석 징검다리가 놓여있다. 여기 아니면 맛볼 수 없는 묘미가 바로 이 징검다리를 건너보는 것이다. 길가에 '나무아미타불'이 새겨진 바위에서 염불소리가 나는 것 같다. 예전 공산폭포 윗머리에 있었다던 수도사의 경내를 알리는 표지다. 물소리가 점점 커진다. 폭포가 멀잖다.

공산폭포는 높이 30m, 폭 20m, 길이 60m의 3단 폭포로 크기와 수량에 있어 팔공산에서 제일가는 명소다. 예로부터 선주암폭포仙舟巖瀑布, 수도폭포修道瀑

布, 읍선대挹仙臺 등으로 불려왔다. 폭포가 잘 보이는 곳에 자리 잡은 팔각 정자에는 '망폭정望瀑亭'이란 편액과 '망폭대望瀑臺' 시를 읊은 시판 5개가 나란히 걸려있다. 퇴계의 문인이었던 신녕현감 금계錦溪 황준량黃俊良(1517~1563)이 폭포를 둘러보고 '선주암폭포仙舟巖瀑布'라 이름하고 시를 남겼는데 문헌에 전하는 시로는 가장 오래됐다.

| | |
|---|---|
| 서응의 시구 같이 청산이 둘로 나누어지고, | 靑山界破徐凝句 |
| 이태백의 여산 폭포시 같은 은하수가 날아 내리네. | 銀漢飛流太白詞 |
| 천 년 전 여산폭포 시에 이미 다 말하였는데, | 千載廬山曾說盡 |
| 어떤 말로써 다시 팔공산의 절경을 읊을까? | 何言更賦八公奇 |

| | |
|---|---|
| 일천 봉우리 같은 붓을 다 휘둘러, | 揮盡千峯筆 |
| 일만 골짜기에서 흘러나온 폭포소리를 읊었네. | 吟成萬瀑雷 |
| 흰 돌로 만든 종이 천장을 펼쳐놓은 것 같은데, | 千張白石紙 |
| 언덕에는 검은 구름이 짙게 깔리어 있네. | 深鎖黑雲堆 |

황준량은 이 시를 스승 퇴계 이황에게 보냈고, 퇴계는 서문과 화답시로 답했다. '중거가 이때에 팔공산에서 선주암폭포를 발견하고, 그 때 마침 여산시첩을 얻은 기쁨으로 절구 2수를 지어 보냈기에 이를 보고 차운하여 답한다仲擧時得公山仙舟巖瀑布適得廬山詩帖以爲喜幸二絶見寄次韻奉答'고 했다.

| | |
|---|---|
| 새로 피어난 안개 속의 물줄기 빼어나니, | 新發雲泉勝 |
| 생각건대 천 길의 물줄기 성난 우레와 같으리라. | 千尋想怒雷 |
| 태수가 방문하여 완상하는 곳에, | 遂牀來玩處 |
| 푸르스름한 아지랑이 기운 몇 겹이나 쌓였으리. | 嵐翠幾重堆 |

| 여산폭포의 은하수 같은 물줄기 꿈 인양 상상하며, | 夢想廬山河落水 |
| 티끌세상에서 주자의 시를 여러 번 읽어보네. | 風塵三復紫陽詞 |
| 듣건대 그대가 방문하여 선암폭포를 발견했다니, | 聞君訪得仙巖瀑 |
| 어느 날에 그대의 손을 잡고 이 절경을 구경할까? | 相逐何時攬絶奇 |

퇴계는 생전에 이곳을 찾지 않았다. 그러나 퇴계가 보낸 서문과 화답시로 인해 시인묵객들이 줄이어 폭포를 찾아 시를 읊고 즐기는 팔공산 제일의 명소가 됐다. 곽재겸郭再謙(1547~1615)의 괴헌집槐軒集 연보에 '선주폭포에 서사원과 더불어 유람했다'는 기록과 낙재樂齋 서사원徐思遠(1550~1615)의 '수도폭포修道瀑布' 시로 볼 때 당시 이 폭포가 선주암 또는 수도폭포로 불렸음을 알 수 있다. 신녕현감 황준량이 명명한 선주암폭포는 지역에서 통용되던 명칭과는 무관한 자신의 취향이었던 것 같다. 서사원의 시는 황준량의 시보다는 연대는 뒤지나 이 지역에서 전승되어 온 수도폭포라는 명칭을 따랐던 것이다. 이런 사실은 조선후기 병계屛溪 윤봉구尹鳳九(1681~1767), 연호蓮湖 김진성金璡聲(1822~1892), 단봉丹峰 우규환禹圭煥(1838~1911) 등 숱한 선비들이 폭포를 유람하고 남긴 '수도폭포'의 시와 영천전지永川全誌, 조선환여승람朝鮮寰輿勝覽, 그리고 교남지嶠南誌에 모두 수도폭포로 기록하고 있다. 그러나 폭포 바로 아래 치산리 마을에 살았던 면와勉窩 권상현權象鉉(1851~1929)이 공산폭포기公山瀑布記를 지은 것을 볼 때 한말과 일제강점기에 팔공산을 대표하는 폭포라는 상징성이 부각돼 수도폭포보다는 공산폭포로 널리 알려졌고 오늘에 이르렀다.

권상현은 '명장明將 이여송이 산천의 지맥을 끊기 위해 폭포 중간에 구멍을 뚫고 철정鐵釘을 박았다'고 했는데 지금도 그 흔적이 선명하게 남아있다. 또한 '선주암仙舟巖' 3자와 '조명수趙明帥 무술戊戌 여름夏' 6자가 새겨져 있다'고 했으나 지금은 글씨의 흔적을 찾을 수 없다.

치산계곡은 불당골, 댓골, 새미난골, 염불골, 동애골, 민비골 등 여러 골짜기에서 쏟아지는 물이 부채 손잡이에서 하나로 모여 천둥소리를 내며 공산폭포로 떨어지는 모양새다. 불당골은 치산 십경의 하나인 옛 고풍정古楓亭 정자 자리 맞은편에 있다. 좁은 입구에 비해 골짜기는 매우 깊고 골 안쪽에는 암자 터로 보이는 자리가 남아있다. 댓골은 진불암 가는 길목에 있는 은수교隱水橋가 놓인 골짜기이다. 손기양孫起陽(1559~1617)의 공산지公山誌에 '일반 백성들이 승장僧將 사명대사의 막사 터를 대궐大闕 자리라고 하는데 고려태조가 머물렀던 흔적'이라고 했고, 조선지지자료(1919)에 '대궐골'이란 기록이 있어 댓골은 대궐골의 변형된 지명임을 알 수 있다. 새미난골은 팔공산 정상부 북사면에 있었다는 천년약수千年藥水에서 발원한다. 권상현은 '약수는 두 봉우리 사이에 있는데 한 모금 마시면 천년을 산다'고 했다. 천년약수가 천년수로 약칭됐고, 지금은 천연수로 불려진다.

염불골은 1978년 한국지명총람의 '염불골'과 1980년 팔공산도립공원기본계획의 '염불봉'이 최초의 문헌 기록인 점을 고려할 때 산악인들이 동봉을 염불봉, 바로 북사면의 골짜기를 염불골로 불렀던 것에서 유래한 것으로 보인다. 동애골은 치산리와 인근마을에서 도마재를 넘어 대구로 오가던 오솔길이다. 조선지지자료에 기록된 '동화곡桐華谷'이 변하여 동애골이 된 것으로 보인다. 예전 폭포 윗머리에 있었던 수도사 물방앗간은 동애골에서 끌어온 물로 수차를 돌렸다. 지금도 물방앗간 터와 돌확이 남아 있다.

민비골은 폭포에서 도마재로 가는 골짜기로 민비골과 작은 민비골, 사리재 골로 갈려진다. 권상현은 '미현薇峴을 넘으면 은점銀店과 부귀사富貴寺가 있다'

선주암폭포 일명 수도폭포 공산폭포 등으로 불린다.

고 했다. 사리재의 본래 이름이 미현, 즉 고사리재로 '고'자가 탈락하고 사리재로 통용된 것이다. 사리재골은 골짜기가 넓고 평평해서 화전민들이 살았던 곳으로 그 흔적이 남아있다.

등애골의 물줄기 예전에 물방아를 돌렸다고 한다.

- 치산계곡 새미난골의 와룡석의 부분
- 야생화로 덮혀 있는 기암 습도가 높고 음지인 치산계곡에는 곳곳에서 이끼와 야생화들이 서식하고 있다.
- 오라폭포 치산계곡과 인접한 오라지골의 숨겨진 비경이다.
- 치산계곡 세미난골의 와룡석의 부분 넘쳐흐르는 물줄기와 수국의 모습이 조화롭다.

### 코끼리바위象巖

넓은 팔공산에서 가장 깊은 곳에 숨어있는 명소 중의 하나가 산악인들이 말하는 '코끼리바위象巖'가 아닐까 싶다. 코끼리바위는 선본사禪本寺 뒷산 능선에서 북서쪽 팔공산 정상부에 바라보이는 988m 높이의 큰 바윗덩이다. 직선거리로 동화사 옛 일주문인 봉황문鳳凰門에서 약 3.7㎞, 수도사에서 약 3.6㎞, 거조암에서 약 3.7㎞, 은해사에서 약 6㎞정도도. 가장 가까운 선본사도 약 3.2㎞나 떨어져 있어 수태골에서 천왕봉(1192m)까지 직선거리가 2.8㎞인 것과 비교할 때 얼마나 멀고 깊은 산속에 있는지 알 수 있다. 팔공산에서 워낙 깊은 곳에 있다 보니 시인묵객詩人墨客은 물론 나무꾼이나 채약꾼 조차 찾기 힘든 탓인지 옛 문헌과 한국지명총람(1978년)에도 그 흔적이 없다. 팔공산등산지도(1986년)에 코끼리바위를 표기한 것이 처음이다. 이곳에서 약 2.7㎞ 정도 떨어져 있어 뱀골을 통해 오르내렸던 안신원 사람들은 '소허바위'로 불렀다고 한다.

바윗덩이는 어떤 관점에서 보느냐에 따라 그 모양과 형태가 달라진다. 공산폭포를 두고 금계錦溪 황준량黃俊良(1517~1563)은 선주암폭포仙舟巖瀑布라고 이름 했고 퇴계선생은 여산폭포廬山瀑布라고 화답한 것도 이 때문이다. 산악인들은 이 바윗덩이를 코끼리바위로 소통하고 있었다. 코끼리바위는 다른 길도 있지만 동화사 봉황문鳳凰門에서 폭포골과 도마재를 거쳐 가는 길이 가장 수월하다.

천옹喘翁 최흥립崔興(1736~1809)이 정조 10년(1786년)에 '비로전 위쪽에 일주문이 있어 팔공산동화사봉황문八公山桐華寺鳳凰門이란 편액을 걸었는데 기성대사箕城大師의 글씨'라고 한 것을 통해 봉황문이 동화사 일주문이며, 원래 자리는 봉서루鳳棲樓 앞에 있었다는 사실이 확인되었다. 봉황문을 지나 오른쪽 절벽에 마치 구름 위에 보살이 앉아있는 듯한 보물 제243호(1963.01.21.)로 지정된 마애여래좌상을 뒤로 하고 조금 올라가면 열암悅菴 하시찬夏時贊(1750~1828)이 동화사 가는 길에 건넜다는 '방은교訪隱橋'는 사라지고 지금은 콘크리트다리로 바뀌었다. 다리를 건너자마자 길이 두 갈래로 갈라진다. 오른쪽은 아스팔트 포장도로 좌우로 아름드리 소나무 숲이 우거졌고, 왼쪽 흙길은 예로부터 비로암과 동화

- **폭포골 산장** 한 때 팔공산 산행의 중심축을 이루었으나 지금은 화재로 지붕이 허물어져 있다.
- •• **폭포골을 이루는 계곡**
- ••• **폭포골 입구**

사 대웅전에 오르는 지름길로 오랫동안 인적이 끊겨 무너졌던 길을 나무계단을 만들고 보수하여 복원한 동화사 옛길(0.7km)이다. 물소리와 어우러진 고즈넉한 정취가 일품이다. 그윽한 솔향기와 골짜기의 맑은 물소리와 함께하다 보니 눈앞에 갈림길이 보인다. 왼쪽은 동화사와 통일대불로 가는 길이고, 오른쪽은 템플스테이(연수원)와 약수암, 그리고 폭포골로 이어진다. 폭포골 입구는 협곡이라 갈수록 길은 점점 좁아진다. 크고 작은 단애 위를 흐르는 물로 폭포와 소沼가 이어지고 골짜기에는 맑고 시원한 물소리가 울려 퍼진다.

멀리 폭포골 산장이 보인다. 1970년 무렵에는 백안삼거리까지 버스가 들어와서 팔공산 산행은 팔공산 남쪽에 있는 폭포골과 염불암 아래에 있는 산장에서 하룻밤을 묵고 1박 2일로 했다. 염불암 아래 산장의 초석礎石에는 '경북학생산악연맹과 경북산악회가 1970년 10월에 완공했다'고 전하고 있다. 폭포골 산장 또한 이 무렵에 완공되었던 것으로 보이며, 지금은 화재로 지붕은 불타버리고 벽만 남아 보기에 흉물스럽다. 산장은 폭포골의 길목에 자리 잡았다. 오래전에 이곳은 도마재와 바른재, 그리고 느패재와 백안동, 동화사로 오가던 교통의 요지였다. 특히 은해사와 동화사는 천년이 넘는 오랜 세월을 느패재를 통해 이어졌으나 팔공컨트리클럽으로 느패재가 막히면서 은해사와 동화사 천년 길은 끊어진지 오래다. 폭포골은 들어갈수록 청아한 물소리가 가득하고 가을을 재촉한다. 명연이나 공산폭포 같은 규모 있는 폭포가 없다는 점이 다소 아쉽기는 하지만 걸음을 옮길 때 마다 마주치는 크고 작은 폭포에서 내뿜는 청량감과 맑은 물소리는 세상살이에 찌든 속진俗塵을 말끔하게 씻어준다.

폭포골의 물줄기가 두 갈래로 갈라진다. 오른쪽 바른재(850m) 쪽은 산길 치곤 넓은데다 오름새 또한 완만하다. 바른재에 올라서면 북쪽에 우뚝 솟아있는 코끼리바위의 장엄한 모습이 한 눈에 들어온다. 고개 너머로 약 200m 정도 내려가면 약수터가 있다. 왼쪽 도마재(950m) 쪽은 경사가 심해 길은 빗자루로 마당을 쓴 것처럼 갈지之자로 구불구불하게 이어진다. 세칭 신녕재로도 불린다. 1986년 팔공산등산지도에 처음 신녕재가 표기되었고, 대구시 고시 제159호

(1991.08.21.)로 신녕재로 고시하였으나 이 또한 산악인들이 붙인 이름이다. 이 재의 본래이름은 도마재다. 도마재를 바로 넘어가면 동화골(동애골)과 민비골을 통해 공산폭포와 수도사로 이어지고, 서쪽은 천왕봉과 서봉으로 동쪽은 느패재와 갓바위로 이어진다. 도마는 제사 때 제물을 담는 그릇, 즉 적대炙臺를 말한다. 시헌時軒 채황원蔡晃源(1883~1971)의 '등조령登俎嶺' 시에 나오는 '조俎'에는 음식을 다룰 때 받치는 물건인 도마와 제향 때 희생을 얹는 적대의 뜻이 있다.

구불구불 산길은 골짜기와 시내를 맴돌고　　回回山路轉循溪
동쪽으로 가는 줄 알았는데 서쪽이네.　　不向東頭但向西
길 험해 고개 오르기 힘들다는 말은 말게　　莫說嶔崛難上到
힘 다해 오르고 나면 다시 평평하다네.　　也應高盡復平底

　　도마재에서 동남쪽으로 약 500m 정도 내려오면 세칭 '신녕봉'이라 불리는 993m봉우리와 만난다. 여기서 북동쪽으로 약 400m 정도 떨어진 곳에는 코끼리 바위가 웅장한 자태를 뽐내고 있다. 1971년 간행된 '75개 산악 등산안내집 팔공산지도'에는 993m 봉우리를 '동봉'이라 표기하였다. 팔공산도립공원기본계획(1980년)에 '최상봉인 1192m 비로봉이 우뚝 중앙에 솟아있고 좌우에 표고 약 1150m의 염불봉念佛峰과 삼성봉三聖峰이 마치 두 어깨처럼 솟아있고 거기서 동서東西로 각각 약 2km 지점에 동봉東峯과 서봉西峰이 고준한 능선을 형성하고 그 웅대한 모습을 과시하고 있다'는 동봉이 이곳을 말한다. 현재 산악인들은 신녕봉으로 부르고 있어 굳이 이름을 짓는다면 인접한 도마재와 관련지어 '도마봉'으로 불러야 하지 않겠는가.
　　코끼리바위로 가는 길은 잡목이 우거져 다니기가 힘들다. 일반등산로에서 벗어나 있어 이곳은 전문 산악인이 아니면 찾지 않는 팔공산의 오지奧地이자 비경秘境이다. 코끼리 바위는 974m, 988m, 988m로 이어지는 3개의 큰 바윗덩이로 되어있어 가까이 갈수록 신비감이 더해진다. 보는 방향에 따라 어떤 바위는

**도마봉에서 본 코끼리바위의 위용**
아침햇살이 바위를 감싸고 있다. 세 개의 바위덩이 중 오른쪽 끝 바위가 코끼리의 형상을 하고 있다.

- **근접 촬영한 코끼리바위의 모습**
- **부처바위** 코끼리바위는 보는 방향에 따라서 다양한 모습을 연출한다. 부처의 뒷모습을 연상케 한다.

마치 코끼리가 나를 향해 다가오는 모습으로 보이기도 하고, 다른 한쪽에서는 긴 코를 늘어뜨린 코끼리 모습으로 눈에 들어온다. 또 어떤 때는 부처로 모습이 바뀌기도 하고, 또 어떻게 보면 귀여운 아기코끼리로 보이기도 한다. 밤하늘에 점점이 흩어져 있는 별을 보고 별자리 이름을 만든 것처럼 이곳의 바윗덩이도 그 형태가 정해진 것이 아니라 우리의 마음에 따라 이런 모양이 되었다가 또 저

**코끼리바위의 정상부** 멋진 노송들로 덮여있다.

런 모양으로 바뀌기도 한다.

　코끼리바위의 서쪽에는 천왕봉(1192m)을 비롯한 팔공산 정상이 우뚝 솟아있고, 동쪽은 신녕과 영천 시내가 한 눈에 들어올 만큼 탁 트여 있어 팔공산에서 가장 빼어난 조망眺望을 자랑한다. 멀리 보현산에서 떠오른 아침햇살이 코끼리 바위를 감싸는 모습은 팔공산의 장관 중의 장관이라 할 수 있다. 바위 틈 깊이 뿌리를 내린 소나무도 황금빛 아침햇살을 받으며 고고함을 자랑한다. 이곳을 지나면 치산리 갈모봉(828m)이나 거조암으로 갈 수 있다. 많은 사람들이 갈모봉과 거조암 갈림길에서 거조암이 아니라 갈모봉으로 길을 잘못 들어 고생을 했다. 갈모봉과 거조암 갈림길은 특별한 지형지물과 안내판이 없는데다 길이 희미해 아차하면 갈림길을 놓치게 된다.

### 톱날능선

강추위가 팔공산까지 밀려온 날이다. 모처럼 팔공산 정상이 하얀 눈으로 뒤덮였다. 부인사 동쪽으로 나있는 등산로를 따라 이말재를 향해 올라가니 서설瑞雪이 내린 등산로에는 앞서 올라간 등산객들의 발자국이 선명하게 찍혀있다. 이말재 서쪽 신무능선을 타고 본격적인 산행을 시작했다. 부인사에서 용무골龍門谷과 수태골로 넘어가는 길목에 자리한 이말재(630m)의 지명유래에 대해 전하는 기록은 없다. 다만, 우락재憂樂齋 최동보崔東輔(1560~1625)가 남긴 무자년戊子年(1588년) 9월 9일 일록日錄에 '용문고개龍門峴에서 중부仲父 인인認, 계부季父 계성誠, 채몽연蔡夢硯, 서재겸徐再謙, 서영복徐永復, 정세아鄭世雅, 조형도趙亨道 등이 모여서 낙모시落帽詩에 화답하고 놀았다'는 기록이 있어 당시에는 이말재가 용문고개로 불렸던 것으로 추정할 뿐이다.

신무능선은 팔공산 종주능선에 위치한 978m(헬기장)봉우리에서 신무동으로 뻗어 내린 능선으로 서쪽에 부인사골과 동쪽에 용무골이 자리하고 있다. 신무능선은 적당한 경사와 완만한 능선이 교대로 이어져 산행하기에는 비교적 수월하다. 정상이 멀지않은 곳에 이르니 바위 반석이 아름드리 소나무에 둘러싸여 있는 솔 정자가 반긴다.

크고 작은 바위가 이어지는 암릉 타는 재미가 쏠쏠하다. 서쪽으로 멀리 동서변동의 아파트 숲이 보이고 동쪽으로 서봉과 선인대仙人臺가 하얀 눈으로 곱게 단장하고 있다. 신무능선의 정상 978m 헬기장은 파계재와 서봉으로 이어지는 팔공산 종주능선에 자리하고 있다. 북쪽으로 1,018m와 1,054m 바위봉이 우뚝 솟아있고 그 오른쪽으로 톱날 같은 바위능선이 장엄한 모습을 뽐내고 있다. 멀리 동쪽에는 공산성의 주봉 비로봉과 서봉이 우뚝 솟아있고 그 사이로 천왕봉과 방송탑이 머리를 내밀고 있다. 신무능선의 정상(978m) 헬기장에서 눈이 쌓여 미끄러운 급경사로 내려오니 안내표지 127번에 '마당재(948m)'라고 매직으로 쓴 글씨가 적혀있다. 마당재는 대구 용수동과 군위 대율리를 잇던 옛 고개로 '고갯마루가 마당처럼 널찍하다'고 해서 붙여진 이름이다.

마당재 북쪽으로 세칭 '상여바위봉(1,018m)'과 '가마바위봉(1,054m)이 우뚝 솟아있어 바위능선의 본격적 시작을 알린다. 웅장한 바위더미에 오르기에는 곳곳에 쌓인 눈과 쌀쌀한 날씨로 인해 그리 좋은 환경이 아니다. 햇살이 두터워지자 남쪽에 쌓인 눈이 조금씩 녹아내려 그나마 다행이다. 바위더미 중턱으로 한사람이 다람쥐처럼 바싹 붙어야 겨우 다닐 수 있는 잔도에 들어서서 낙엽이 쌓여 있는 아래를 내려다보니 까마득하기만 하다. 장갑을 벗고 곱은 손을 비벼가며 새색시 걸음으로 조심해서 겨우 넘어오니 안도의 한숨이 절로 나온다. 이제 큰 고비는 지난 것 같다. 큰 바위더미를 넘어가고 좁은 바위틈은 요령껏 빠져나가다 보니 톱날능선은 서봉을 향할수록 조금씩 낮아진다. 크고 작은 바위더미를 몇 차례 넘다보니 평평한 반석위에 뿌리를 내린 나지막한 소나무가 쌍수를 들고 반긴다.

봄에는 이 능선 일대에 산목련이 매우 아름답게 피어나 등산길에 큰 기쁨을 준다. 여기서 잠시 숨을 고르면서 둘러보니 동쪽에 오도봉과 비로봉, 천왕봉과 서봉西峰이 하늘과 맞닿아 있고 서쪽에는 가마바위봉이 우뚝하게 솟아있다. 북쪽으론 동산계곡이 한눈에 들어오고 남쪽에는 멀리 대구 시내가 아른거린다. 한사람이 겨우 다닐만한 바위능선 길을 걷다보니 안내표지 110번이 눈에 들어온다. 이 지점이 톱날능선의 동쪽 시작점이자 대구시 유형문화재 제21호 삼성암지마애약사여래입상으로 내려가는 하산길로 용무골을 지나 이말재와 부인사로 이어진다.

상여바위봉(1018m) 정상에 오르면 3~4명이 앉아 쉬기에 적당한 반석과 소나무 그늘이 있다. 여기서 남동쪽을 바라보면 용무골龍門谷 전경과 서봉과 승천하는 용龍처럼 꿈틀거리는 선인대의 산줄기가 한 눈에 들어오고 서쪽은 멀리 한

**가마바위봉의 노송** 바위를 뚫고 나온 듯 힘찬 모습으로 팔공영봉들을 아우르고 있다.

• **톱날바위의 기암** 바위가 마주보며 대화를 나누는 듯하다.
•• **톱날바위의 기암** 중턱 소나무 사이로 아찔한 잔도가 이어진다.
••• **톱날능선 입구에서 바위틈을 비집고 올라온 노송** 두 팔을 벌리고 어서 오라고 손짓하고 있다.

티재와 가산산성으로 이어진다. 가마바위봉(1054m) 정상은 가마처럼 편안하기보다는 송곳처럼 뾰족해서 두세 사람이 함께하기에도 불편할 정도로 비좁다. 그래도 조금 내려오면 군위 대율리가 한눈에 들어오는 북서쪽에는 여럿이 둘러 앉아 쉴 수 있는 좋은 자리가 있고, 남쪽에는 듬직한 소나무가 바위에 뿌리를 깊이 내린 채 선승처럼 삼매三昧에 들어 관조觀照하는 듯한 모습이다. 능선정 상부에서 서봉으로 이어지는 산줄기를 바라보면 눈앞에 바위산이 어긋난 톱날처럼 불규칙하게 솟아있어 절로 겁이 난다. 가마바위봉에서 급경사로 험한 벼랑길을 타고 바로 내려오면 세칭 산악인들이 말하는 '병풍재'와 만난다.

　일반적으로 '재' 또는 '고개'라고 하면 산 능선을 넘어가는데 안내표지 121번에 있는 병풍재는 남쪽으로 내려오는 길은 있어도 북쪽으로 넘어가는 길은 없어 고개라고 할 수 없으나 산악인들이 톱날능선의 바위가 마치 '병풍 같다' 하여 병풍재로 부르면서 생긴 이름이다.

　안내표지 106번에 이르러 남쪽으로 나있는 좁은 산길을 따라 5분 남짓 내려

**상여바위봉에서 본 톱날능선**

**톱날능선의 기암** 날카로운 톱날을 보는 듯하다

**상여바위봉에서 본 팔공능선** 파계재와 한티재로 이어진다.

가면 아담하고 정갈한 암자터가 모습을 드러낸다. 암자터에 들어서니 마음이 안정되고 편안해진다. 팔공산하에는 여기를 도장골에 있는 절터라고 기록하고 있다. 팔공산에서 아는 사람이 극소수인 이 암자가 정광천鄭光天이 시로 남긴 '정각소암靜覺小庵'이다. 정각암靜覺庵은 서사원徐思遠(1550~1615)의 낙재일기樂齋日記에도 기록이 남아있다.

| | |
|---|---|
| 비로소 인간세상의 티끌 털어버리고 | 始擺人間塵土裾 |
| 멀리 텅 빈 작은 암자의 선경仙境을 찾았네. | 遠尋仙境小庵虛 |
| 부끄럽구나! 내 속된 괴로움에 얽매여 살던 것이 | 愧余苦被多拘攣 |
| 오늘에사 명산의 모습 처음 대하고 알았네. | 今日名山識面初 |

한동안 완만했던 종주능선길이 급경사를 이루며 움푹하게 내려간다. 골이 깊으면 산도 높다고 했던가. 멀리 서봉으로 올라가는 나무계단 옆으로 칼날같이 날카롭게 벼려있는 바위가 눈길을 끈다. 아마도 톱날능선이란 이름이 여기서 비롯하지 않았을까. 나무계단 위로 오르면 서봉西峰과 삼성암으로 이어진다.

가장 오래된 팔공산 종주 기록은 낙애洛涯 정광천鄭光天(1553~1594)이 남긴 '유팔공산십수遊八公山十首'이다. 선조 8년(1575년), 23세의 낙애洛涯 정광천鄭光天(1553~1594)은 아버지 연정蓮亭 서형徐(1524~1575)과 낙재樂齋 서사원徐思遠(1550~1615) 부자父子, 송재松齋 주신언朱愼言(1539~?) 등과 함께 파계사에서 출발하여 파계후봉 – 정각소암 – 삼성암 – 광석대 – 염불암 – 동화사에 이르는 팔공산 종주를 하고 그 감회를 시로 남겼던 것이다. 낙애洛涯 정광천鄭光天이 살았던 당시에는 유람遊覽하며 산수를 즐기던 시절이라 요새처럼 바위를 타지 않고 종주능선에 나있는 산길을 따라 정각소암과 삼성암으로 갔을 것으로 짐작된다.

톱날능선이란 지명이 생긴 것은 그리 오래지 않은 것 같다. 1971년 서울교진사에서 펴낸 등산코스안내집 75개 산악에는 '도마재 동쪽에 있는 993m 봉우리를 동봉東峯, 상여바위라 불리는 1,054m 봉우리를 서봉西峰으로 표시했다. 1980년 팔공산도립공원기본계획에 '주봉의 동서로 각각 2km 지점에 동봉과 서봉이 고준한 능선을 형성하고 그 웅대한 모습을 과시하고 있다'

**가마바위봉과 상여바위봉을 배경으로 한 톱날능선** 발도 붙이기 어렵게 뾰죽뾰죽 솟아있는 벼랑바위들이 마치 톱날같이 이가 어긋나 제각각의 모양으로 늘어서 있다.

고 하여 이때에는 서봉으로 불렸음을 알 수 있다. 이 책에도 톱날능선이란 지명
은 없다. 1986년 대구지도센터에서 만든 팔공산등산지도에는 이곳의 바위봉우
리에 대한 명칭이 표시되지 않았고, 바위능선 또한 '초심자 등반유의 벼랑이 많

은 코스'라고 기록했다. 한국지명총람(1978년)에는 팔공산 종주능선에서 느패재, 도마재, 장군메기, 마당재, 파계재, 한티재와 같이 고개이름을 기록하고 있으나 1,000m가 넘는 봉명에 대한 기록은 찾아볼 수 없다. 아마도 1970년 중반만 해도 산에서 나무를 해서 난방을 하던 시절이라 골짜기에 대한 기록은 비교적 상세한 반면에 정상부의 봉명은 당시 사람들이 관심 밖에 있었던 것으로 여겨진다. 2005년에 매일신문에서 발간한 '팔공산하'에는 '어떤 등산지도는 벼랑바위 구간을 칼날능선이라 표시했다. 다른 경우에는 '톱날바위라고 불렀다. 발붙이기가 힘들게 뾰족뾰족 솟아있는 벼랑바위들이 능선을 형성했기에 붙인 이름일 것이다. 하나 이가 어긋난 모양새로 봐서는 톱날능선이란 이름이 어울릴 성 싶다'고 했다. 그러나 월간 산 2009년 6월호 부록 '전국명산위치도'에 '톱날능선'이라 표기했고, 2015년 국제신문의 파계재 – 서봉 등산지도에 '가마바위'와 '상여바위'로 기록된 반면 2017년 현재, 네이버(Naver.com) 지도에는 '칼날바위'로 표기하고 있어 혼란스럽기만 하다.

### 기암괴석奇巖怪石

팔공산은 신라의 중악中岳이라는 역사적 중요성과 함께 수려한 자연경관을 갖춘 명산이다. 또 시루봉甑峰과 갈모봉葛帽峰, 병풍바위, 방아덤, 농바위, 장군바위 등 빼어난 기암괴석이 숱하다.

화산華山(828m)에서 바라본 팔공산은 장엄莊嚴하기 그지없다. 화산에서 갑령甲嶺을 지나 잦이재紫芝谷에 이르니 개통이 임박한 상주 – 군위 – 영천 고속도로 공사로 말미암아 화산에서 팔공산을 잇는 팔공지맥의 산허리가 무참하게 잘려나가고 있다. 그러나 화산에서 꿈틀거리며 이어진 산줄기는 팔공산의 수문장인 시루봉甑峰(726m)에서 우뚝하게 솟아오르는 기운을 느낄 수 있다. 치산리 마을 뒤에 마치 '시루를 엎어 놓은 것'과 같은 시루봉은 팔공산에서 흔히 보는 화강암이 아니라 변성퇴적암으로 이뤄져 있다. 시루봉 정상에는 동북방향으로 깎아지른 두 개의 수직단애가 10m 남짓 떨어진 채 마주하고 있어 멀리서 바라보면 그 형상이 마치 석문石門을 닮아 팔공산의 관문關門처럼 듬직해 보인다. 봉우리 정상부의 둘레가 200~300m 남짓하지만 넓고 평평한데다 사방이 수십m 높이의 깎아지른 단애斷崖로 둘러싸여 있는 천혜天惠의 험지로 별도의 성을 쌓을 필요가 없는 난공불락의 요새要塞다.

시루봉에서 공산성과 연결된 서남쪽 능선은 꼭대기에 돌로 쌓은 공산성 성곽의 흔적이 1m 높이로 10m 가량 남아있다. 멀리 북쪽으로 화산과 갑령, 서쪽의 백학계곡과 백학지, 동쪽의 치산계곡이 한 눈에 들어오는 지리적 위치와 남아있는 성벽 흔적으로 볼 때 이곳은 공산성의 북쪽에 자리했던 전초성前哨城으로 추정된다. 시루봉에서 동남쪽으로 약 3km 정도 떨어져 서로 마주하고 있는 바위산이 갈모봉(828m)으로 일명 투구봉이라 한다. 이 바위산은 남쪽으로 약 1km 정도 떨어진 청석배기와 함께 팔공산의 동쪽경계를 이루고 있다. 갈모봉葛帽峰은 '귀천서원 – 수도사 안산 – 갈모봉 – 청석백기 – 공산폭포'로 이어지는 등산코스에 위치한 봉우리다. 동쪽으로 신녕면소재지, 북쪽으로 의흥군 산성면 일대, 서쪽으로 팔공산 정상부에 있는 비로봉과 천왕봉, 동봉 등을 바라볼 수 있는 팔공산에서 잘 알려지지 않은 명소 가운데 하나다.

우담愚潭 정시한丁時翰(1625~1707)의 산중일기에 '매우 힘들게 가파른 고개를 올라 두봉斗峯 옆에서 내려다보니 신녕新寧 읍내 및 의흥義興·의성義城 등지가 보인다'고 했다. 1688년 당시에는 갈모봉을 두봉斗峰이라 불렀음을 알 수 있다.

1698년 치산계곡을 찾은 자산慈山 권익구權益九(1662~1722)는 이 바위산을 괘호암掛瓠巖, 즉 '박이 걸린 바위'라고 시로 읊었다. 하성징河聖徵은 이 시를 차운하여 '空餘瓢鉢掛斜陽 / 공연히 남긴 표주박과 주발이 석양에 걸려 있네'라는 시구를 남겼다.

| | |
|---|---|
| 수도산인修道山人이 억지 구실로 길을 떠나니 | 修道山人强自粮 |
| 이 한 몸 떠돈 곳은 바로 신선의 고향仙鄕일세. | 一身遊處卽仙鄕 |
| 장자莊周의 다섯 섬 술통은 본래 쓸데없으니 | 莊生五石元無用 |
| 높이 바위 절벽에 올라 석양에 눕노라. | 高臥巖崖臥夕陽 |

**병풍바위의 바위능선** 거북의 형상을 한 거대한 바위가 눈길을 끈다.

**창바위** 톱날능선 초입에 있다.

**광석대와 동봉** 대불능선에서 보았다.

갈모봉(828m)에서 남서쪽으로 약 3.6㎞ 떨어진 곳에 우뚝 솟은 동봉(1천168m)의 동쪽과 서쪽으로 이어지는 바위능선은 풍화작용으로 빚은 화강암이 온갖 형태로 줄지어 있어 장관을 이룬다. 탑처럼 돌이 얹혀있는 토르tor, 급애(절벽바위), 바위 면에 홈통처럼 길게 발달한 거터gutter, 가마솥처럼 움푹 파여 있는 나마gnamma 등의 독특한 모양을 보여주고 있다.

그중에서도 염불암 뒤에 있어 세칭 염불봉(1천85m)이라 불리는 광석대廣石臺는 절벽바위로 이뤄져 있어 예로부터 팔공산을 찾는 이들로부터 많은 상찬을 받아왔다.

정상에는 직경 약 3~4m 크기의 핵석核石(corestone)이라 불리는 둥근 바위 5개가 얹혀있고 주변에 부처의 발을 닮았다는 불족암佛足巖과 나마 등이 어울려 장관을 이룬다. 광석대(1천85m)에서 1천42m봉 — 1천33m봉 — 1천20m봉 등 여러 봉우리로 이어지는 주능선에는 기암괴석으로 이루어진 준봉峻峰과 바닥이 보이지 않는 까마득한 수직단애가 마치 병풍을 펼친 듯이 팔공산 남쪽을 감싸고 있다. 이 병풍바위 남쪽자락에 봉황의 둥지 같은 지형을 이룬 곳에 팔공총림 동화사와 금당암, 그리고 염불암, 내원암과 양진암 등이 자리하고 있다. 삼국유사의 기록에 보이는 진표眞表가 영심永深에게 전한 간자簡子를 심지心智가 받은 뒤에 팔공산 마루에서 중악산신들과 함께 이를 던져 떨어진 자리에 간자를 봉안했다는 전설의 산마루가 이곳 병풍바위가 아니었을까. 일찍이 내원암을 찾았던 지헌止軒 최효술崔孝述(1786~1870)은 병풍바위의 기이하고도 웅장한 풍광을 둘러보고 '내원암內院庵' 제하의 시를 읊었다.

| | |
|---|---|
| 팔공산에 비 개이니 드러난 모습이 푸르른데 | 公山雨霽露顔靑 |
| 어젯밤 골짜기에 객성이 비쳤도다. | 昨夜洞天耀客星 |
| 소나무 앞에 서 있는 학은 누구를 기다리는 듯 | 鶴立松前如有待 |
| 구름 휘감은 마루 밖은 정감이 넘치누나. | 雲隨檻外最多情 |
| 가만히 따르는 녹색 술에는 봄빛이 짙게 배어있고 | 細傾綠酒濃春色 |
| 한가로이 거문고 잡고 앉았으니 물소리가 들리네 | 閑把瑤琴坐水聲 |

- **방아덤, 종주능선** 노적봉 부근에서 보았다.
- **인봉** 노적봉이라고도 부르며 종주능선에서 보았다.

**조암** 새가 입을 벌리고 있는 듯 보인다.

기이한 봉우리 우뚝 우뚝 솟은 곳에 기쁨은 크나 　剛喜奇峯立立處

삼라만상에 모두 이름 붙일 수 있겠기에. 　森羅萬象不能名

　내원암 서쪽에 자리한 양진암 마당에 서면 1천m가 넘는 봉우리들이 연이어지는 병풍바위가 마치 암자의 뒷 담장처럼 솟아 있다. 그러나 1987년 간행된 팔공산 화보집과 비교할 때 30여 년의 세월이 무상無常하리 만큼 숲이 우거진 탓에 장엄했던 병풍바위의 옛 모습이 점차 사라지고 있다. 병풍바위는 팔공산을 대표하는 암벽등반장이기도 하다. 1천42m봉의 동쪽에는 바위형상이 새부리와 닮았다는 조암鳥巖이 하늘을 향해 날아오르고 있다. 1986년에 간행된 팔공산등산지도에 처음 표기된 것으로 볼 때 산악인들이 그 당시부터 '조암'으로 불렀던 것으로 보인다.

**눌암을 이루는 봉우리** 광석대 동쪽에 있다.

느패재에서 갓바위 부처가 있는 관봉冠峰(852m)에 이르는 주능선에는 방아덤과 인봉印峰(887m), 그리고 농바위(872m) 등의 기암괴석이 눈길을 끈다. 방아덤은 북방아덤(875m)과 남방아덤(882m)으로 구분되며, 특히 남방아덤(882m)은 직경 1m 남짓한 자연석굴을 통해 갈 수 있어 팔공산 어느 곳에서도 느낄 수 없는 짜릿함을 맛보게 해준다. 어떤 연유로 '방아덤'으로 불렸는지는 알 수 없다. 다만 바로 동쪽에 있는 인봉印峰(887m)이 세칭 노적봉露積峰으로 불리고 있어 '낟가리는 방아를 찧어야 먹을 수 있다'는 의미로 '방아덤'이란 이름을 붙였던 것이리라 짐작해볼 따름이다. 인봉印峰(887m) 동쪽에는 농바위(872m)가 주능선에서 용립聳立한 채로 북지장사와 도장道藏마을이 자리한 도장골道藏谷을 굽어보고 있다. 그 생긴 모양이 마치 장롱欌籠처럼 네모반듯해서 '농바위'라 불렸던 것으로 추정된다. 장와藏窩 최성규崔性奎(1874~1924)의 장와설藏窩說에 '1910년 가을에

- **병풍바위** 양진암에서 보았다.
- •• **병풍바위** 암벽을 타고 있다.
- ••• **장군바위의 위용** 뒤로 떠오르는 여명이 보인다.

**대불능선에서 본 병풍바위** 팔공산에서 빼어난 절경으로 꼽힐 정도로 전망이 좋다.

낮고 작은 집 한 칸을 도장산道藏山 아래에 지어 다음해 봄에 완공하고 이름 없이 놔둘 수가 없어 장와藏窩라는 편액을 걸었다'는 기록에서 도장산道藏山으로도 불렸음을 알 수 있다. 갓바위 부처가 있는 관봉冠峰(852m)에서 남동쪽으로 약

1.7㎞ 떨어진 곳에 있는 장군바위는 3개의 바위가 마치 석탑처럼 얹혀있는 독특한 모양으로 그 높이가 10여m에 달한다. 보는 사람에 따라 만년필 펜촉을 닮은 것 같기도 하고, 장군이 사용하는 칼처럼 보이기도 한다. 일부러 세우기도 힘들 텐데 자연적으로 이런 모양이 만들어졌다고 하니 경탄하지 않을 수 없다.

장군바위라는 명칭은 무속인들에 의해 널리 알려진 것으로 보인다. 장군바위 아래에 있는 내릿골에는 10여 년 전만해도 무속인들이 기도하던 굿당이 있었으며, 지금도 장군바위 주변에는 무속인들의 기도 흔적을 찾아볼 수 있다. 이곳에는 2001년 1월 1일. 새천년을 기념해 경산시장이 세운 명마산(장군바위) 표석이 장군바위의 명칭문제에 혼선을 주고 있다. '높이 550m, 김유신 장군이 불굴사원효굴에서 삼국통일의 도업을 닦고 굴을 나설 때 맞은편 산에서 백마가 큰 소리로 울며 승천하는 것을 보고 명마산鳴馬山이라 이름 했다는 전설이 있다'고 써놓았다. 그러나 장군바위의 높이는 629m이고, 명마산은 높이가 500m이다. 동쪽으로 약 2㎞ 떨어진 곳에 있어 높이와 위치가 다르다. 무릇 팔공산의 봉우리 이름에 대해 행정기관에서 제대로 고증하지 않은 탓에 혼란의 원인을 제공하고 있다. 조속히 바로잡아야 할 것이다.

**공령적설公嶺積雪**

대구에서 눈 구경하기란 쉽지 않다. 그러나 팔공산은 겨울의 매서운 북서풍 속에서도 상고대와 설화雪花를 피워내고 눈과 혹한의 계절이 빚어내는 아름다움을 한껏 뽐낸다. 겨울이 깊어지면 팔공산에 쌓인 눈은 사가정四佳亭 서거정徐居正(1420~1488)의 대구십영大丘十詠에서 팔공산 능선에 쌓인 눈경치의 아름다움을 노래하는 '공령적설公嶺積雪'의 정취를 흠뻑 느끼게 한다.

| | |
|---|---|
| 천 길 팔공산은 기이하고 험준한 봉우리가 겹겹이라 | 公山千丈倚崚層 |
| 적설은 하늘에 가득하고 눈발에 어린 기운 맑기도 하구려. | 積雪漫空沆瀣澄 |
| 신사에는 신령한 감응이 있음을 알기에 | 知有神祠靈應在 |
| 해마다 정초에 내린 눈의 상서로움이 풍년을 이루리. | 年年三白瑞豐登 |

공령公嶺은 팔공산 정상부에 우뚝하게 솟아있는 제1봉 천왕봉天王峰(1192m)을 중심으로 북쪽의 제2봉 비로봉毘盧峰(1176m)과 제3봉 동봉東峯(1168m), 제4봉 서봉西峰(1153m)의 4개 산봉우리를 말한다. 정상부의 봉우리는 보는 방향에 따라 남쪽에서는 천왕봉과 동봉, 서봉이 솟아있고, 서북쪽 한밤마을에서는 천왕봉과 비로봉, 서봉이, 북쪽 치산리에서는 비로봉만 보인다. 오직 팔공산 주능선에 있는 891m 인봉印峰 일대에서만 산 정상부에 자리한 천왕봉과 비로봉, 동봉, 서봉의 4개 봉우리를 한눈에 볼 수 있다. 공령적설을 보기 위한 겨울 산행은 준비가 단단히 필요하다. 아이젠은 기본이고 얇은 옷을 여러 벌 겹쳐 입고 찬바람을 막는 바람막이와 방수기능이 있는 옷과 등산장갑, 스틱을 준비했다. 등산화에 눈이 들어가지 않도록 스패츠를 챙기고 해가 빨리 지는 만큼 랜턴을 준비했다. 추운 날씨로 체력 소모가 많아 열량이 높은 초콜릿이나 육포 등의 간식과 보온병에 따뜻한 물도 배낭 속에 넣었다.

**철쭉바위의 상고대**
강렬한 기운을 느끼게 한다.

**팔공 준봉의 상고대** 하늘정원에서 보았다.

수태골은 팔공산 정상, 공령公嶺에 가장 수월하게 올라가는 출발점이다. 흔히 수태골을 수태못에서 암벽훈련장, 폭포를 지나 서봉과 동봉에 오르는 길로 알고 있으나 용무골龍門谷, 삼성골三聖谷, 주추바위골, 국도림골國度林谷이 합류하는 지점 일대가 수태골水泰谷이다. 수태골로 들어서니 얼음 밑으로 흐르는 물소리가 이가 시릴 만큼 차갑게 느껴진다. 징검다리를 건너 골짜기로 들어서니 물소리 또한 추위에 얼어선지 산속은 적막으로 가득하다. 여기서 조금만 올라가면 넓고 평평한 폐사지가 나온다. 석축과 남아있는 탑재塔材로 볼 때 신라시대 사찰로 보이나 전하는 기록이 없어 자세한 내력을 알 수 없다.

오른 쪽으로 나있는 작은 골짜기를 따라 가래재 또는 빵재라 부르는 고개를 넘어가면 동화사와 염불암으로 이어진다. 소산小山 이광정李光靖(1714~1789)이 부인동 농연聾淵에서 이 고개를 넘어 염불사와 동화사를 둘러보고 남긴 시를 통해 여기가 부인동과 동화사를 잇는 주요 통로였음을 알 수 있다. 암벽훈련장을 뒤로 하고 올라가면 국도림폭포가 그 위용을 자랑한다. 겨울이라 얼어붙은 물줄기의 장엄한 모습은 팔공산에서 한겨울에만 볼 수 있는 백미白眉이다.

이윽고 경사진 길이 평탄해지고 다시 서북쪽과 동북쪽 세 갈래로 갈라진다. 서북쪽은 천왕봉과 서봉 사이의 주능선에 있는 느지미재에 이르고 동북쪽은 염불목에 이른다. 느지미재는 오도암으로 간다하여 '오도재'라고도 부른다. 그러나 오한鰲漢 손기양孫起陽(1559~1617)은 공산지公山誌에서 '부인사와 동화사로 이어지는 길목으로 이곳을 삼성령三聖嶺'이라 했다. 삼성령에서 주능선을 따라 동쪽으로 약 200m 정도 가면 마애약사여래좌상磨崖藥師如來坐像 안내표지와 만난다. 삼거리 바로 아래에는 평평하고 작은 기와조각이 여기저기 흩어져 있다. 또한 길 한쪽에는 인공의 흔적이 있는 석조물이 놓여 있다. 여기가 낙재樂齋 서사원徐思遠 (1550~1615)이 낙재일기樂齋日記에 기록한 '인각암獜角庵'의 흔적이다. 백운암白雲庵 은 인각암 위에 있는 마애여래좌상 서쪽의 공터에 있었던 작은 암자로 여겨진다.

태재泰齋 류방선柳方善(1388~1443)은 여러 차례 천왕봉에 올라왔다. 이때 지은 '제중봉상인소암題中峯上人小菴' 시의 작은 암자는 '한 칸一間'과 '두문杜門' 등의

팔공산 마애약사여래좌상. 연화좌 밑으로 좌우 두 마리의 용두가 새겨져있는 보기 드문 불상으로 통일신리시대 작품으로 보인다.

시구로 볼 때 인각암이 아니라 백운암으로 보인다.

| | |
|---|---|
| 달이 가슴을 품고 구름이 몸을 품는 것 같아 | 月樣胸懷雲樣身 |
| 한 칸 암자는 티끌 없이 청정하네. | 一間蘭若淨無塵 |
| 대낮에도 문 닫으니 오가는 이 드문데 | 杜門白日少來往 |
| 바위 곁에 핀 꽃은 빈 하늘에 스스로 봄을 맞았네. | 巖畔開花空自春 |

대구시 시도유형문화재 제3호로 지정된 팔공산 마애약사여래상은 대좌 위와 아래를 향하도록 연꽃잎을 새겼고 연화대좌를 용 두 마리가 받치고 있는 화려한 모습으로 조각한 불상으로 우리나라에서 유일하다. 마애여래좌상 서쪽

**팔공산 제천단 비석** 달구벌 얼 찾는 모임에서 세웠다.

의 비탈진 바위 길을 따라 능선에 올라서면 천왕봉과 동봉, 그리고 서봉이 지척인 듯 손에 잡힐 것 같다. 팔공산의 최정상 천왕봉天王峰(1192m) 정상부에 1971년 방송·통신탑이 세워지면서 신라시대 임금이 하늘에 친제親祭했던 중사오악中祀五岳의 하나인 중악中岳의 기상이 크게 손상되었을 뿐만 아니라 옛 모습이 사라졌다. 천왕봉은 북쪽에서 비로봉(1176m), 동쪽에서 동봉(1168m), 서쪽에서 서봉(1153m)이 천왕봉을 감

**제천단을 참배하고 있는 팔공포럼 회원들** 비로봉이라는 표시가 있지만 천왕봉으로도 알려져 있다.

싸고 있어 이규보李奎報(1168~1241)가 헌마공산대왕문獻馬公山大王文에서 '여러 산을 호위로 삼았다衆山而作衛'고 한 기록과 일치한다. 홍상근 전 군위문화원장은 'MBC 방송탑이 있는 봉우리에 성벽을 담처럼 쌓았던 흔적이 있었다. 원탁같이 지름이 10m 정도로 돌로 메웠고 한사람이 다닐 정도를 놔두고 바깥에 담을 쌓았는데, 어른들이 남포루南砲壘라고 했다. 그 자리를 폭파하고 방송탑을 세우면서 아무런 증빙자료를 남기지 않았다'고 증언했다.

이와 함께 1965년 정영호 교수가 팔공산 상봉上峰의 마애여래좌상磨崖如來坐像을 조사한 보고서는 아직 위치를 알 수 없는 팔공산 제천단에 대한 궁금증을 더하게 한다. 보고서에서 '석불입상石佛立像으로부터 상봉上峰 표석標石이 있는 석성石城을 바라보며'라는 기록에 나오는 천왕봉 정상에 있었다는 인공구조물이 남포루가 아닌 제천단의 흔적이 아닐까 추정해보기도 한다.

천왕봉의 서북쪽에 공산성 주봉 비로봉(1176m)과 오도암悟道庵 뒤에 우뚝하게 솟아있는 오도봉(세칭 청운대)의 빼어난 경치가 일품이나 동쪽과 서남쪽은 방

**오도봉의 설경** 일명 청운대라고도 부르며 천왕봉 입구에서 보았다.

송·통신탑에 가로 막혀 답답하기 그지없다. 팔공산에서 가장 높은 봉우리에서 일망무제一望無際의 조망을 즐기지 못한다니 그저 안타까울 따름이다. 방송탑이 없는 곳을 찾아 공산성으로 발길을 옮긴다. 완만하게 경사진 눈길은 비닐포대로 미끄럼 타기에 안성맞춤이다. TBC 방송탑 조금 못 미쳐 오른쪽 산언덕에 걸쳐있는 철 계단은 2011년 천왕봉이 개방되기 전까지 공산성에 있던 군인들이 동화사로 오가던 통로였다. 잡목을 헤치고 언덕에 올라서니 TBC 방송탑 뒤에는 봉황이 낳은 알과 같은 기암괴석이 자태를 뽐내고 있고, 동쪽으로 눈길을 돌리면 동봉(1168m)과 동봉에서 이어진 주능선이 마치 오른 팔로 감싸듯이 길

**알 바위와 팔공영봉** 천왕봉 아래에서 보았다.

게 이어진다. 코끼리바위와 청석배기, 그리고 갈모봉으로 이어지는 산 능선 안쪽에는 치산계곡이 터질 듯이 자리하고 있다. 언덕 아래에는 방송탑 공사로 산산 조각난 바위가 너덜을 이루고 있다. 하얀 눈에 덮여있는 동봉석조약사여래입상東峰石造藥師如來立像을 보노라면 우리 할매처럼 푸근하고 정감이 간다. 기헌奇軒 조병선曺秉善(1873~1956)이 남긴 시구에 '한낮이 되어서야 장수목에 닿았다卓午抵將項'고 한 것을 볼 때 오래전부터 이곳을 '장군메기'라고 불러왔음을 알 수 있다. 멀리서 보면 장군처럼 우뚝하게 서있는 모습이 듬직해서 그렇게 불렀나 보다.

**동봉과 팔공영봉**
왼쪽 끝이 동봉이며 그 아래가 사자바위 그리고 오른쪽 끝 뒤편은 서봉이다.

**팔공산동봉석조약사여래입상**
온화하고 자비로운 불심을 느끼게 하는 미소가 서려있는 보기 드문 불상으로 통일신라 시대의 작품으로 추정된다.

1963년 8월 공산성 옛터에 군부대가 주둔하고 팔공산 최고봉인 천왕봉에 군인들이 머물면서 군사보안상의 이유로 일반인의 출입이 통제돼 2009년 11월 1일자로 개방되기 이전까지 동봉東峯이 팔공산 정상 노릇을 했다. 동봉은 천왕봉과 비로봉, 서봉과는 달리 기암괴석奇巖怪石이 일품이다. 천왕봉 남쪽에서 마애약사여래좌상으로 이어지는 능선에서 바라보면, 동봉 남쪽에는 커다란 돌사자가 포효咆哮하고 있다. 그 아래 거북바위는 어미거북이 새끼 거북과 함께 있는 형상으로 정겨운 모습이 가히 볼만 하다. 이러한 기암괴석과 능선, 봉우리들이 장관을 이루는 팔공산 능선에 눈이 쌓이면 평소의 팔공산과 다른 신비의 세계를 연출한다.

# Ⅲ

# 역사유적과 원림,
# 마을, 서원

## 역사유적과 원림, 마을, 서원

### 양산서원과 막암

한밤마을에서는 군위삼존석굴(국보 제109호)을 예로부터 '불암佛巖'으로 불러왔다. 불암과 담장을 나란히 하고 있는 남쪽에는 고려 말 충신 경재敬齋 홍로洪魯(1366~1392) 등을 배향하는 양산서원陽山書院과 척서정陟西亭이 있고, 양산폭포가 아름다운 경관을 자랑하고 있다. 여기는 정몽주鄭夢周(1337~1392)의 문인이며 부림홍씨의 중시조인 홍로洪魯가 고려조 문하사인門下舍人 벼슬을 지내다 두 임금을 섬기지 않는다는 불사이군不事二君의 절의 정신으로 낙향한 곳이다. 그는 개경에서 고향인 이 곳 한밤마을의 갖골枝谷과 양산서원 부근에 정착해 살다가 고려조가 망하던 날 자진自盡해 27세에 세상을 떠났다. 그가 보인 불사이군의 절개는 백이숙제伯夷叔齊가 수양산首陽山에 들어가 고사리를 캐먹다가 죽은 고사와 관련지어 이곳의 지명과 정자와 서원의 이름으로 남아 있다. 멀뫼首山와 양산陽山 등의 지명과 양산서원, 척서정, 양산폭포 등의 이름이 지금까지 전해온다.

양산교에서 바라본 척서정. 뒤로 양산서원과 제2석굴암이라고 부르는 불암이 보인다.

홍로가 정착했던 갖골 유허지에는 인조 26년(1649년), 홍로선생을 배향하는 용재서원湧才書院을 창건했으나 영조 17년(1742년) 국령으로 훼철毁撤됐다. 그 후 정조 7년(1783년), 그 자리에 세덕사世德祠를 세워 경재敬齋 홍로洪魯, 허백정虛白亭 홍귀달洪貴達(1438~1504), 우암寓菴 홍언충洪彦忠(1473~1508)등 세분을 합향했다. 그 뒤 세덕사를 확장해 서원의 체제를 갖추고 홍로의 행적이 수양산에서 굶어죽은 백이숙제와 닮았기에 양산서원陽山書院으로 승호陞號했으나 고종 5년(1868년)에 다시 국령으로 서원이 훼철됐다. 2005년에 복원하면서 추가로 목재木齋 홍여하洪汝河(1620~1674), 수헌睡軒 홍택하洪宅夏(1752~1820)를 배향했다. 이 서원에 보관됐던 경상북도유형문화재 제251호로 지정된 휘찬여사彙纂麗史 목판은 당대 남인사학의 태두인 홍여하洪汝河가 지은 기전체의 고려시대 역사서로 널리 알려져 있다. 이 책에는 역대 사서에 수록된 적이 없는 거란전契丹傳과 일본전의 외이外夷 부록이 있는 것이 특징이다. 양산서원에 보관하던 이 목판은 현재 한국국학진흥원에 기탁 보관중이며 유네스코 세계기록유산에 등재됐다.

**장판각에 보관되어 있는 휘찬려사 목판본** 목판은 유네스코 문화유산에 등제되어 국학진흥원으로 옮겨져 보존되고 있다.(2012년)

**양산서원의 전경** 고려충신 홍로의 행적이 수양산에서 굶어죽은 백이숙제와 닮았다하여 그가 정착했던 곳에 서원을 세워 홍로를 배향하고 양산서원이라 이름 지었다.

　　국령으로 양산서원이 훼철되자 유허에 척서정陟西亭을 세워 홍로의 충절忠節을 기렸다. 수양산의 별칭이 서산西山이니 백이·숙제가 지은 채미가采薇歌에 '저 서산에 올라 산중의 고사리나 캐자登彼西山兮采其薇矣'라는 시구를 취해 정자 이름을 척서정이라 했다. 양산서원에서 서원천(뒷걸)을 따라 남쪽으로 약 200m 남짓 올라가면 양산폭포와 척서정이 있다. 1948년 무자년戊子年, 옛 양산서원 유허지에 있던 척서정 묘우廟宇를 헐어 양산폭포 아래 암반 위에 누각형식으로 이건移建했다. 척서정에 올라 지척에서 떨어지는 양산폭포의 물소리를 듣노라면 연암 박지원의 '일야구도하기一夜九渡河記'에 기록된 물소리처럼 사람의 마음에 따라 폭포소리 또한 달라지는 것을 실감하게 된다. 1895년 을미년乙未年에 척서정 쪽의 암벽에 '양산陽山'의 두 글자와 맞은편 바위에 '폭포瀑布'의 두 글자를 크게 새겼다. 간혹 '폭포瀑布' 글자만 보고 '양산陽山'은 함께 새기지 않았나 하고 묻는 사람이 있는데 '양산陽山'은 바로 앞에 있는 암반에 새긴 탓에 건너편에 가야 글씨를 볼 수 있다.

양산서원에서 나와 한밤마을 쪽으로 가다가 황청리 마을 동편 옆으로 나있는 동산계곡의 팔공산 정상 방향으로 약 1.3㎞ 떨어진 동산교 옆 자연석에 '막암기幕巖記'라 새긴 비석이 외로이 서 있다. 이곳이 임진왜란 당시 송강松岡 홍천뢰洪天賚 장군, 혼암混庵 홍경승洪慶承 장군이 함께 왜적을 물리치기 위해 산중 초소로 이용했던 바위지역인 '막암幕巖'이다. 그래서 당시엔 이 바위를 새암塞巖이라 했던 것이다. 여헌旅軒 장현광張顯光이 이 막암을 방문해 홍장군을 위로하고 시를 남기기도 했다. 팔공산의 선경仙境 중의 하나이면서 홍천뢰 장군의 산중 거점이며 장현광張顯光의 장구지지杖屨之地(이름난 사람이 머무른 자취를 이르는 말)로 명성이 자자했던 막암은 1930년 경오년庚午年 대홍수로 유실되고 말았다.

동산계곡과 한밤마을 일대가 엄청난 피해를 입는 와중에 막암의 폭포도 돌과 모래에 묻혀 안타깝게도 옛 모습을 찾아볼 수 없다. 오은五隱 홍기우洪麒佑(1827~1912)는 막암기幕巖記에서 '팔공산 바로 아래 동북쪽으로 10리에 막암幕巖이 있는데 옛 이름은 새암塞巖이다. 여헌 장현광이 우리 선조 송강 홍천뢰洪天賚 공과 홍경승洪慶承 공을 여러 차례 찾아왔다. 이런 연유로 막암幕巖이라 개명하였다. 直公山下東北十里許有幕巖巖古號塞巖旅軒張先生訪我族先祖松岡翁及我先祖混庵公累度尋眞改命曰幕巖何以謂也'고 했다. 또한 호은湖隱 유원식柳元軾(1852~1903)은 공산유록公山遊錄에 '다음날 함께 막암幕巖으로 갔다. 막암은 여헌 장현광 선생의 장구지지杖之地이다. 떨어지는 물줄기는 흰 눈과 같았고, 맑은 연못은 거울과 같아서 술 한 잔에 시 한수를 읊을 만 하였다. 깊은 정감을 화창하게 펼치고자 하였으나 최응팔이 이를 사양하였다. 翌日偕往幕巖巖卽旅軒先生杖地也飛瀑噴雪澄潭開鏡一觴一詠足以暢敍幽情應八以事辭去'는 기록을 남겼다. 군위의 향맥(1991년)에 '막암은 팔공산의 크고 작은 여러 골짜기에서 내려 온 물줄기가 이곳에 와서 약 10여 평 넓이의 평평한 바위를 지나는데 그 바위 아래는

열대여섯 사람이 쉬이 들어 갈 수 있도록 생겼다. 그 바위 안에 들어가면 폭포의 물줄기가 밖을 막아주기 때문에 밖에서는 물줄기만 보이고, 바위 안쪽의 굴은 보이지 않는다'고 하였다. 홍우흠 영남대학교 명예교수는 '막암계의 막암幕巖이란 문자 그대로 천막과 같이 생긴 바위란 뜻이다. 그럼 이 막암은 어디에 있는 바위인가? 한밤마을에서 동남쪽을 향해 깊고 험한 계곡을 따라 팔공산 중턱에 이르면 고산심학高山深壑의 맑고 찬물이 한 곳으로 모여 비류직하飛流直下하는 폭포가 있다. 날아 떨어진 폭포수는 세차게 용트림을 하면서 하나의 명경선담明鏡仙潭을 이루고 있는데, 그 선담 옆을 둘러보면 수십 명의 시인묵객들이 무릎을 마주하며 풍류를 즐길 수 있는 천연 반굴反屈 암반巖盤이 찾는 사람의 발걸음을 멈추게 한다. 때문에 언제부터인가 그 반굴 암반을, 하늘이 장막을 덮어 햇빛을 가리고 비를 피할 수 있게 한 바위란 의미로 막암이라 부르게 되었으며, 그 신비스러운 선경의 반석을 찾는 사람들이 많았다. 여헌 선생도 그 중의 한 분이었다'라고 말했다. 여헌 선생이 '막암'의 빼어난 경치를 보고 읊은 시조 한 수가 전해온다.

바위로 집을 짓고, 폭포로 술을 빚어
송풍松風은 거문고 되고, 조성鳥聲(새소리)은 노래로다.
아희야 술을 부어라 여산동취與山同醉하리로다.

또는 여헌 선생이 지은 '홍천뢰洪天賚 장군에 대한 뇌문誄文'을 통해 임진왜란 당시 홍천뢰洪天賚 장군의 인품과 전공의 전말을 잘 알 수 있어 팔공산 지역의 의병사 연구에 소중한 자료로 평가된다. 임진왜란이 끝난 뒤 막암은 여헌 선생의 장구지지杖屨之地로 이 지역의 유학의 중심지가 됐다. 이곳에 막암서원幕巖書院을 세워 장현광 선생과 홍천뢰 장군, 홍경승 장군의 배향配享을 추진했던 사실은 문곡文谷 홍흔洪昕(1601~1653)이 지은 '막암서원영건시통문幕巖書院營建時通文'과 '막암서원상량문幕巖書院上樑文'을 통해 알 수 있다. 그 뒤 막암서원에 대

• **동산계곡의 봄** 겨우내 얼어붙었던 동산계곡의 개울물이 장쾌하게 흐르는 뒤로 활짝 핀 진달래가 봄소식을 알리고 있다.
•• **동산계곡 인근** 송림과 진달래 군락지

한 기록이 없는 것으로 보아 서원 영건이 성사되지 않았던 모양이다. 이런 사실은 죽와竹窩 최주원崔柱元(1648~1720)의 '막암에서 모임을 가지다會幕巖'는 시에 '숭사崇祠는 훗날에 반드시 이루어지리라崇祠他日必然成'라는 시구로 알 수 있다.

| | |
|---|---|
| 팔공산 승지가 허명이 아니어서 | 八公勝地不虛名 |
| 선생의 당시 자취 있어 더욱 빛나네. | 杖屨當時倍麗明 |
| 막암의 유허는 천첩千疊 봉우리 감싸니 | 巖幕遺墟千疊護 |
| 솔바람의 여운은 영원토록 맑구나. | 松琴餘韻萬年淸 |
| 골마다 꽃 가득하니 청산이 아름답고 | 花垂谷谷靑山艶 |
| 물이 층층으로 떨어지니 흰 바위가 드러나네. | 水落層層白石生 |
| 숨은 터에 제사 지냄을 어찌 아낄 것이며, | 莫奉豈無慳秘址 |
| 숭사崇祠는 훗날에 반드시 이루어지리라. | 崇祠他日必然成 |

**막암기**
동산계곡 동산교 옆에 세워져있다.

## 공산성 公山城

　지금의 대구·경북사람들에게는 잊혀진 이름, 공산성. 팔공산 정상부에 있었던 이 산성이 임진왜란 당시엔 대구·경북 지역사람들의 최대 피난처였다. 그리고 전국의 의병장들이 모여 왜적의 재침에 대비했던 군사적 요충지였다. 대구·경북으로서는 그 어떤 지역보다 길이 기억해야할 장소지만 이제 그 산성 터가 남아있는지 조차 모를 지경이 됐다. 팔공산 인근지역 주민들도 산성의 유적에 대해 잘 몰랐고 불확실한 기억을 더듬어 골짜기와 산등성이의 풀숲을 헤매며 남은 흔적을 찾아 나설 수밖에 없었다. 다행히 최근 일제강점기에 만든 공산성 배치도가 발견됨으로써 현장답사와 유적조사에 많은 도움이 됐다. 배치도는 영천과 군위의 경계 표시와 영천지역에 해당하는 공산성의 성벽과 남문, 동문, 북문의 위치를 간략하게 그린 요도要圖였다. 이를 통해 남문에서 북문까지의 성벽과 남문, 동문, 북문의 위치를 대략이나마 알게 됐다. 최근 현지답사 결과, 성안의 샘 2곳 중에 1곳과 적을 협공하기 위한 치雉가 서쪽 절벽과 남문에서 동문에 이르는 구간에 2곳이 남아 있었다.

　공산성은 해발 900m가 넘는 산 속에 있어 적의 접근을 조기에 경보하기 위해 북쪽의 시루봉(726m)과 남쪽의 천왕봉(1,192m)에 전초를 두었던 사실도 밝혀졌다. 그러나 공산성 옛터를 찾기란 쉽지 않았다. 팔공산 정상부로 가기 위해 한티재를 넘어 동산계곡 입구에서 약 8㎞ 산길을 따라 굽이굽이 오르니 '팔공산 원효구도의 길 종합안내도'가 손님을 반긴다. 안내판에 '비로봉' 표기가

**공산성의 배치도** 일제강점기에 제작되었다.

- 비로봉의 서쪽 오도봉 맞은편의 기암 공산성의 서벽으로 사용되었다.
- 공산성 동문 앞에 있는 기암 당시 초소로 사용되었고 현재 맷돌바위, 떡 바위 등으로 불린다.
- 공산성의 북문자리 앞의 바위는 북문의 장대석으로 추정되고 있다.
- 공산성 중성 성벽의 흔적 비로봉의 중턱에 남아있다.

눈에 들어온다. 군사시설로 출입이 통제됐던 이곳에는 공산성 서쪽을 따라 천왕봉으로 가는 구간에 지난 2015년 '팔공산 하늘정원'이 개설됐다.

옛 문헌에 의하면 비로봉은 팔공산 제1봉의 이름이 아니라 제2봉 즉, 공산성 주봉의 이름이다. 면와免窩 권상현權象鉉(1851~1929)은 남긴 글에서 비로봉의 위치를 '공산성의 동쪽을 연해 비로봉(1,176m)이 있고 동쪽 아래에 진불암이 있고, 남쪽에는 삼성암과 오도암, 그리고 염불암이 있다'고 명료하게 설명해놓았다. 하늘정원에 올라 사방을 둘러봐도 공산성의 흔적은 보이지 않는다. 공산성은 선조 30년(1597년) 9월, 왜적에게 함락돼 불타버린 이후 폐허가 됐다. 오랫동안 신녕 쪽에서는 '구산성舊山城'이라 했고, 부계쪽에서는 '고성古城', 즉 '옛 성안' 또는 '이성안'이라 불렀다.

신녕현감을 지낸 오한鰲漢 손기양孫起陽(1559~1617)은 '삼한시대부터 성이 있었고, 고려태조가 동수대전에서 견훤에게 패하자 피신하여 축성했다고 전하나 알 수 없다'고 했다. 다만, 고려 고종 42년(1255년) 몽고병란 당시 '공산성에 입보한 백성들이 양식이 떨어져 굶어 죽은 사람이 많았다'는 고려사 기사로 볼 때 그 이전에 산성이 있었음을 알 수 있다.

문헌에 나타난 공산성의 둘레는 1,358보(약2,444m) 또는 4,433척(약1,339m)라고 전하나 오차가 심해 믿을 수 없고 대략 4km 정도로 추정된다. 성벽의 높이는 남쪽은 4척, 북쪽은 10척이고, 샘 2곳과 도량 3곳이 있다고 전한다.

세종 16년(1434년)에 사용을 중지한 이후 중종 25년(1530년)에 '산성이 반쯤 무너졌다'는 기록처럼 일찍부터 산성의 기능을 상실했다. 그 뒤 임진왜란이 발발하자 공산성은 백성들의 피난처이자 방어의 요충지로 각광받는다. 선조 25년(1592년) 4월 13일 부산포에 상륙한 왜적이 밀양과 청도를 거쳐 4월 21일, 대구성大丘城을 점령하자 부사 윤현尹晛은 동화사로 피난했다. 당시 조정에서는 험준한 곳에서 방어하는 것을 양책으로 삼아 금오산성, 천생산성, 공산성 등을 수리할 계책을 세웠다. 체찰사의 명으로 사명대사는 선조 29년(1596년) 2월, 승병과 인근 백성들을 이끌고 공산성을 수축했다. 그해 3월 3일에는 팔공산에서 70

**공산성의 성벽** 비로봉 중턱에 남아있다.

여개 읍 485명의 의병장과 도체찰사 유성룡柳成龍, 체찰사 이원익李元翼, 경상좌
방어사 고언백高彦伯, 경상우방어사 성윤문成允文 등이 참석한 가운데 제1차 공
산회맹公山會盟을 가진 것으로 전하고 있다. 6개월 후 9월 28일에는 16개 읍 105
명의 의병장이 참여한 가운데 제2차 공산회맹을 가졌다고 한다. 팔공산은 임란
중에 영남을 비롯한 각지의 의병장들이 2차에 걸쳐 대규모 회맹을 맺었던 호국
의 성지였고, 그 중심에 공산성이 있었다.

조선왕조실록에 선조가 영남의 정세를 묻자 유성룡이 '체찰사의 명으로 공
산산성을 수축하니 영남사람들이 모두 공산산성에 들어가 계획을 세우고 있
다'고 아뢴 것이 이를 방증한다. 공산성은 남쪽이 높고 북쪽이 낮으며, 동쪽은
완만하고 서쪽은 절벽으로 마치 키箕를 남쪽에서 북쪽으로 엎어놓은 것과 닮았
다. 이런 지형특성에 따라 남문에서 북문에 이르는 지형이 험한 곳에는 성벽의
높이를 4척, 북쪽의 평지에는 10척(약3m)으로 쌓았다. 공산성에는 북문과 동문,
남문이 있었다. 북문은 북쪽으로 부계와 통하고 동문은 동쪽으로 진불암과 수
도사로 이어지고, 남문은 남쪽 천왕봉 아래 삼성령에서 부인사와 동화사로 오
갈 수 있었다. 주봉 비로봉 동쪽에 공산성의 지휘소인 곡성대가 있었고, 북문
앞에서 북쪽으로 이어진 성벽 2곳에 격대格臺와 동북남 3곳의 성문루를 차례로
보강하여 산성의 면모가 제대로 갖추어져 있었다.

정유재란이 발발했던 선조 30년(1597년) 초, 순찰사 이용순李用淳이 수성守成
의 명을 받고 가족을 이끌고 먼저 공산성에 입성했다. 이어 청송부사 박유인朴
惟仁, 의성현령 여대노呂大老, 의흥현감 이대기李大期, 신녕현감 손기양孫起陽, 하
양현감 문관도文貫道, 경산현령 조형도趙亨道가 가솔을 이끌고 성안에 들어왔다.
이순찰사는 승군의 막사를 본영으로 삼고, 동쪽에 군기고를 세웠다. 청송과 의
성의 주둔지를 북문 서쪽에 두고, 의흥의 주둔지를 비로봉 동쪽 절벽 근처에 두
고, 신녕의 주둔지를 동문 안에 두어 안동 등에서 운반한 군량미를 담당케하고,
하양과 경산의 주둔지를 서남쪽 오목한 곳에 두었다. 또한 북문 앞의 동북쪽 능
선에 이중으로 방어할 수 있도록 중성重城을 쌓았다. 선조 30년(1597년) 7월, 원

균이 칠천량 해전에서 패하자 왜적은 세력을 주변지역으로 확대했다. 순찰사 이용순은 이 소식을 듣고 사명대사의 극력 반대를 물리치고 출성하여 싸우기로 하고 가창 오동원에 진을 쳤다. 그러나 팔조령에서 선봉이 무너지고 왜적이 온다는 소식에 순찰사가 먼저 달아나자 수천의 군사가 순식간에 패주했다. 이때 손기양은 군사 수십 명과 사명대사가 데리고 온 승군 10여명과 함께 냉천의 단애에 의지하여 왜적과 싸워 승리하니 이를 '냉천승첩'이라 한다. 팔조령에서 패주한 뒤 공산성에 돌아온 순찰사는 황석산성이 점령당했다는 소식에 산성을 버리고 떠났다. 9월 15일에는 사명대사도 공산성을 떠났다. 가등청정加藤清正이 직산에서 회병하여 상주와 선산을 거쳐 군위를 함락하니 성에 남아있던 수령들도 떠나 공산성은 무주공산이 됐다. 9월 25일, 왜적이 수도사를 지나 성안으로 들어와 군기를 약탈하고 모조리 불태웠다. 백성들의 피땀 어린 일만여 석의 군량과 성안의 주요시설이 모조리 잿더미가 됐다.

전란이 끝난 직후인 선조 34년(1601년), 안동에 있던 경상감영이 대구로 이전하면서 공산성의 평가가 달라졌다. 그러나 인조 17년(1639년), 공산성의 수축이 검토됐으나 경상감사 이명웅李命雄의 건의에 따라 공산성 수축 대신 가산산성架山山城을 축성했고 그에 따라 공산성은 역사에서 사라졌다. 수백 년이 지난 지금, 대부분의 성벽은 무너졌고, 그중 일부가 남아 공산성의 존재를 전하고 있다. 동산계곡에서 팔공산 정상부로 차로를 따라 오르다 보면 계곡이 끝나는 지점을 조금 지나 길 옆의 산 능선과 비탈에 바위 무더기들이 쌓여있는 모습이 성벽임을 알 수 있게 한다. 산성배치도를 따라 돌다가 보면 군데군데 바위들이 쌓인 형태가 혹은 성벽으로 혹은 산성의 다른 부분으로 사용되었음을 짐작하게 한다. 또한 성벽이 이어지다 절벽과 만나는 곳은 별도로 성을 쌓지 않고 절벽을 성벽으로 이용했다.

공산성의 정확한 규모와 실태를 밝히기 위해서는 지표조사와 시굴 및 발굴조사가 필요하다.

공산성은 후삼국통일전쟁 당시 왕건과 견훤의 동수대전과 관련이 깊고 몽고 침입 당시의 항쟁지이기도 하다. 특히 임란 당시에는 사명대사를 비롯한 승

공산성의 북쪽 전초기지 성벽과 기암은 시루봉에 남아있다.

군의 영남본부가 팔공산에 있었고 정유재란 당시에는 전국의 의병들이 공산회맹을 맺고 왜적에 맞섰던 호국의 성지였다. 이 호국의 성지 팔공산과 공산산성이 역사의 뒤안길로 사라져가고 있다. 그러나 이곳은 대구·경북사람들은 말할 것도 없고 우리 국민 모두가 길이 기억해야할 성지이다.

### 왕의 태실胎室

예로부터 왕실에서 자손이 태어나면 태胎를 아기의 생명선이자 근원이라 하여 길지吉地에 안장하던 풍습이 있었다. 궁중에서 태어난 아기의 출생의례로써 태실을 조성하고, 후에 왕위에 오르면 그 위엄을 더하기 위해 다시 석물石物로 가봉加封했다. 이러한 태실문화는 중국과 일본을 비롯한 전 세계 어디에도 없는 우리나라만이 가졌던 독특한 장태藏胎문화로서 특히 역대왕조 가운데 조선왕실에서 조성한 태실이 가장 많았다.

조선조 당시에는 태실을 조성했던 산은 명산으로 여겨 일종의 성지처럼 관리해왔다. 팔공산은 신라이전부터 나라의 명산이자 길지吉地로 여겼지만 조선조에서도 이곳에 태실을 2기나 조성했을 만큼 명지로 손꼽았던 것이다. 조선 제12대 인종仁宗(재위 1544~1545)과 제15대 광해군光海君(재위 1608~1623)의 태실胎室이 이곳에 조성된 것은 팔공산이 왕의 터임을 말해주고 있다. 2기의 태실 가운데 인종의 태실은 은해사가 소재한 영천시 청통면에 있고 광해군의 태실은 대구시 북구 연경동 도덕산 줄기에 자리 잡고 있다.

인종 태실은 은해사 뒷길로 오르는 호젓한 산 능선에 있다. 일주문과 은해사 보화루를 지나 골짜기로 이어지는 길을 따라 2km 남짓 오르다 만나는 신일지 저수지 옆 갈림길의 팔각정자에서 잠시 땀을 식히고 정자 뒷산으로 오르는 길을 택해야 한다. 갈림길 오른쪽은 운부암으로 가는 길이고, 왼쪽은 백흥암과 묘봉암, 중암암으로 가는 길인데 갈림길 가운데 안내판 뒤로 나있는 산길로 올라야 한다. 경상북도 유형문화재 제350호(2004.06.28.)로 지정된 인종 태실이 소재한 태실봉은 그 산길을 따라 약 800m쯤 오르면 범상치 않은 석조물들이 눈길을

• **태실봉아래 신일지 저수지의 방둑길에서 본 태실봉** 방둑길은 스님들의 수행로로 사용되고 있다.
•• **태실봉을 오르는 오솔길** 산길을 걷는 정취를 느끼게 한다.

**인종의 태항아리를 안장한 중동석**
연꽃잎을 조각한 지대석과 마름모꼴의 화강암으로 배치된 바닥석이 조형미의 극치를 이루고 있다.

사로잡는다. 큰 석조 거북의 비신대가 지금도 살아 움직이듯 방문객을 맞이한다. 태실봉(462m)은 팔공산에서 그리 높은 산은 아니지만 마치 동쪽에서 서쪽으로 키箕를 엎어 놓은 것처럼 봉긋하게 솟은 것과는 달리 정상부는 생각보다 넓고 평평하다. 이 봉우리의 산줄기를 따라 오르면 은해사 말사인 중암암 뒤 만년송에 이르고 여기엔 삼국통일의 영웅 김유신이 기도를 올려 통일의 비방을 받았다는 바위굴과 신라 화랑의 수련도장, 김유신장군 전설의 유적들이 있다.

가봉비加封碑는 거북모양의 귀롱대龜籠臺에 '인종대왕태실仁宗大王胎室'이라 새긴 비신을 세우고 두 마리 용을 새긴 이수를 올렸다. 귀롱대와 이수는 화강암으로 만든 반면에 비신은 흰 대리석으로 만든 것이 특이하다. 연꽃잎을 둘레에 조각한 지대석 위에 태항아리를 안장하는 중동석中童石을 세웠다. 중동석을 중심으로 마름모 모양으로 화강암을 길게 다듬어 바닥을 빈틈없이 고르고 그 가장자리에는 팔각의 난간석을 둘렀다. 인종 태실은 중종 16년(1521년)에 조성되었고, 인종이 붕어하자 명종 1년(1546년)에 가봉加封 공사를 하고 숙종 37년(1711년)에 개수했다.

1928년 일제가 전국에 흩어져 있는 태실의 관리가 어렵다는 명목을 내세워 54기의 태실을 경기도 서삼릉으로 이봉할 때 인종 태실의 태호胎壺와 지석誌石 등이 서삼릉으로 옮겨졌고 이 과정에서 크게 훼손됐다. 1999년 발굴조사에 이어 2007년에 지금의 모습으로 복원됐다.

인종의 태실에 얽힌 얘기는 지금 들어도 매우 애잔하다. 연산군의 학정虐政을 반정으로 몰아내고 즉위한 중종은 재위 10년(1515년) 만에 그토록 고대하던 원자元子(훗날 인종)를 얻었다. 그러나 그 기쁨도 잠시, 장경왕후가 원자를 낳은 지 7일 만에 산후병으로 세상을 떠났다. 장경왕후는 자신의 운명을 직감하고 원자만은 오래살기를 간절하게 바라며 이름을 '억명億命'으로 지어달라고 지아비 중종에게 남긴 편지가 중종실록에 전한다. 중종은 장경왕후의 간절한 바람에 따라 태胎를 잘 갈무리 하여 원자의 명을 길게 하고자 나라의 명당 가운데 길지吉地를 찾아 팔공산 은해사 백흥암 뒷산 봉우리(462m)에 태실胎室을 조성하고 안태했다.

이로부터 이 산봉우리를 태실봉胎室峰이라 불렀다.

경소재景蘇齋 이춘섭李春燮(1737~1815)이 인종 태실을 찾아보고 남긴 시에 '만수봉萬壽峰'이란 시구는 이에 연유하는 것이다. 팔공산도립공원기본계획(1980년)에 나오는 수봉壽峰은 만수봉의 줄임말로 태실봉을 달리 부르는 봉명이었다. 인종이 즉위 1년이 채 못 되어 승하하자 그 뒤를 이어 즉위한 명종은 인종 태실을 역대 어느 임금의 태실보다 규모를 크게 하고 석조물 장식을 화려하게 조성하여 후덕한 군주임을 드러낸다.

열암悅菴 하시찬夏時贊(1750~1828)이 정조 13년(1789년)에 인종 태실을 살피고 지은 시다.

황하가 맑아짐은 천년에 한번 오는 운수로 상서로움을 드러내었으니,　河淸千一運呈祥

맑은 기운이 응집되어 석실에 갈무리되었네.　淑氣凝來石室藏

옛 사적은 거북 등의 글자에 분명하고,　古蹟分明龜背字

붉은 구름은 나무 그림자 우거진 산등성에 왕성하네.　紅雲葱鬱樹陰崗

인종태실의 가봉비와 중동석

**옛 인종태실의 석물들** 발굴조사에서 수집되어 중동석 뒤편에 놓여있다.

| | |
|---|---|
| 산 무지개는 요허姚墟의 상서로움을 상상하고, | 山虹想像姚墟瑞 |
| 시냇가의 풀은 오히려 협마영夾馬營의 향기를 전하네. | 澗草猶傳夾馬香 |
| 나무하고 나물 캐는 유민들도 사랑하여 보호할 줄 아니, | 樵採遺民知愛護 |
| 아아! 임금의 덕은 잊을 수 없도다. | 嗚呼盛德不能忘 |

　인종태실에서 내려오다 첫 번째 다리 오른쪽 냇가에 있는 이끼가 무성한 바위에는 뜻밖에도 흥선대원군興宣大院君과 관련된 '은해사유공송銀海寺有功頌'이란 명銘이 새겨져 있었다. 은해사유공송에는 '당상대감흥선군堂上大監興宣君 순상국신석우巡相國申錫禹 정사유월일丁巳六月日 주사수의서主事輪誼書'란 글씨가 새겨져 있다. '당상대감흥선군'은 우리가 익히 잘 알고 있는 흥선대원군 이하응李昰應(1820~1898)이다. 이하응은 영조의 5대손으로 헌종 9년(1843년) 흥선군에 봉해

지고 1846년 수릉천장도감綏陵遷葬都監의 대존관代尊官이 된 후 종친부유사당상宗親府有司堂上·도총관都摠管 등 한직閑職을 지내다가 둘째아들이 고종으로 즉위하면서 흥선대원군이 된다. 흥선군이 헌종의 아버지 익종의 능인 수릉의 천장을 지휘 감독하는 당상도감이 되자 수릉에서 사용하는 숯을 공급하는 팔공산에 관심을 가졌으며, 철종 8년(1857년) 6월에 순찰사 신석우申錫禹를 시켜 인종대왕 태실胎室에 제사를 받들기 위한 재물을 보낸 것을 기리고자 은해사에서 태실 길목의 큰 바위에 '은해사유공송'이란 명을 새긴 것으로 보인다.

광해군光海君(재위 1608~1623)의 태실은 도덕산(660m)에서 함지산(288m)으로 뻗친 산줄기에서 살짝 솟은 태봉(116.7m)에 자리 잡고 있다. 조선 제15대 임금인 광해군은 선조의 둘째아들로 선조 25년(1592년) 임진왜란 중에 왕세자가 되었고 1608년에 즉위했다. 광해군 3년(1611년)에 '대구부사 안도安燾가 수토관守土官으로서 태봉胎封을 수개修改했다'는 기사로 미뤄 광해군이 즉위한 뒤에 태실을 가봉했음을 알 수 있다. 광해군 태실 앞에 있었던 옛 태봉마을은 연경동에서 가장 큰 마을이었으나 토지주택공사의 '대구연경지구' 택지개발사업으로 사라졌고, 다만 대구에서 가장 오래되었다는 수령 1,000년의 느티나무와 300년의 느티나무 두 그루가 남아 태봉마을의 흔적을 말없이 전하고 있다. 태봉마을에서는 태봉을 '탯등'이라 하고 봉우리의 형상이 연꽃을 닮아 '연화봉蓮花峰'이라 불렀다고도 한다.

광해군 태실은 인종 태실과 달리 귀부龜趺는 형체를 알아 볼 수 없을 정도로 산산조각 났고, 여타 태실의 석물들도 원형을 알아보기 힘들 만큼 훼손돼 사방으로 흩어져 있다. 현재 남아있는 태실비에는 '왕자경용아기씨태실王子慶龍阿只氏胎室'이란 명문이 새겨져 있어 이곳이 왕자의 태실임을 밝히고 있다. '아지阿只'란 표현은 우리말의 '아기'이다. 건립연대는 비석의 파편에 '만력萬曆 삼三ㅇㅇ 일월一月 ㅇ일日 건建'이란 명문이 있어 명나라 신종 3년(1575년), 즉 선조 8년(1575년)에 태어난 광해군의 태실임을 알 수 있다. 광해군은 인종과 달리 인조반정으로 폐위되어 묘호廟號가 없다. 일설에는 일제강점기에 태실의 부장품을 노

**흥선대원군의 흔적인 '은해사 유공송'의 명문이 새겨진 바위**
이끼와 마모 등으로 글씨가 잘 보이지 않으나 산일지저수지 아래 다리 옆에 있다.

- 　**광해군 태실이 있는 태봉** 연경 택지 조성지구에서 본 모습으로 태봉은 태실봉과 흡사하다.
- •　**파괴된 광해군 태실의 조각들(1987년)**
- •••　**광해군태실의 흩어져있는 석물** 방수천막으로 덮어놓았다.

린 도굴꾼에 의해 파괴되었다고 하나, 도굴꾼들이 귀부와 석물을 산산조각 내면서까지 도굴할 까닭은 없었을 것으로 여겨진다. 추정컨대 인목대비 유폐와 형 임해대군과 동생 영창대군의 살해, 청과 화친 등의 죄목으로 광해군이 폐위된 뒤에 유림에 의해 파괴되었을 것으로 추정된다. 다만, 태실 주변에 빼곡하게 들어선 일반인 분묘들은 석물 형상으로 보아 일제강점기 이후 조성된 것으로 보인다.

태봉마을에서 북쪽 1.5㎞ 가량 떨어진 곳에 있는 안도덕마을에는 광해군의 태실이 태봉마을 뒷산에 조성되자 마을 앞에 있는 수구水口가 열리는 풍수상의 변화가 일어났다고 한다. 당시의 풍수관념으로는 수구가 너무 넓거나 열려있으면 마을이나 집터의 기운이 빠져나간다고 여겨 이를 막기 위해 수구막이를 위한 소나무 숲을 조성했다. 이 곳에는 1959년 사라호 태풍으로 숲이 황폐화되기 전만해도 높이 10~20m, 지름 1~2m 크기의 나무가 10그루 이상 남아있었지

만 지금은 그 흔적을 찾을 수 없다.

광해군 태실은 왕의 터이지만 아직 문화재로 지정되지 않았다. 임금의 자리에서 쫓겨나 비운의 일생을 살았던 광해군은 지금도 그의 유적이 정당한 대우를 받지 못하는 것을 보면 씁쓰레한 여운이 남는다. 대구연경지구 택지개발사업의 일환으로 태실에 대한 지표조사를 실시하고 흩어진 태실의 석물 주변에 테이프로만 구획해 두었을 뿐이다. 앞으로도 훼손이 걱정스럽다. 긴급한 보호조치와 함께 문화재 지정이 시급한 실정이다.

### 김유신과 중악석굴

팔공산은 김유신金庾信(595~673)이 화랑시절 중악석굴中岳石窟에서 수도하며 삼국통일의 서원을 세웠던 신라 화랑花郞들의 성지다. 청명한 가을하늘을 바라보며, 이 땅 최초의 삼한일통三韓一統의 민족국가를 기원했고 마침내 그것이 이루어지게 했던 은해사 산내암자인 중암암中巖庵의 중악석굴을 찾아 나섰다. 중암암中巖庵은 팔공산 천왕봉(1192m)에서 동쪽으로 뻗은 종주능선이 느패재를 지나 늘패산에서 동쪽으로 갈라져 인종대왕 태실봉으로 이어지는 중간에 위치한 천인단애千仞斷崖에 제비집처럼 얹혀있는 작은 암자로 신라 흥덕왕 9년(834년)에 심지왕사心地王師가 창건했으며, 순조 23년(1823년)에 태여사太如師가 중수했다고 전한다. 암자 입구에 석굴石窟로 된 석문石門이 있어 예로부터 돌구무(돌구멍) 절이라 했다.

암자 뒤에는 집채만 한 거대한 화강암 덩이가 층층이 얽혀 만든 석굴이 있다. 석굴은 동서로 길게 뚫려있고 높이는 4~5m 가량이며, 폭은 1m 내외, 길이는 10m 내외다. 이 석굴이 김유신이 17세에 삼국 평정을 맹서하고 신비의 노인 난승難勝에게서 삼한통일의 비법을 전수받았던 중악석굴로 일명 장군굴이라 한다. 석굴 중앙에서 남쪽으로 갈라졌고, 다시 그 중간에서 서쪽으로 갈라져 마치 바위굴이 'ㅁ'자 모양을 하고 있는데 이 굴을 세칭 '극락굴'이라 한다. 갈라진 바위틈으로 겨우 한사람이 게 걸음으로 다닐 수 있는데 안경도 벗고 자동차 열쇠도 내려놓고 세상의 욕심을 모두 내려놓아야만 비로소 돌아 나올 수 있다고 전해지면서 사람들이 찾는 곳이다. 석굴 남쪽에는 경상북도 유형문화재 제332호(2001.11.01.)로 지정된 중암암 삼층석탑이 자리하고 있다. 삼층석탑의 서쪽 큰 바위 아래에는 고려시대의 전형적인 어골문魚骨文 기와 조각이 흩어져 있어 이곳에 법당法堂이 있었고 현재 중암암 자리에는 요사가 있었을 것으로 추정된다.

김유신 장군이 수도했던 중악석굴은 남북에서 호석虎石과 용석龍石이 호위하고 있는 형국이다. 남쪽의 금당 터 뒤에 있는 큰 바위가 호석虎石이고, 석굴의 북쪽을 연하여 길게 이어진 바위가 용석龍石이다. 중악석굴에서 나와 북쪽으로 조금 내려가면 김유신 장군이 석굴에서 수도하면서 마셨다는 장군수將軍水 약수터가 있다. 10m가 넘는 바위절벽 아래에서 솟아나는 석간수石間水는 맑고 얼음처럼 차서 팔공산의 정기가 듬뿍 담겨 있었다. 삼국사기三國史記 김유신전金庾信傳에는 '김유신은 나이 15세에 화랑이 되어 그를 따르는 용화향도龍華香徒를 이끌었다. 진평왕 28년(611년) 나이 17세에 고구려, 백제, 말갈이 국경을 침범하

**중악석굴** 원효대사와 김유신장군의 수도처로
알려져 있으며 극락굴이라고도 부른다.

는 것을 보고 비분강개하여 외적을 평정할 뜻을 품고 혼자 중악석굴에 들어가 재계齋戒하고 하늘에 고하여 삼국을 평정할 것을 맹서盟誓했다. 4일이 지나자 갈옷을 입은 한 노인이 찾아와 "그대가 어린나이에 삼국을 병합할 뜻을 품고 있으니 장하다"고 하며, 비법을 가르쳐 주면서 "함부로 전하지 마라. 의롭게 사용하지 않으면 재앙을 받으리라" 하고는 작별했다. 2리쯤 갔을 때 뒤좇아 가 찾아보았으나 흔적이 없고 오직 산 위에 오색찬란한 빛이 서려있었다'고 하였다.

한동안 중악석굴中岳石窟의 위치에 대해 학계의 논란이 있었다. 1969년 신라삼산학술조사단新羅三山學術調査團에서는 삼산三山을 나력奈歷(경주), 골화骨火(영천), 혈례穴禮를 청도靑道로 비정하고 그 중앙에 있는 단석산斷石山 신선사神仙寺에 있는 석굴을 중악석굴로 단정하였다. 최근 연구에 따르면, '대사大祀인 삼산은 현재 경주의 명활산과 영천의 골화사, 그리고 안강의 혈례산인데 모두 경주와 그 주변을 둘러싸서 경주를 외호하는 산으로 존재한다'고 하여 혈례穴禮가 청도가 아니라 안강으로 밝혀졌다. 신라는 통일이전에 경주 왕경王京을 중심으로 동악 토함산土含山, 서악 선도산仙桃山, 남악 고위산高位山, 북악 금강산金剛山, 중악 낭산狼山의 왕경오악王京五岳을 두어 수도와 왕경을 진호鎭護했다. 삼국사기 김유신열전은 김부식金富軾

**장군수** 김유신장군이 수련하면서 즐겨마셨다고 전하며 암벽사이에서 나오는 석간수이다.

**중암암의 정문**
돌구멍 절이라는 이
름이 허명이 아니다.

**중암암삼층석탑**
고려 초기 양식으로 알
려져 있다.

**중암암의 위용**
암벽과 소나무가 뒤
엉켜 있는 산속에 자
리 잡고 있다.

(1075~1151)이 밝힌바와 같이 김유신의 현손玄孫(고손자)인 김청작金淸作이 지은 행록行錄을 산정刪定하고, 국자박사國子博士 설인선薛因宣이 지은 김유신의 묘비를 상고詳考하여 만들었다. 신라가 국학을 설치한 신문왕 2년(682년) 이후의 관직인 국자박사國子博士를 지낸 설인선과 김청작은 중사오악中祀五岳이 전국으로 확대된 이후에 살았던 사람이다. 왕경오악의 중악 낭산은 육산肉山으로 석굴이 존재할 수 없다. 단석산은 삼산과 왕경오악 밖에 위치하여 중악과는 전혀 무관할 뿐 아니라 단석산을 중악이라 기록한 문헌은 없었다. 단석산이 곧 중악이라는 설은 단석산의 암석 형상을 김유신 전설과 결부시킨 후대의 전승을 수록한 신증동국여지승람의 기록에서 비롯되었다. 따라서 삼국사기 김유신전의 중악석굴 기사는 중사오악中祀五岳이 전국으로 확대된 이후의 기록이며, 중악석굴은 팔공산 은해사 산내암자인 중암암 뒤의 석굴이 분명하다.

이같이 논란이 이어져왔던 중악석굴을 힘들게 돌아 나왔는데 또 다시 배낭을 머리 위에 이고 좁은 바위틈을 지나야만 겨우 건들 바위와 만년송萬年松을 만날 수 있었다. 널찍한 너럭바위 위에는 두 토막 난 큰 바위가 아무 말 없이 자리를 지키고 있다. 크기는 길이가 7m, 긴 폭은 2m, 짧은 폭은 1m 정도로 건들 바위, 일명 동석動石이라고 한다. 혼자 흔들자 꿈쩍도 않더니 서너 명이 달라붙자 흔들거린다. 건들 바위에 올라서면 북쪽으로 천왕봉을 비롯한 팔공산 정상부가 한눈에 들어오고 멀리 산 아래로 운부암이 지척인 듯 바라보인다. 우담愚潭 정시한丁時翰(1625~1707)은 산중일기에서 '건들 바위는 기우제祈雨祭를 지내는 석대石臺'라고 하였다. 열암悅菴 하시찬夏時贊(1750~1828)은 인종대왕태실仁宗大王胎室을 살펴본 뒤에 이곳에 와서 '건들바위動石' 시를 지었다.

| 돌의 성질은 원래 고요한 것이 정상이나, | 石性元來靜是常 |
| 갑작스럽게 산등성에서 움직이네. | 胡然能動在山崗 |
| 흡사 체용을 알아 서로 오묘함을 필요로 하니, | 似知體用相須妙 |
| 백겁百劫토록 남풍藍風이 상하게 하지 못하였네. | 百劫藍風不敢傷 |

건들 바위 옆에는 만년송이 너럭바위 틈에 뿌리를 깊이 내리고 하늘을 향해 우뚝하게 서있다. 만년송은 바위 위에서 세 줄기로 갈라져 있다. 높이는 7~8m 남짓하고 가지 둘레는 80㎝에서 140㎝ 정도이나 수령이 얼마인지는 알지 못한다. 사방이 바위로 뒤덮인 이곳에 뿌리를 내리고 온갖 시련을 이겨낸 소나무의 놀라운 생명력은 만년송이란 이름과 잘 어울린다.

중악석굴과 연해 동쪽을 향해있는 용석龍石의 머리 부분에 '삼인암三印岩' 3글자가 깊이 새겨져 있다. 삼인암은 큰 바위가 세 토막으로 잘려있는데 간격은 1~2m 정도로 뛰어 넘어갈 수 있다. 삼인암에는 '자식이 없던 부인이 여기에서 정성을 들여 아들 삼형제를 낳았다'는 기자석祈子石의 전설과 '어느 집안 아들 삼형제 혹은 친구 세 사람이 뜻하는 바가 있어서 이곳에 와서 정성을 들이고 힘써 정진하여 모두 뜻하는 바를 이루었다'는 전설이 전한다. 삼인암三印岩은 불교의 삼법인三法印을 상징한다고 볼 수 있다. 삼법인은 불교의 3가지 진리라는 뜻으로 제행무상諸行無常, 제법무아諸法無我, 열반적정涅槃寂靜을 말한다.

삼인암 북쪽 바위 절벽에 제명題名을 남긴 영천군수永川郡守 조재득趙載得, 원주판관原州判官 재한載翰, 고산현감高山縣監 재리載履는 영조 때 영의정을 지낸 조현명趙顯命의 세 아들이다. 훗날 조재득趙載得의 아들 노진潞鎭과 수진修鎭이 찾아와서 아버지와 숙부 제명題名 옆에 자신들의 이름을 새겼다. 경기·황해·평안도 관찰사 세 사람이 태조 이성계의 명에 따라 관인官印을 소나무에 걸어놓고 평상복으로 무학 대사를 찾으러 갔다는 삼인봉三印峰 고사에 비겨 삼인암 글씨 뒤쪽 바위에 새겨져 있는 영천군수永川郡守 조재득趙載得, 원주판관原州判官 재한載翰, 고산현감高山縣監 재리載履 삼형제의 관인을 상징하여 '삼인암三印岩'이라 새겼던 것으로 추정한다. 승정원일기에 조재득趙載得이 영조 35년(1759년) 9월 3일부터 영조 38년(1762년) 7월 3일까지 영천군수로 재임한 기록이 있어 '삼인암三印岩'은 그 이후에 새긴 것으로 추정된다. 조재득趙載得이 제명을 새긴 바위 동쪽에는 널찍한 공터가 있다. 정시한丁時翰은 산중일기에 '이 자리를 고봉암高峰菴 터라 하고 전후좌우의 암석이 기괴하니 실로 도인道人의 수행처라 할 만하였

**만년송** 아침햇살을 받고 있다.

• **삼인암** 중암암 법당 위에 있다.
•• **삼인암 북쪽바위절벽 꼭대기에 이름을 남긴 사람들** 부친과 숙부의 관직과 이름 옆에 자식들의 이름이 보인다.

다'고 했다. 전해오기로는 이곳을 화랑의 수련장이라고도 한다.

정시한이 중암암 석정石井의 물을 마시고는 맑고 시원하다고 했던 바와 같이 김유신도 이 샘물을 마시지 않았을까. 석정石井의 물은 그때와 다름이 없으나 지금은 중암암의 용왕각龍王閣으로 꾸며져 있다. 중악석굴을 중심으로 팔공산 곳곳에는 김유신 장군과 관련 흔적들이 남아 지금까지 전하고 있다. 불굴사 홍주암에서 김유신이 수도할 때 말울음소리가 들렸다는 명마산鳴馬山이 있다. 명마산 능선을 따라 갓바위 가는 길에 장군바위가 우뚝하게 서있고, 동봉과 오도봉 일대에 김유신 장군이 수련 중에 마셨다는 장군수가 있다. 김유신이 팔공산의 정기를 받아 삼국통일의 대업을 이루었다는 당시의 모습이 머릿속에 신령한 영상으로 맴돈다.

## 옻골마을

1930년 무렵. 우리나라에는 1만5천 개의 동성마을이 있었고, 대구지역에도 60여개의 동성촌락이 분포했다는 기록이 있으나 1960년대 이후 대구도심의 확장과 급격한 개발로 대부분 사라지고 말았다. 그 가운데 대구에서는 드물게도 옻골마을의 경주최씨가 종가의 전통을 잇고 있으며, 경주최씨종택慶州崔氏宗宅은 중요민속문화재 제261호(2009.06.19.)로 지정됐다.

옻골 마을은 팔공산 동쪽 자락인 대구시 동구 둔산동의 자연부락이다. 둔산屯山은 대한화사전大漢和辭典에 '둔가屯家나 둔창屯倉은 곡식을 거두어서 갈무리하는 곳'을 뜻한다고 해 둔산은 '곡식이 가득 찬 둔덕'에서 유래된 것으로 보인다. 마을 주변에 옻나무가 많아 옻골 또는 칠계漆溪라고도 한다. 최동집崔東(1586~1661)의 대암집臺巖集과 이상정李象靖(1710~1781)의 대산집大山集에 나오는 '칠계漆溪'라는 기록으로 보아 예로부터 불려왔음을 알 수 있다.

지하철 1호선 방촌역에서 '경주최씨종가' 안내표지를 따라 골목길로 들어가면 대구공항 오른쪽 경계와 만난다. 경부고속도로 아래를 지나면 해안초등학교가 나온다. 해안현解顏縣은 본래 치성화현雉省火縣·미리현美理縣이라 했으나 신라 경덕왕이 해안현解顏縣으로 개명했던 흔적이 해안초등학교 교명에 남아있다. 옻골 마을 동네어귀의 널찍한 주차장에 차를 세우고 마을로 들어서니 서쪽에 야트막한 언덕과 연못이 있고 족히 수백 년은 묵었을 느티나무가 드문드문 자리를 지키고 있다. 이 비보림裨補林은 1650년대 입향조 최동집의 증손 최수학崔壽鶴이 조성한 것으로 1982년 보호수로 지정됐다. 옻골은 동쪽을 틔우고 서쪽은 막아야 좋다는 풍수설에 따라 서쪽에 숲을 조성하고 동쪽은 그대로 두었다고 한다. 예로부터 종가 마루에서 '금호강이 보이면 해롭다'고 해 둑을 쌓고 나무를 심었다고 한다. 비보림과 마을 뒤편에 대암봉臺巖峰(465m)이 보이고 그 앞에 자리하고 있는 큼직한 바위를 생구바우 또는 거북바위라고 하는데, 명당을 완성하는 핵심 구실을 한다고 한다. 비보림 안쪽에 거북이를 위해 연못을 만든 것도 이에 연유한다고 하고, 마을을 가리기 위해 흙을 구하다 보니 못이 됐다는 이야기도 있다. 최흥원의 역중일기歷中日記에는 '유상일이 대암에 올라가 아래쪽의 와혈을 보고 임좌병향壬坐丙向이면 하늘과 땅이 합치돼 장군대좌將軍大坐가 된다고 했다'고 해 이 거북바위를 옻골 풍수의 중심으로 삼았다. 이 바위의 정

• **수령 350년의 느티나무와 비보림** 옻골 마을을 악기로부터 보호하기 위해 조성되었으나 지금은 쉼터와 공원의 역할도 한다.
•• **최동집나무** 옻골마을 입구에 서있는 수령 350년의 회화나무

기가 가묘와 보본당 사이로 흘러내린다는 것과 입향조 이래로 종가 뒤쪽에 집을 지으면 해롭다고 해서 너른 터를 비워둔 것도 흘러내리는 정기가 막힐 것을 염려한 까닭이다. 마을 입구에는 예사롭지 않은 회화나무 세 그루가 마을의 품격을 말해주며 문지기처럼 옻골 마을을 지키고 있다. 경주최씨들이 이주해 마을의 안녕과 풍요를 기원하며 심은 나무다. 수령이 300~400년이 된 거목으로 일명 '최동집나무'라고 한다.

옻골 경주최씨종택 입구의 최흥원 정려각은 '정조 13년(1789년) 백불암 최흥원 선생의 효행을 기리기 위해 세운 것'으로 대구시문화재자료 제40호(2006.04.20.)로 지정됐다. 정려각을 지나면 삼거리에서 종택과 전통체험장으로 길이 갈라진다. 종택을 향해 곧게 뻗은 길 좌우에 솔가지를 지붕으로 얹은 오른쪽 담과 기와지붕을 올린 왼쪽 담이 대조를 이룬다. 우리나라는 전통적으로 돌과 흙을 섞어 담을 쌓고는 비에 씻겨 담이 훼손되지 않도록 짚이나 솔가지로 지붕을 얹었다. 짚담은 매년 갈아야 하는 번거로움이 있어 한번 만들면 2~3년

**옻골마을의 돌담길** 기와와, 솔가지를 올려놓은 토석담으로 뒤로 대암봉과 거북바위가 보인다.

**최흥원 정려각** 백불암 최흥원의 효행을 기리기 위해 세워졌으며 마을의 중앙에 있다.

은 가는 솔가지담을 선호했다. 옻골 마을 옛 담장은 흙다짐에 돌을 박은 토석담이 주류를 이루며, 마을 안길이 쭉 뻗어 있다. 옛 담장은 전통가옥과 어우러져 운치를 자아내며 전형적인 양반촌의 분위기를 풍긴다. 등록문화재 제266호(2006.06.19.)다.

　　종택의 대문채는 정면 5칸 측면 1칸 규모의 맞배지붕에 평대문이다. 명망이 있는 양반가에서 권위를 상징하는 솟을대문을 올리지 않고 평대문을 했다는 점에서 겸양의 미덕이 엿보인다. 문패 아래에는 문체부와 관광공사 명의의 '우수전통한옥문화체험 숙박시설 명품고택名品古宅' 인증서가 걸려있어 기회가 되면 한옥체험을 해보고 싶은 곳이다. 대문채 안으로 들어서면 왼쪽 두 칸은 행랑과 마구간이고 오른 쪽 두 칸은 고방으로 '양입위출量入爲出'과 '작유여유綽有餘裕'라는 입춘첩이 붙어있다. '수입을 생각해 지출하되 이에 너무 얽매이지 말고 여유를 누려라'는 뜻으로 오늘날 우리에게 시사하는 바가 크다. 전통한옥인 종택은 남성공간인 사랑채와 여성공간인 안채로 구성돼 있다. 사랑채는 중사랑,

큰사랑, 마루로 돼있다. 중사랑은 정면 2칸에 측면 1칸 규모다. 큰사랑은 대원군의 서원철폐령에 따라 훼철된 동천서원東川書院의 옛 재목으로 1905년 정면 4칸, 측면 1칸 반 규모로 중건하면서 이전에 있던 중사랑보다 높게 지었다. 사랑채는 원주圓柱와 각주角柱를 혼용하고 있으나 대청과 방이 접합하는 전퇴前退기둥에는 8각주, 대청 우측전면에는 원주, 중간에는 8각주, 후면에는 4각주를 사용하고 있다. 이를 통해 사랑채는 천원지방天圓地方의 개념에 따라 지었다는 것을 알 수 있다.

큰 사랑 북벽에는 '수구당數씀堂'이란 현판이, 앞에는 '백불고택百弗古宅'이란 현판이 걸려있다. 이 두 현판은 중흥조 최흥원崔興遠의 호로 집안에서 백불암선생을 얼마나 흠모하고 있는지 잘 알 수 있다. 수구당은 최종응崔鐘應(1873~1943), 백불고택은 종손의 부친 최병찬崔秉瓚의 글씨다. 사랑채 왼쪽으로 돌아가면 안채가 있다. 안채는 북쪽에 육칸대청六間大廳을 중심으로 'ㄷ'자 형으로 서쪽에 정지방, 큰방, 정지(부엌), 안대문을, 동쪽에 상방, 고방, 작은방, 중

우곡마을 경주최씨 종택의 사랑채. 백불고택이라는 현판이 고택의 무게를 더해준다. 백불암은 중흥조 최흥원의 호다

- 경주최씨 종택의 가묘와 별묘 별묘는 오른쪽 향나무 아래의 기와집이다.
- •• 경주최씨 종택의 안채 1630년에 지어졌으며 대청의 우물마루와 가구들이 대구 최고最古의 고택답게 아름답기 그지없다.
- ••• 경주최씨 종택의 정지간(부엌)의 외부모습 안채에 딸려있다.

문을 배치했다. 장유유서長幼有序의 유교정신에 따라 북쪽의 대청보다 서쪽과 동쪽의 건물을 낮게 배치한 것이 특색이다.

사랑채 서쪽의 숭모각崇慕閣에는 대구시 시도유형문화재 제51호(2003.04.30)로 지정된 종가소장전적 2종 664점을 보관하고 있다. 종가에는 이외에도 방대한 양의 문적자료를 소장하고 있어 조선후기 대구지역 양반들의 생활상 등을 이해하는데 중요한 자료로 평가받고 있다. 특히 숭모각에서 400여년 만에 발견된 연경서원 통강록通講錄은 1605년에서 1613년까지 대구지역을 비롯한 인근 지역의 유림들이 연경서원에서 강학했던 사실이 자세하게 기록되어 있다. 이 통강록은 지금까지 남아 있는 우리나라의 통강록 중에서 가장 완벽한 자료로 137명의 학생 명단, 교육과목, 출결, 평가 등이 기록된 오늘날의 종합적인 학적부로 연경서원 복원 당위성을 입증하는 귀중한 자료로 높이 평가된다. 연경서원은 명종 19년(1564년)에 창건된 대구 최초의 서원으로 지역의 학문과 문화을 이끌어왔으나 고종 8년(1871년)에 대원군의 서원철폐정책으로 훼철되었다. 퇴계 이황이 남긴 서원십영書院十詠 연경서원 시에 나오는 '화암畫巖'은 변함이 없으나 서원의 옛터에는 대원사가 자리하고 있다.

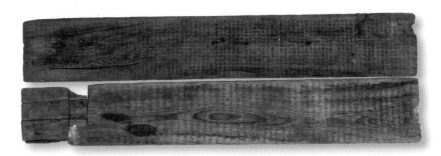

**연경서원 기문후기 편액** 퇴계이황의 서원교육철학이 담겨있다.

최동집은 명나라가 망하자 팔공산 부인동에 들어가 농연 위에 집을 짓고 은둔하여 벼슬길에 나가지 않았다. 이로써 숭정처사崇禎處士라고 불렀다. 대구교육팔공산수련원에서 용수동으로 내려오면 '부인동강당夫仁洞講堂'이 있다. 이

**연경서원의 배경이 되었던 화암** 화암 앞에는 대구 최초의 서원인 연경서원의 옛터였는데 현재 연경택지지구로 개발 중이다. 길이나기 전에는 아래 동화천사이의 도로가 없어서 산수와 함께 그 웅자가 더욱 빼어났을 것으로 보인다.

건물은 1739년 최흥원이 부인동향약을 시행하면서 다른 문중들과 함께 의논해 선공고先公庫와 휼빈고恤貧庫를 만들어 동민의 생활을 안정시킨 후 동민들의 교육을 위해 1745년에 지은 것이다. 부인동강당에서 약 800m 정도 아래에는 최동집을 기리는 농연서당聾淵書堂이 있다. 본래 숭정처사유허비 서쪽에 있었으나 1925년 대홍수에 떠내려간 것을 1930년에 지금의 자리에 옮겨 세웠으나 불에 타버려 1981년에 중건했다. 여기서 약 300m 정도 내려가서 팔공산기독연수원 안으로 들어가면 용수천 건너편 북서쪽에 번암樊巖 채제공蔡濟恭(1720~1799)이 비문을 짓고 정시용鄭始容이 글씨를 써서 세운 숭정처사유허비崇禎處士遺墟碑가 우뚝 서있다. 높이는 520㎝ 남짓하고, 폭은 260㎝, 두께는 280㎝ 정도로 족히 수십 톤이 넘는 커다란 자연석에 새긴 비석으로 팔공산 일대에서 이보다 더

**최동집선생을 기린 숭정처사유허비**
팔공기독연수원 옆 용수천변에 우뚝서있다.

큰 비석은 찾아볼 수 없다. 최흥원이 채제공에게 청해 비문을 받았지만 정작 비를 세운 것은 최흥원의 증손자 최효술崔孝述(1786~1870)이다. 최효술이 지은 농연입석기사礱淵立石記事에는 '계미년(1823년) 봄에 농연 위를 거닐다가 이 돌을 발견하고 세우기 위해 애를 썼으나 번번이 실패하고 3년이 지난 병술년(1826년) 봄에 돌을 세우게 된 과정'을 소상하게 기록하고 있다.

사당祠堂은 사대부가에서 조상의 신주를 모시는 곳으로 가묘家廟라고 하며, 왕실의 것은 종묘宗廟라고 한다. 집을 지을 때 사당은 정침正寢의 동쪽에 먼저 지어야 한다. 이 같은 법도에 따라 경주최씨종택의 살림집 동쪽에는 가묘家廟와 별묘別廟, 보본당報本堂 등의 제례공간이 자리하고 있다. 가묘는 정면 3칸, 측면 1칸 규모로 1630년 안채와 함께 건립한 것으로 현 종손의 4대조 신위와 불천위不遷位 최흥원의 신위를 모시고 있다. 경주최씨 종가는 최동집과 최흥원 두 분의 불천위를 모시고 있는 집안으로 여느 사대부집안과는 달리 별묘가 하나 더 있다. 정면 1칸, 측면 1칸 규모로 최흥원이 1737년에 불천위不遷位 최동집을 위해 세운 것으로 가묘 동쪽에 담을 치고 사당 출입문 위에 태극화반太極花盤을 올려놓아 입향조에 대한 권위와 존숭의 관념을 한껏 드높였다.

보본당報本堂은 별묘 앞에 정면 5칸, 측면 2칸 규모로 최흥원이 입향조 최동집의 불천위 제사를 받들기 위해 세웠다. 보본당報本堂은 대구의 대표적인 실학자 최흥원이 유형원柳馨遠의 반계수록磻溪隧錄을 최초로 교정한 곳으로 유명하다. 영조 46년(1770년) 반계수록磻溪隧錄을 간행하라는 왕명에 따라 조정대신들이 최흥원을 교정과 간행의 적임자로 천거하자 경상감사 이미李瀰의 의뢰를 받은 최흥원이 66세에 보본당에서 교정한 사실이 역중일기歷中日記에 실려 있다. 보본당과 포사를 돌아보고 내려오는 골목길 남쪽에는 동계정東溪亭이 있다. 동계정은 최흥원의 외아들 동계東溪 최주진崔周鎭(1724~1763)을 기리기 위해 1900년대 초에 후손 최두영崔斗永이 훼철된 동천서원의 자재를 사용해 정면 3칸, 측면 2칸 규모로 지었다. 동계정은 옻골에서 가장 경치가 좋은 곳으로 건립 당시에는 후손들의 교육장소로 사용하였으나 현재 전통문화를 즐기는 체험장으로 활용하고 있다.

- **보본당** 1770년 백불암선생께서 영조의 명으로 반계록의 교정본을 완성한 곳으로서 백불고택의 사랑체와 사당과 붙어있다.
- ** **보본제기** 보본당 대청에 걸려 있다.
- *** **대공과 현판** 옻골마을에서 가장 아름다운 곳에 지었다는 동계정 대청의 천정의 모습이다.

동천서원東川書院은 최흥원을 배향하기 위해 1820년에 건립했으나 대원군의 서원철폐령에 따라 훼철되었다. 종손 최진돈씨는 "동천서원은 정려각 북쪽에 있었으나 1882년에 훼철되자 수성구 만촌3동 산기슭에 있는 각계재覺溪齋로 옮겨 동천서당이라 했다"고 한다.

### 심원정心遠亭

중국여행을 다녀본 사람들은 지역의 민간 정원이 세계문화유산이 되어 세계 각국의 많은 관람객들이 몰려오는 것을 보고 우리나라에는 이런 정원이 없을까 하는 의문을 가진 적이 있을 것이다. 이런 세계적 정원이 바로 팔공산 산록에 있다는 사실을 아는 사람은 많지 않다.

2015년 10월 15일, 세계기념물기금WMF은 2016년도 세계기념물감시목록 50개 가운데 하나로 팔공산 심원정心遠亭을 한국 최초로 선정했다고 밝혔다. 세계기념물기금WMF은 1965년에 설립된 세계 문화유산 보전활동을 벌이고 있는 이름난 비정부기구다. 이 기구는 자연 및 정치, 사회, 경제적 요인에 의해 보전가치는 높지만 위험에 처해있는 문화유산을 세계기념물감시WMW 목록으로 선정해 국제적 관심을 부각시키고 보전의 필요성을 홍보하고 활동을 지원하고 있다.

심원정心遠亭은 팔공산 송림사松林寺 일주문과 길을 마주하고 있어 그 앞을 지나는 사람들은 그곳에 뛰어난 정원이 있는 줄 모르고 지나치기 일쑤다. 이 정원은 한국 전통 정원인 원림園林양식으로 이루어져 있는데 자연공간에 최소한의 인공미를 가미하여 정자를 짓고 꽃과 나무를 심어 주변의 사물에 의미를 부여하고 있다. 선비들이 이 정원에서 자연과 더불어 심신을 수련하고 학업에 열중했던 곳이다.

고려사에 민적閔頔(1270~1336)이 '집에 원림園林을 만들어 꽃이 필 때마다 손님들을 불러 술자리를 마련하고 시 짓는 것을 즐거움으로 삼았다'고 한 것을 볼 때 우리 원림의 역사도 오래되었음을 알 수 있다. 우리나라 대표적인 원림은 보길도의 세연정과 담양의 소쇄원 등을 들 수 있으나 영남지방에서는 예천의 초간정과 봉화의 청암정을 제외하면 이렇다 할 만 한 원림은 찾아보기 힘들다. 심원정心遠亭은 1937년에 기헌寄軒 조병선曺秉善(1873~1956)이 조성한 그리 크지 않은 원림이다. 그럼에도 사람들의 관심을 끄는 것은 일제강점기의 암울한 시대에 전원생활을 동경했던 도연명陶淵明(365~427)과 주자의 성리학에 바탕을 두고 자신의 독특한 세계를 구축해 온 한 선비가 팔공산 자락에서 은둔과 수신했던 정자로 영남에서는 보기 드문 원림으로 높이 평가받고 있다.

조병선은 심원정의 정자 이름을 도연명의 시 음주飮酒 20수 가운데 제5수의 심원지자편心遠地自偏’에서 따왔다. ‘그윽이 살면서 그 뜻을 저절로 얻는다幽居自得之意也’는 뜻으로 ‘몸은 비록 세속에 있어도 마음은 이미 세상의 명리를 떠났고 찾는 이가 없어 문 앞은 조용하여 저절로 외딴 곳이 되었다’는 도연명의 아래 시와 그 맥을 같이 하고 있다.

| | |
|---|---|
| 사람 사는 곳에 오두막을 지었지만 | 結盧在人境 |
| 수레 끄는 소리 말 울음소리로 시끄럽지 않네. | 而無車馬喧 |
| 어찌 그럴 수 있냐고? | 問君何能爾 |
| 마음이 멀어지면 사는 곳도 절로 외딴 곳이 되는 법. | 心遠地自偏 |
| 동쪽 울타리 밑에서 국화를 꺾어 들고 | 採菊東籬下 |
| 멀리 남산을 바라보네. | 悠然見南山 |
| 산 기운은 밤낮 아름답고 | 山氣日夕佳 |
| 새들은 서로들 돌아오누나. | 飛鳥相與還 |
| 이 가운데 참뜻이 있어 | 此中有眞意 |
| 말로 드러내려다 할 말을 잊고 말았네. | 欲辨已忘言 |

본래 심원정 자리는 옛날 집터였으나 오래 묵은 곳으로 경오년(1930년)에 팔공산 일대에 내린 폭우로 큰물이 흙을 쓸고 가서 바위가 드러난 것이 도리어 멋진 경치가 되었다. 조병선은 그 수석을 좋아해서 장수藏修할 뜻을 세우고 1937

심원정의 원경 한티재에서 동명으로 가는 도로에서 보았다.

년 봄에 아들 규섭에게 정자를 짓게 하여 그해 가을에 완공을 보았다. 심원정은 경사진 땅에 터를 닦고 정면 3칸, 측면 3칸 규모의 정丁자형 홑처마 팔작지붕 건물로 기단은 전체 터의 높이에 맞춰 조성했다. 둘레에는 토석 담으로 둘러싸고 동쪽과 서쪽에 출입문을 내었다. 동쪽은 온돌방과 마루방 2칸이며, 서쪽은 앞쪽에 누마루 1칸과 온돌방 1칸, 뒤쪽에는 부엌을 배치했다.

조병선曺秉善은 심원정 건립의 자초지종을 남긴 수석기水石記에 '자연의 지세를 따라 이룩하였고 억지로 만들지는 않았다'고 하여 최소한 인공미를 가했다는 것을 알 수 있다. 장소와 경관에 따라 이름을 짓고 각각 절구 한 수씩 심원정心遠亭 이십오영二十五詠을 읊었는데, 정자 안의 5수는 시판詩板으로 걸었고, 정자 밖의 20수는 너럭바위와 돌에 그 이름을 새겼으나 백년에 가까운 세월이 흐르다 보니 일부는 유실되거나 묻혀버려 안타깝게도 흔적을 찾을 수 없다.

조병선은 《정각亭閣》 시에서 자신이 좋아하고 즐기는 바를 밝혔다.

| | |
|---|---|
| 주인은 무엇을 좋아하오. | 主人何所好 |
| 만년에 자기 집에서 산을 얻었다네. | 晩得自家山 |
| 날마다 머물면서 그것을 즐기며 | 日來寓其樂 |
| 하는 일은 언제나 수석 간에 있네. | 事在水石間 |

마루를 《이열당怡悅堂》이라 한 것은 도연명의 시 '편히 즐긴다'에서 취했고, 방을 《암수실闇修室》이라 한 것은 주자의 말로서 '몰래 수양한다'는 뜻으로 일족 심재心齋 조긍섭曺兢燮(1873~1933)이 써서 준 것이다. 《위류재爲留齋》는 주자의 시 '산수위류山水爲留'에서 따온 것으로 '손님을 맞이한다'는 뜻이고, 누각 《정운루停雲樓》는 도연명의 시에서 따온 것으로 '친구를 그리워한다'는 뜻이다. 심원정은 거북등에 서있다 하여 《구암龜巖》이라 하였고, 앞의 절벽은 세 굽이가 졌는데 첫 굽이인 '성석대成石臺에 앉아서 물고기 노는 것을 볼 수 있는 곳'이라 《양망대兩忘臺》라 했으니 조대사釣臺詞에 있는 말(두 가지 번뇌를 다 잊음)

이다. 둘째 굽이에는 《은병隱屛》이라 새겼으니 주자의 무이구곡 제5봉 이름에서 취한 것으로 은거병식隱居屛息(은거하면서 소리를 죽이고 숨을 쉼)이라는 뜻이다. 셋째 굽이는 가장 높은 곳에 있으며 논에 물을 대는 봇물을 끌어와서 폭포를 만들고 《은폭隱瀑》이라 새긴 것은 논물을 댈 때는 흔적이 없기 때문이다. 정자 앞에 넓적한 바위가 누워 있어 반듯하게 하고 《성석醒石》이라 새겼으니 졸음이 올 때면 여기 앉아 잠을 깨운다는 뜻이다. 정자 동쪽 움푹진 곳에 터진 쪽을 막고 물을 끌어와서 연을 심고 《군자소君子沼》라 새겼으니 주렴계의 말에서 취한 것이다. 물이 넘치는 곳에 구덩이를 막아 목욕탕을 만들고 《탕지湯池》라고 새겼다. 연못 위쪽에 구기자를 심고 돌을 세워서 《기천杞泉》이라 새겼다. 그 위에 온갖 화훼를 심고 돌을 세워 《방원芳園》이라 새겼다.정자 옆에는 돌이 많아 오랫동안 쓸모없이 버려둔 땅의 빈곳에 근처 밭에서 버린 돌과 자갈이 쌓여있어 흙을 덮고 좋은 나무를 심었는데 그중에 느티나무가 많아 《괴강槐岡》이라 새겼다. 괴강 옆 통로 양옆에 돌을 세우고 《석비石扉(돌로 된 사립문)》라고 새겼고, 그 옆에 등나무를 심고 돌을 세워 《동취병東翠屛》이라 새겼다. 괴강 아래에 도랑을 파서 물이 돌아 흐르게 하고 양 입구에 돌을 걸쳐서 다리를 만들고 각각 돌을 세우고 주자의 시 '천광운영天光雲影'을 취하여 《천광교天光橋》와 《운영교雲影橋》라고 했는데 여기를 지나 방원芳園으로 통한다. 방원과 연못 동쪽에 길게 둑을 쌓고 좌우에 버들을 심어 《유제柳堤》라고 새겼다. 유제의 동쪽에 시내 가운데 우뚝 솟은 바위는 '중국 황허黃河 중류에 있는 기둥 모양의 지주砥柱와 닮아 격류 속에 버티고 있어 절개를 지키는 선비와 같다' 하여 《지주砥柱》라 새겼다. 남쪽에 수십 인이 앉아 술잔을 돌릴 수 있는 평평한 바위 반석에 《동반東槃》이라 새겼으니 정자 동쪽에 있는 고반考槃, 즉 산수 간을 거닐며 자연을 즐기는 장소라는 뜻이다. 반석 밖에 큰 돌이 물속에 누워있는데 그 위에 몇 사람이 앉을 수 있고, 냇물이 불어나면 잠기곤 하므로《반타盤沱》라고 새겼다. 정자의 서쪽에는 별개의 바위가 있는데 그 높이가 남쪽 벼랑보다 훨씬 낮으나 셋째 굽이의 은폭과 마주하고 있어 이것을 《서대西臺》라고 새겼다. 그 위편에 있는 오솔

- **심원정과 동문** 석비와 동취병을 새긴 바위가 보인다.
- **심원정 수석기**
- **심원정 25영** 정운루에 걸려있다.
- **심원정의 정운루**

길은 정자로 들어오는 길이다. 나무를 심고 넝쿨로 덮어《서취병西翠屛》이라 했다. 서대의 서편에 석벽이 있는데 북쪽에서 들어오는 냇물을 받아 돌아 흐르게 하므로《수구암水口巖》이라 새겼다.

　기헌寄軒 조병선曺秉善(1873~1956)은 단지 산수를 즐기기 위해 심원정心遠亭을 지었던 것이 아니다. 나날이 간악해져가는 일제의 침탈에 굴하지 않겠다는 강개한 선비정신을 지키기 위한 방편으로 원림을 만들고 저항과 지조의 뜻을 담았던 것이다.《성석醒石》도 단순히 졸음이 올 때 잠을 깨운다는 의미가 아니라 일제의 강압에 나약해지는 자신을 일깨운다는 의지의 표현이며,《지주砥柱》또한 선비의 절개를 지키려는 각오였다. 아들 조규섭曺圭燮(1896~1961)이 아버지의 뜻에 따라 창씨개명을 하지 않고, 심원정의 지붕을 덮을 기와로 일본인 고이즈미小泉가 경영하는 공장의 기와를 끝내 거절한 것과 용마루와 추녀의 망와望瓦에 태극문양과 팔괘의 '리괘離卦'를 부조한 것도 모두 그 연장선이었다. 심원정

**이열당** 위류재에서 보았다.

- **거북바위와 성석** 심원정의 남면에 있다.
- **원정 25영중 제 8영에 소개되는 은병** 숨은 벼랑이라는 의미를 가지고 있으며 물이 많을 때에는 폭포를 가동하기도 한다.

**심원정 제11영인 군자소와 제13경인 청광교와 운영교** 연밭과 이끼들이 운치를 더한다.

은 영남에서 보기 드문 원림임에도 지금까지 그 가치를 제대로 인정받지 못한 것은 학술적인 연구 활동이 미비했기 때문이었다. 2014년 한국내셔널트러스트가 주최하는 보전지역선정대회에서 '문화재청장상'을 수상한 것을 계기로 문화재로서의 가치와 지정가능성을 인정받았다. 현재 심원정은 한국내셔널트러스트에 기증되었지만 기헌선생기념사업회가 계속 관리하고 있다.

### 한밤마을

한밤마을은 전통신앙과 불교 및 유교문화가 어우러진 팔공산의 대표적인 전통문화마을이다. 오래된 마을이란 뜻으로 '천년마을'이란 별명이 붙어 있기도 하다. 이 마을은 남쪽에 1000m 내외의 팔공산 주능선이 뻗어있고 남쪽에서 북쪽으로 비스듬히 경사를 이루며 동네를 이루고 있다. 한밤마을 황청리에 청

**군위 대율리 석조여래입상**
왼쪽가슴에 수인을 얹어놓
고 있는 유리나라 유일의
석불로서 보물 제988호로
지정된 통일신라시대의 불
상이다.

**진동단** 오리 솟대를 돌 기둥위에 세겼다.

동기시대 무덤인 탁자식(북방식) 고인돌이 있었다고 해 선사시대부터 사람이 살았던 것으로 보인다.

신라시대에는 화랑花郎을 미륵彌勒의 화신으로 여겼다. 화랑 김유신金庾信을 따르던 무리를 용화향도龍華香徒라고 했던 예로 볼 때 보물 제988호로 지정된 대율리 석불입상, 즉 미륵불은 한밤마을에 머물면서 팔공산에서 수련하던 화랑들의 정신적인 구심점이자 귀의처였다.

고려사에 '부계현缶溪縣은 현종 9년(1018년) 상주목에 내속來屬하였다가, 뒤에 선주善州로 옮겨 소속되었다. 별호別號는 부림缶林'이란 기록이 가장 오래되었다. 한밤마을에는 서기 1100년 이전, 고려 중엽에 재상을 지낸 부림홍씨 시조 홍난洪鸞이 현재 양산서원 근처의 갓골枝谷에 정착하면서 부림홍씨의 본향이 되었다. 1392년 여말선초에 정몽주의 문인으로 문하사인門下舍人을 지낸 경재敬齋 홍로洪魯(1366~1392)가 불사이군不事二君을 이유로 낙향하면서 한밤마을은 동성반 촌同姓班村으로 발전하여 부림홍씨缶林洪氏의 집성촌이 됐고 영천최씨永川崔氏와 전주이씨全州李氏 등과 함께 어울러 살고 있다. 홍로洪魯는 마을의 옛 이름이 대식大食, 대야大夜라 했던 것을 대율大栗, 즉 한밤으로 고쳤다고 한다. 대식大食은 한밥, 대야大夜는 밤이 길다는 의미의 한밤으로 의미는 같지만 한자를 달리 표기하던 것을 대율大栗로 통일하였다.

대구에서 한달음에 달려와서 한티재에 올라서니 동쪽으로 오도봉과 비로봉, 그리고 천왕봉을 비롯한 팔공산 정상부가 우뚝하고, 팔공산 종주능선에서 이어진 산줄기가 한밤분지의 서쪽과 동쪽에서 에워싸고 있어 팔공산의 맑은 정기가 한밤마을로 절로 모이는 형국이다. 꾸불꾸불한 한티재를 내려가니 저 멀리 바위절벽 석굴에서 아미타삼존석불이 손짓한다. 이곳의 행정구역은 부계 면 남산리. 여기는 부림홍씨들이 처음 정착한 곳으로 넓은 의미에서 한밤에 포함된다. 한밤은 이 골짜기 안에 있는 대율리와 동산리, 남산리를 아우르는 지역 및 정서적 공동체로서 대율리를 큰 한밤, 동산리와 남산리를 작은 한밤으로 불렀다. 한밤마을 입구에 마을을 소개하는 안내판 뒤로 자연석 바위에 새긴 수

홍천뢰장군의 추모비와 홍경승장군의 기적비
성안 숲에 서있는 홍천뢰 장군의 추모비 전면의 글씨는 고박정희 대통령의 글씨다.

해기념비水害記念碑가 풀밭에 서있다. 기념비에는 1930년 경오년庚午年 7월 13일 오후 3~7시 사이에 팔공산 일대에 내린 집중호우로 동산계곡에서 산사태가 일어나 한밤마을이 혹심한 피해를 입었던 가슴 아픈 사연이 기록돼 있다.

성안숲은 앞걸(남천)과 뒷걸(서원천)의 합류 지점 위에 팔공산의 지기를 막아 마을의 복을 내보내지 않으려는 수구막이를 위해 조성한 비보림裨補林으로 한밤마을의 성역이자 주민들의 정신적 근거지다. 이곳에는 동신제를 지내는 진동단鎭洞壇이 있는데, 파계사 진동루鎭洞樓와 같이 지기를 제압하는 뜻이 담겨있다. 진동단은 예전에는 '비신' 또는 '비신대'라고 하여 돌무더기 위에 팔공산에서 정결한 나무를 베어 오리를 조각해 놓은 솟대로 매 3년마다 비신을 새로 세웠으나, 시대가 변하자 비신을 영구히 보존하기 위하여 팔공산에서 나온 돌로 조각해 지금의 진동단鎭洞壇을 세웠다. 한밤마을은 배 형국을 하고 있어 배가 가라앉는다고 해서 샘을 함부로 파지 않았다. 진동단은 배의 돛대를 상징한다고 한다.

성안 숲에는 임진왜란이 일어나자 의병을 일으켜 영천성 수복에 선봉장으로 활약했던 송강松岡 홍천뢰洪天賚 장군의 추모비追慕碑와 군위지역 정대장으로 홍천뢰 장군과 함께 출전하여 많은 전공을 세웠던 혼암混庵 홍경승洪慶承 장군의 기적비紀蹟碑가 나란히 자리하고 있다. 1973년 5월에 건립된 홍천뢰洪天賚 장군 추모비追慕碑의 전면글씨는 고 박정희 대통령의 글씨로 유명하다.

고려 초기에 조성된 삼층석탑 1기가 동산2리 신리에서 출토되어 대율초등학교 앞 성안 숲에 옮겨놓았으나 1989년 도난당해 현재 석탑의 1층 기단부만 남아있다. 한밤마을 안길은 승용차가 비켜갈 만큼 널찍하게 뚫려있다. 돌담 위에는 호박넝쿨이 걸쳐있고, 크고 둥근 호박이 가을볕에 누런 몸통을 드러내고 있었다. 옛날 귀신을 쫓기 위해 심었다는 엄나무 두 그루가 돌담가에 가시를 날카롭게 드러낸 채 천왕문의 사천왕처럼 대문을 지키고 서있다. 보물 제988호 대율리 석불입상을 둘러보고 '정겨운 옛 돌담'과 '부림홍씨종택'을 알리는 안내표지판을 따라 가본다. 경운기가 겨우 다닐 수 있을 정도로 길이 좁아진다. 큰길의 돌담이 반듯반듯한 것과 비교하면 자연미가 훨씬 더 살아있다. 오

- **한밤마을 부림홍氏종택** 대문에서 보았다.
- **한밤마을 부림홍氏종택** 사당과 장독대가 어우러져있다.

랜 경험은 S자로 구불구불하게 쌓아야 돌담이 튼튼하고 오래간다는 것을 알았고, 돌담의 아름다움은 덤으로 따라왔다. '한밤돌담 옛길' 안내판이 있는 골목은 소가 겨우 다닐 정도로 협소하지만, 돌담 위로 녹색 카펫 같은 이끼가 덮였고, 싱싱한 돌나물이 침샘을 자극한다. 한줌의 흙이 금보다 더 귀했던 시절, 흔해빠진 돌을 치워 한 뼘이라도 마당과 텃밭을 더 넓히려고 쌓아 만든 돌담에는 인고의 세월이 무심한 듯 녹아있다. 얼마나 돌이 지천이었으면 육지의 제주도라 했을까. 솟을대문이 우뚝한 부림홍씨缶林洪氏 종택은 한밤마을 부림홍씨들의 정신적인 구심점이다. 한밤마을이 경상북도와 팔공산을 대표하는 전통문화마을로 전승, 발전하는 상징이 되었다. 한밤마을에는 양산서원을 비롯한 경의재敬義齋, 경회재景檜齋, 동산정東山亭, 동천정東川亭, 애연당愛然堂, 수오정守吾亭, 저존재著存齋 등의 재실과 정자가 13개나 있다. 한 마을에 이처럼 많은 재실과 정자가 있는 곳은 찾기 힘들다. 양산서원과 재실, 그리고 정자를 중심으로 선조를 추모하는 한편, 학덕을 기리고 현창하면서 한밤마을의 전통문화를 전승, 발전시키는 토대가 되었다.

4개의 골목이 만나는 마을 중앙에 위치한 경상북도 유형문화재 제262호인 대청大廳은 전면 5칸, 측면 2칸의 맞배지붕 전각이다. 집회와 주민들의 휴식공간으로 활용하고 있다. 쌍봉雙峰 정극후鄭克後(1577~1658)의 부계서당기缶溪書堂記에 '신라시대에 건립되었으며 임란으로 소실된 후 1632년에 중건된 마을 유일의 건물'이라 하여 대청은 신라시대부터 유래되었음을 알 수 있다. 대청의 기단부 전면에는 다듬은 돌을 덧대어 길게 이어놓아 눈길을 끈다. 이는 경주 불국사에서 볼 수 있는 바닥파임방지돌로 처마에서 떨어진 낙숫물에 바닥이 파이지 않도록 설치한 것이다. 현재는 대청 처마의 낙숫물이 기단부와 방지돌 사이에 떨어지고 있어 신라시대의 대청은 지금보다 그 규모가 컸을 것으로 추정된다. 대청에는 1906년 완성군完城君이 쓴 '대율동중서당大栗洞中書堂' 현판이 걸려있고, 안쪽에는 1940년 이전부터 있었다는 '노래헌老來軒' 현판이 걸려있다. 1929년 이전에는 부계정缶溪亭으로도 불렸다고 전한다. 1596년 오한螯漢 손기양

- **대청** 학사로 사용되었다고 하며 대율동중서당이라는 현판이 걸려있다.
- •• **한밤마을의 돌담길** 감나무의 붉은 감이 가을을 알려주고 있다.

성안 숲 아름드리 노송들로 가득 차 있다.

- **상매댁** 쌍백당 남천고택으로서 으로도 불리는 군위군에서 가장 오래된 전통가옥이다.
- 남천고택의 사당의 내부. 4대조의 위패를 모시고 있다.

孫起陽(1559~1617)이 지은 '부계사정缶溪社亭'의 시로 보아 예로부터 '부계정缶溪亭'으로 불리었음을 알 수 있다.

| | |
|---|---|
| 산계곡 한 동네 경치가 빼어나고 | 一洞溪山勝 |
| 순후한 풍속이 천년을 이어졌네. | 千年習俗醇 |
| 숲 사이로 작은 불빛 밝게 보이고 | 林間烟火少 |
| 정자 위에 소담笑談이 이어지네. | 亭上笑談新 |
| 시와 술을 나누며 농부와 친하니 흥이 나서, | 詩酒桑麻興 |
| 조손과 숙질간에 더욱 친밀해지네. | 翁孫叔姪親 |
| 의분은 돈독하게 나누어도 무방하고 | 何妨敦義分 |
| 함께 술잔을 나누니 봄은 더욱 태평하구나. | 共酌太平春 |

대청 동쪽에 담을 연하고 있는 남천고택南川古宅(上梅宅)은 원래 '흥興'자형으로 배치된 민가로 경상북도문화재자료 제357호(1999.03.01.)로 지정되었다. 현종 2년(1836년)에 지어진 이 집은 한밤마을 부림홍씨 문중에서 가장 큰집으로 집안에 두 그루의 잣나무가 있어 사랑채에 '쌍백당雙柏堂' 편액이 걸려있다. 안채는 북향을 향한 'ㄷ'자형의 건물이다. 실용주의 개념에 따라 대청 위에 만든 넓은 다락은 물건을 보관하고 피서와 낮잠을 자는 등 다용도로 활용하고 남쪽에는 바라지문을 만들어 팔공산의 풍광을 즐길 수 있도록 건축하여 살림집 연구에 매우 중요한 자료다.

### 가산산성架山山城

가산산성이 지닌 역사와 문화, 빼어난 자연경관은 팔공산 둘레길에서 손꼽히는 명소 중 하나다. 가산바위까지 굽이굽이 이어진 임도는 형형색색의 단풍으로 물들었다. 모처럼 맑은 가을날, 가산산성 남문 주차장에는 행락객들의 차량으로 빼곡하다. '영남제일관방嶺南第一關防'이란 편액이 걸린 남문 오른쪽 뒤

가산산성 등산로의 단풍 가산산성 동문으로 오르는 길의 단풍은 아름답기 그지없다

로 기산箕山(700m), 즉 '키箕'를 뜻하는 '치이봉'이 우뚝 솟아있고 산허리에는 여기저기 단풍이 붉게 물들어 있다. 한참을 오르니 길옆에 정자보다는 원두막에 가까운 소박한 초가집이 있고 그 곁에 맑은 물이 솟는 샘터가 있다. 여기가 천주사天柱寺 자리이다. 옛 천주사는 가산산성 외성을 축성하면서 건립한 사찰로 1954년 대홍수로 폐사되었다. 가산산성에는 천주사를 비롯하여 보국사寶國寺, 정천사, 청련암 등의 사찰이 있어 장적帳籍과 승창미僧倉米를 보관하고 총섭總攝이 승장僧將들을 지휘하여 포루와 장대, 그리고 성문 등의 수비를 담당하였다. 특히 칠곡도호부가 팔거현으로 이전한 뒤로 산성 수호에 크게 기여했다.

　사찰이 국토수호를 했던 옛 자취를 돌아보니 감회가 새롭다. 발길을 재촉하니 '복수초 서식처 복원지역'이라는 금줄과 '세계최대 복수초 군락지'라는 안내판이 시선을 사로잡는다. 봄을 알리는 노란 복수초는 여름에 고온이 되면 고사하는 특성이 있는데, 가산산성 동문 일대는 지대가 높고 물이 풍부해 복수초 최적의 생장조건을 갖추고 있다.

　사적 제216호(1971.03.26.)로 지정된 이 곳 칠곡 가산산성架山山城은 우리나라에서 유일하게 내성과 중성, 외성을 갖춘 삼중성곽으로 한양도성(18.6km), 금정산성(17km), 북한산성(12.7km), 남한산성(11.76km) 다음가는 큰 규모의 산성이다. 산성은 가산架山(901.6m)의 험준한 지세를 활용해 축조한 포곡식 석축성石築城이다. 진남문과 동문, 중문은 홍예식 성문이고, 서문과 북문은 평거식 성문이며, 상장대와 서장대, 포루, 암문 등의 성벽시설이 성벽과 함께 대부분이 남아있다. 2013년 경상북도문화재연구원에서 조사한 가산산성 성곽실측조사에 따르면 내성 둘레 5.771km, 외성둘레 4.867km, 중성벽 길이 0.431km로 공유성벽을 포함한 산성의 총길이는 11.111km이고 전체 면적은 2.212k㎡로 조사되었다. 가산산성은 동래 – 한양을 잇는 경상도의 전략요충지로 우리나라에서는 드물게 산성 내에 칠곡도호부 관아를 설치하여 상시 거주체제를 구축했다. 가산산성은 1950년 8월, 북한의 남침을 저지했던 낙동강 방어선의 하나로 국군과 미군, 그리고 북한군 사이에 벌어졌던 치열한 가산전투에서 승리의 원동력이 되어 풍전

● **진남문** 가산산성의 출입문이다.
●● **가산산성의 동문과 성벽** 산의 정상부 가까이 있는 내성의 성문과 성벽이다.

- **암괴류 계곡의 만추** 산성 내에는 넓고 긴 암괴류 계곡이 있다.
- **성벽 길을 걷고 있는 부부** 뒤로 가산바위가 보인다.

등화 같았던 대한민국을 수호했던 호국의 성지다.

경상도지리지(1425년) 팔거현에 '가사산加士山'이라 했다. 칠곡지漆谷誌에 '가산산성 내성의 관아 주위에 일곱 개의 봉우리가 있어 칠봉산七峰山으로 불렸고, 칠봉 사이에서 일곱 개의 골짜기가 발원되어 칠곡七谷이 되었다七峰作谷爲邑基址故號曰漆谷云'고 전한다. 팔거현은 인조 18년(1640년)에 가산산성이 축조되자 칠곡도호부漆谷都護府로 승격되었다. '七'을 숫자로 쓸 때 고치지 못하도록 '柒'로 썼고, 또한 '柒'은 '漆'과 같은 글자로 사용했다. 19세기에는 '柒'과 '漆'이 혼용되었으나 1914년 일제의 행정구역 개편으로 칠곡군漆谷郡이 되면서 '漆'자로 굳어졌다.

조선은 1392년 건국이후 200년 동안 큰 전쟁이 없었으나 임진왜란(1592년)과 병자호란(1636년)으로 참혹한 피해를 입고 조정은 전화戰禍의 복구와 국토방어 대책을 수립한다. 인조 17년(1639년) 6월, 공산산성과 독음산성禿音山城의 가축加築을 검토하라는 비변사의 영에 따라 경상감사 이명웅李命雄(1590~1642)은 금오산성을 가축하는 한편, 대구에서 상주로 이어지는 영남대로의 요충지인 팔거현의 가산架山에 산성 축성을 건의, 이후 군병과 승려를 동원하여 관아와 남쪽 곡성曲城 등을 대대적으로 축성해 인조 27년(1649년) 완성했다. 가산산성이 축조되자 칠곡도호부의 관아를 성안에 설치하였다. 군사시설인 산성에 지방행정시설인 관아가 설치된 예가 드물었던 것으로 볼 때 가산산성을 얼마나 중요시 하였는지 알 수 있다. 당시 산성은 둘레 4,710보로 성내에 못과 우물, 사찰(보국사), 창고 등을 설치하여 관방關防과 읍치의 기능을 충분히 수행할 수 있도록 기반을 조성했다. 숙종 27년(1701년)에 관찰사 이세재李世載(재임 1698~1701)의 장계로 내성 동남쪽에 둘레 3,754보의 외성外城을 가축하고, 영조 17년(1741년) 관찰사 정익하鄭益河(재임 1739~1741)는 기존 내성의 형세가 방어에 효율적이지 못하다고 판단하여 내성 가운데 길이 602보의 중성벽中城壁을 쌓고 중성문을 설치하여 산성을 더욱 튼튼하게 했다. 가산산성은 동래-한양을 잇는 영남대로의 최고 요충지에 100여년에 걸쳐 완성한 '영남제일관방嶺南第一關防'으로 경상감영의 별진別鎭이었다. 칠곡도호부는 의성, 군위, 의흥, 신녕, 하양, 경산 등 여섯 지역의 군사통치권을 가진 군영의 중심지로 인근의 금오산성, 천생산성, 독용산성, 화산산성과 기각지세掎角之勢를 취하여 긴밀한 협공체계를 구축한 거점성곽이었다. 축성 초기부터 높은 산성 안에 관아가 있어 많은 불편이 대두되었다. 결국 순조 19년(1819년) 180년 동안 산성에 있었던 칠곡도호부는 팔거현의 읍치였던 팔거창지(북구 읍내동)로 이전했다.

가산산성은 고종 32년(1895년)에 폐지되고 이후 방치되었다. 그 뒤 1950년 8월 낙동강방어선에서 벌어진 치열한 포격전으로 성벽은 무너지고 성내 건물들이 불타는 등 참혹한 피해를 입었다. 1954년 대홍수로 남창마을과 남문이 산사태로 유실되는 등의 큰 피해를 입어 다음해 남창마을은 미군의 도움으로 성 밖으로 이주했다. 남문은 숙종 27년(1701년)에 완공한 가산산성 외성의 성문이다. '가산진架山鎭의 남문'을 줄여서 속칭 '진남문鎭南門'이라 불렀으며, 1954년 대홍수로 남문 전체가 붕괴되었다. 1977년에 남문과 성벽, 수문, 여장 등을 복원하였으나 칠곡 고지도에 표기된 남문의 옹성은 복원되지 않았다. 남문에서 이어진

**옛 칠곡도호부 자리** 이곳은 우리나라에서 가장 높은 곳에 위치한 관아공간이라고 한다.

**팔배나무의 상고대** 가산산성 성벽위에 군락을 이루며 서식하고 있다.

길은 혜원정사에 막혀, 한참을 돌아가야 했다. 동문東門은 인조 18년(1640년)에 창건된 성문으로 미수 허목許穆(1595~1682)이 지은 가산산성축성기(1644년)에 '성문루를 설치했다'는 기사가 전한다. 초석의 흔적으로 보아 정면 3칸, 측면 1~2칸의 문루가 있었으나 1950년 가산전투로 문루와 성벽이 훼손되었다. 동문을 지나면 칠곡도호부 관아 발굴현장이 넓게 드러나 있다. 가산(901.6m)에서 이어진 862.5m봉 남동쪽 해발 805~845m의 완만한 지형에서 210×170m 크기의 관아 건물지가 발굴되었고, 또한 관아와 동문 사이에 산성마을이 있었다고 한다.

산성의 주요시설은 가산(901.6m) 정상 서쪽에서 상장대上將臺와 중성문 남쪽의 877m봉 정상부에서 서장대西將臺의 건물지를 각각 발굴하였다. 문헌에 따라 상장대를 동장대東將臺로 기록한 예도 있었다. 또한 동문 좌우의 높은 산정에 남포루와 동포루가 있었고, 서문의 서쪽에 서포루가 용바위 근처에 북포루가

장군정 기산산성을 지키던 장수들의 식수로 사용했던 샘물로 알려져 있다.

**가산바위의 일각에서 단풍을 구경하는 부부**
옆으로 가산산성의 성벽이 보인다. 가산산성은 우리나라에서 유일한 삼중성곽으로 전략요충지였다.

있었다. 영조 18년(1741년)에 창건된 중성문中城門을 지나 가산바위로 발길을 재촉한다. 가산바위架巖는 가산산성 최고의 명소로 '신라승려 도선이 가산의 지기를 누르기 위해 많은 철우鐵牛와 철마鐵馬를 가산바위 틈에 묻었는데 이명웅이 축성할 때 없앴다'고 경산지京山誌에 전한다. 가산바위 중앙에는 자연적으로 형성된 길이 10m. 수직 깊이 8.2m의 바위틈은 산성과 두무실로 연결되는 가장 은밀한 자연암문이 있었다. 또한 가산바위 북서쪽 끝에는 가로 48㎝, 세로 106㎝ 크기의 횡서로 '가암架巖'과 세로로 '갑진서甲辰書'라고 새겨져 있다.

　돌아오는 길에 중성문 북쪽에 있는 가산습지를 찾았다. 가산산성의 수원확보를 위해 만들었던 못이 방치된 후 습지가 되어 팔공산 생태계에서 핵심적인 위치를 차지하고 있다. 2014년 팔공산자연자원조사에 따르면, '가산습지 일원에서 식물은 가는 장구채 등 308종, 포유류는 삵과 담비 등 14종, 곤충은 애호랑

**화산과 조림산 그리고 선암산** 하늘정원 오르는 길에서 보았다.

나비 등 183종, 고등균류는 가지무당버섯 등 115종이 확인되는 등 800m 이상 고산습지에서 생물의 다양성이 매우 높은 것으로 조사되어 보호구역으로 지정하여 적극적으로 보존해야 한다'고 했다. 현재 가산산성은 복원사업이 한창이다. 2035년까지 성벽과 칠곡도호부 관아 등의 복원사업을 마무리할 계획이다.

### 하늘정원

2009년 11월 1일. 군사보안상의 이유로 출입이 통제됐던 팔공산 최고봉 천왕봉(1192m)이 개방돼 대구·경북민의 품으로 돌아왔다. 군위군은 이 일대를 휴식공간으로 조성하고 '하늘정원'이라 이름지었다. 군부대와 협의해 그동안 길이 막혔던 옛 공산성의 서쪽을 따라 탐방로를 개설, 동산계곡에서 오도암과 천왕봉, 그리고 동봉과 서봉으로 이어지는 하늘 길을 조성한 것이다. 특히 원효의 오도처로 알려진 오도암과 연계하여 '원효구도의 길'과 하늘과 맞닿은 곳에 탐방객들의 산책로와 캠핑장 등 쉼터를 만들었다. 하늘정원은 2014년 11월 '공산성 성안 – 오도봉 입구 – 천왕봉' 구간이 먼저 완공돼 누구라도 손쉽게 팔공산의 풍광을 즐기며 천왕봉까지 왕복할 수 있게 됐다. 2016년 12월에 2차로 오은사 – 오도암 – 오도봉 – 하늘정원 – 천왕봉으로 이어지는 구간이 마무리돼 산행과 역사문화 탐방을 함께 할 수 있게 했다.

하늘정원구역의 정점이라 할 수 있는 오도암은 1968년 무장간첩 침투가 잦아지면서 정부의 독가촌 정리방침에 따라 철거됐다가 하늘정원조성사업과 함께 복원됐다. 2017년 오도암悟道庵에서 대웅전大雄殿 낙성식과 점안법회가 봉행됨으로써. 세계적인 불교성인으로 손꼽히는 원효선사가 수도했다는 주요 불교문화 유산이 복원된 것은 역사적 사건이 아닐 수 없다. 팔공산 제1의 명당으로 원효대사가 도를 깨쳤다는 오도암悟道庵은 654년 원효대사가 창건했다고 전한다. 오도암에 소장하고 있는 경북문화재자료 제507호(2006.06.29.)인 오도암금동불입상悟道庵金銅佛立像은 높이 약 9.4㎝ 크기로 8세기 중후반의 통일신라시대 불상 양식을 갖추고 있다.

대구에서 하늘정원과 오도암을 가자면 한티재를 넘어야 한다. 눈이 내리면 한티재는 차량이 통제돼 먼 길을 돌아가야 했으나 2017년 12월에 팔공산 남쪽 칠곡군 동명면 기성리와 북쪽 군위군 부계면 대율리를 잇는 한티터널이 개통되면서, 한티재 고갯길 21.3㎞가 14.3㎞로 단축돼 자동차로 40분 걸리던 길이 15분 거리로 단축됐다. 굽이진 고갯길을 올라 한티재 휴게소에서 따끈한 커피 한잔을 들고 길 건너 종주능선을 잠시 거닐면서 동쪽 하늘높이 치솟아있는 오도봉과 비로봉, 그리고 천왕봉을 비롯한 팔공산 정상의 봉우리와 산줄기를 감상하던 즐거움도 앞으로는 맛보기 어려울 것 같다.

동산계곡을 따라 오은사를 거쳐 공산성에 이르는 도로는 겨울마다 눈과 얼음으로 빙판길로 변해 차량통행이 수월치 않다. 오도암 입구에 이르니 길 옆 공터에는 화장실과 주차장 공사가 마무리됐다. 여기가 하늘정원이 시작되는 출발점인 모양이다. '원효대사 구도의 길'이란 안내표지에 '오도암 1.5㎞'라고 적혀있어 천천히 간다 해도 30~40분이면 넉넉하다. 공산성에서 내려오는 개울가에는 목교木橋가 놓여있다. 그 옆에는 통나무 두 개를 밧줄과 꺽쇠로 고정시켜 만든 외나무다리를 예전 그대로 두었다. 목교가 편하기는 하지만 가슴조리며 외나무다리를 건너던 정취와 어찌 비교할 수 있으랴. 길이 훼손되기 쉬운 곳에는 군데군데 야자매트를 깔아 놓았고 중간에 쉼터를 만들고 '좋은 글'을 써서 걸어놓아 잠시 쉬는 여가에 읽는 재미도 쏠쏠하다. '오도암' 편액이 걸린 싸립문을 들어서니 예전의 가건물 자리에 정면 3칸, 측면 3칸 규모에 맞배지붕의 대웅전이 자리하고 있어 감회가 새롭다. 아직 단청丹靑을 올리지 않아 나뭇결이 살아있는 모습은 생동감이 난다. 법당 안에는 갓바위 부처님을 닮은 석조여래좌상 앞에 석가모니불을 봉안한 것이 특이했다. 요사채 앞의 큰 바위를 숫맷돌로 삼고 위에 암맷돌을 얹어놓은 것이 보기 좋았다. 일부러 모양내지 않고 있는 그대로를 활용했다는 점에서 옛날 오도암에서 수행했던 스님들의 마음씀씀이가 그대로 엿보였다.

홍상근 전 군위문화원장은 '예전에는 오도암 뒷 바위 벽에 석이버섯이 있어

오도봉에서 천왕봉 방향으로 본 풍경 깎아지른 절벽위에 평지바위가 이채롭다.

광주리를 달고 내려가 버섯을 땄으며, 지금은 남한에서 범(호랑이)이 멸종됐다고 하지만 여러 사람의 말을 종합해 볼 때 군부대가 들어오기 2~30년 전에는 팔공산에 범이 살고 있었다'고 한다. 박춘립朴春立(1823~1884)의 팔공산기八公山記에 '오도암 뒤에는 푸른 절벽이 솟아있는데 수백 장이나 되며 굴窟이 있고, 석이버섯이 난다. 예전에 나의 10대조 무계부군舞溪府君께서 모부인의 환후에 울면서 분주하게 다니며 약을 구해드리니 조금 차도가 있었다. 어느 날 모부인이 석이버섯을 드시고자 하니 부군이 이곳에 와서 버섯을 채취하여 돌아가려 했으나 이미 날은 저물어 어두운데 큰 범이 앞에 나타났다. 부군은 조금도 놀라거나 걱정하지 않고 말하기를, "나는 모친의 병환으로 약을 캐러 왔으니 돌아가야 한다. 이 산의 왕인 너는 길을 일러 주겠느냐"고 하니 범은 협로挾路를 피해 길을 인도하고 호위해 주어 집에 왔는데, 돌아서보니 벌써 사라지고 없었다'고 석이버섯과 범에 관한 기록을 남겼다.

해발 900m에 위치한 오도암에서 오도봉(1123m) 정상에 이르는 270여m 높이의 구간은 나무계단으로 층계를 만들었다. 원래 이 구간은 수직에 가까울 만큼 가파른 곳으로 전문산악인이 아니면 감히 올라갈 생각조차 못하던 곳이었다. 이곳의 나무계단은 714개라고 한다. 팔공산에서 가장 나무계단이 많은 곳일 뿐더러 전국적으로도 손꼽힐 정도다. 그냥 올라가는 것보다는 수월하지만 나무계단을 하나하나 오를 때 마다 비명소리가 절로 나온다. 급경사라 올라갈수록 힘이 들지만 잠시 가쁜 숨을 내쉬며 주변을 둘러보니 바위절벽이 빚어낸 경치가 가히 선경仙境이라 할 만큼 장관이다. 조금 더 오르니 나무계단 오른쪽에 자그마한 굴이 눈에 들어온다. 일명 원효대사의 시자가 머물렀던 '시자굴'이라고 한다. 정상부가 가까워지자 잔도棧道가 이어진다. 잔도를 따라가면 바위 절벽에 높이 1m, 깊이 2.5m 크기의 석굴이 있고 굴 안에는 물이 고여 있다. 이 석굴이 원효대사가 수도했다고 전하는 일명 서당굴誓幢窟이자 김유신 장군이 수도할 때 마셨다는 장군수將軍水다.

나무계단 꼭대기에 오르면 가파른 서남쪽과는 달리 동북쪽은 옛 공산성 성

* **눈오는 날의 오도송** 오도봉 정상에서 오랜 세월 모진 풍파를 건디며 서있다.
** **공산성에서 하늘정원을 오르는 계단**

• **하늘정원을 걷고 있는 등산객**
•• **하늘정원의 숙영** 하늘정원에서 텐트를 치고 겨울 캠핑의 진수를 즐기고 있다.

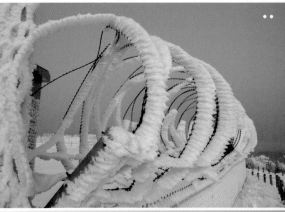

• **하늘정원 전망대**

•• **헬기장 철망에 날아가는 듯 붙어있는 상고대** 하늘정원
가는 길에서 보았다.

••• **하늘정원의 이정표** 팔공산 등산의 중심지를 알리고 있다.

안으로 완만하게 경사를 이루며 시계가 일망무제一望無際로 탁 트여있다. 동쪽에는 팔공산 줄기와 이어지는 화산華山이 자리하고 그 왼쪽에는 조림산이 우뚝하며, 그 사이로 멀리 선암산이 웅장한 자태를 뽐내고 있다. 오도암에서 볼 때 하늘을 찌를 듯 치솟아있던 오도봉悟道峰도 여기서는 그저 평평한 언덕에 불과하다. 나무계단에서 왼쪽 오도봉을 향해 조금 들어가면 돌을 쌓아 야트막하게 만든 네모진 구조물과 만난다. 일부에서는 이곳을 팔공산의 또 다른 제천단이라 주장하나 이는 사실과 다르다. 이 구조물은 오래전에 군인들이 마사토와 시멘트를 섞어 돌을 쌓아 만든 가건물로 보급품을 저장하던 장소다. 오도봉 정상은 팔공산에서 혹한의 칼바람으로 유명한 곳이다. 깎아지른 단애에 가로막힌 북풍한설北風寒雪은 겨울이 깊어갈수록 그 위력이 강해져 팔공산에서 가장 아름다운 상고대와 눈꽃을 빚어낸다. 세찬바람을 맞서 하얀 상고대를 꽃피우는 오도송悟道松은 마치 반야般若의 검劍을 벼르는 선승처럼 경건하기만 하다.

공산성 안에서 시작되는 '원효구도의 길'은 완만하게 'S'자를 그리며 나무계단으로 층층이 올라와 오도암에서 시작된 나무계단과 만나 동쪽으로 옛 공산성 서쪽 경계를 따라 팔공산 최정상 천왕봉(1192m)으로 내달린다.

서쪽에 있는 야트막한 언덕 위로 올라서면 남쪽과 서쪽을 바라보는 전망대가 있으나, 바로 앞에 있는 철조망으로 인해 바싹 붙어있는 오도봉 바위절벽의 진면목을 제대로 바라볼 수 없어 무척 아쉽다. 팔공산에서 시베리아 못지않게 춥다는 이곳에서 겨울 캠핑을 즐기는 이들이 있다. '진정한 캠핑이란 이런 것'이라며 몸소 보여주고 있는 것 같다. 널찍하던 길이 차츰 좁아지다가 하늘정원 길은 부대 울타

**하늘정원에서 본 천왕봉의 방송국 송신탑들** 그 아래 눈 언덕은 2003년 매미 태풍 때 산사태의 흔적이다.

리와 철조망 사이에 끼인 채로 몸부림치면서 나아간다. 언덕을 만나자 나무계
단도 가쁜 숨을 내쉬면서 함께 올라간다. 멀리 남쪽의 동봉과 남서쪽의 천왕봉,
그리고 서봉이 한눈에 들어오는 지점에 올라서니 큼직한 쌍안경이 손짓한다.

**공산준봉**
하늘정원에서 천왕봉 가는 길에서 본 서봉을 포함한 능선과 준봉들의 모습

관광지마다 이런 모양의 쌍안경은 500원짜리 동전을 넣어야 하는데 여기는 무료란다. 쌍안경으로 보는 순간 동봉과 천왕봉, 그리고 서봉이 내 앞으로 훌쩍 다가와 금방이라도 손에 잡힐 것만 같다. 하늘정원의 나무계단은 군부대 후문 앞에서 끝나고 이곳에서 방송탑이 있는 천왕봉까지 콘크리트 포장길로 이어진다. 하늘정원은 팔공지맥의 관문에 자리하고 있어 화산에서 이어진 산줄기를 따라 공산성의 주봉 비로봉을 지나 천왕봉에서 동봉과 서봉으로 손쉽게 갈 수 있는 요충지이기도 하다.

**글**

## 홍종흠 洪宗欽 Hong Jongheum

jhhong43@hanmail.net
경북대학교에서 경영대학원석사
매일신문 논설주간, 대구광역시문화예술회관장 역임
제 3대 2.28민주운동기념사업회 의장 역임
팔공산문화 포럼 창립회장 역임
저서:『대구의 앞산』,『대구의 뿌리 수성』,『선(禪)』,『팔공산, 그 짙은 역사와 경승의 향기』등
다수, 편역「대구의 고문선」,「국역 계동문집」


## 조명래 趙明來

myong58@hanmail.net
현 팔공산연구소 회장 및 팔공산문화포럼 부회장으로 팔공산에 관한 연구
저서:『팔공산 가는 길』,『중악 팔공산은 말한다』,『팔공산-그 짙은 역사와 경승의 향기』
논문:「팔공산 최고봉은 천왕봉」,「중악 팔공산 제천단의 사적고찰과 복원」,
「팔공산 공산성의 사적 연구」등 팔공산 관련 논문 다수


**사진**

## 강위원 姜衛遠 GANGWEE_WON

wwgang@naver.com
www.wwgang.com
홍익대학교 산미대학원에서 사진디자인전공(MA)
경일대학교 사진영상학과 교수역임
현 프리렌서 사진가로 다큐멘터리사진작업
주요사진집 및 저서:『백두산의 사계』,『못다한이야기들』,『오늘의 조선족』,
『팔공산, 그 짙은 역사와 경승의 향기』등 16편

문화와
역사를
담　다
ㅇ　ㅇ　6

# 팔공산,
# 그 짙은 역사와 경승의 향기

**초판 1쇄 발행** 2017년 12월 31일

글　　홍종흠 · 조명래
사진　강위원
펴낸이 홍기원

**총괄** 홍종화
**편집주간** 박호원
**편집·디자인** 오경희 · 조정화 · 오성현 · 신나래
　　　　　　김윤희 · 이상재 · 이상민
**관리** 박정대 · 최기엽

**펴낸곳** 민속원
**출판등록** 제18-1호
**주소** 서울시 마포구 토정로 25길 41(대흥동 337-25)
**전화** 02) 804-3320, 805-3320, 806-3320(代)
**팩스** 02) 802-3346
**이메일** minsok1@chollian.net, minsokwon@naver.com
**홈페이지** www.minsokwon.com

ISBN 978-89-285-1148-8
S E T 978-89-285-1054-2　04380